T0206313

Torsten Zimmer (Hrsg.)

Prozessintegration mit SAP NetWeaver® PI 7.1

Usability Management bei SAP®-Projekten
herausgegeben von P. Abele, J. Hurtienne und J. Prümper

Logistikprozesse mit SAP®
von J. Benz und M. Höflinger

Grundkurs SAP® ERP
von D. Frick, A. Gadatsch und U. Schäffer-Külz

100 Minuten für den kompetenten Auftritt
von S. Horger-Thies

100 Minuten für Anforderungsmanagement
von M. Grande

SAP® ERP – Praxishandbuch Projektmanagement
von H. Gubbels

Management für Ingenieure
von G. Hachtel und U. Holzbaur

Masterkurs IT-Management
herausgegeben von J. Hofmann und W. Schmidt

Testautomation mit SAP®
von A. Vivenzio

Personalwirtschaft mit SAP® R/3
herausgegeben von P. Wenzel

www.viewegteubner.de

Torsten Zimmer (Hrsg.)

Prozessintegration mit SAP NetWeaver® PI 7.1

Eine Einführung in die Architektur
der Prozessintegration anhand von Fallstudien
unternehmensinterner sowie unternehmensübergreifender
Geschäftsprozesse der Logistik

Mit 191 Abbildungen

PRAXIS

**VIEWEG+
TEUBNER**

Bibliografische Information der Deutschen Nationalbibliothek
Die Deutsche Nationalbibliothek verzeichnet diese Publikation in der
Deutschen Nationalbibliografie; detaillierte bibliografische Daten sind im Internet über
<http://dnb.d-nb.de> abrufbar.

Das in diesem Werk enthaltene Programm-Material ist mit keiner Verpflichtung oder Garantie irgend-
einer Art verbunden. Der Autor übernimmt infolgedessen keine Verantwortung und wird keine daraus
folgende oder sonstige Haftung übernehmen, die auf irgendeine Art aus der Benutzung dieses
Programm-Materials oder Teilen davon entsteht.

Höchste inhaltliche und technische Qualität unserer Produkte ist unser Ziel. Bei der Produktion und
Auslieferung unserer Bücher wollen wir die Umwelt schonen: Dieses Buch ist auf säurefreiem und
chlorfrei gebleichtem Papier gedruckt. Die Einschweißfolie besteht aus Polyäthylen und damit aus
organischen Grundstoffen, die weder bei der Herstellung noch bei der Verbrennung Schadstoffe
freisetzen.

„SAP", R/3®, mySAP®, mySAP.com®, mySAP CRM®, mySAP SCM®, ABAP/4®, SAP-GUI®, SAP APO®,
IDES®, BAPI®, BW®, ECC®, SAP Business Information Warehouse®, SAP Business Workflow® sind
eingetragene Warenzeichen der SAP Aktiengesellschaft Systeme, Anwendungen, Produkte in der
Datenverarbeitung, Neurottstraße 16, D-69190 Walldorf. Der Herausgeber bedankt sich für die freund-
liche Genehmigung der SAP Aktiengesellschaft, das Warenzeichen im Rahmen des vorliegenden Titels
verwenden zu dürfen. Die SAP AG ist jedoch nicht Herausgeberin des vorliegenden Titels oder sonst
dafür presserechtlich verantwortlich. Für alle Screen-Shots des vorliegenden Titels gilt der Hinweis:
Copyright SAP AG. Microsoft®, Windows®, Windows NT®, EXCEL®, VISIO®, SQL-Server® sind eingetragene Warenzeichen der Microsoft Corporation. Oracle® ist eingetragenes Warenzeichen der Oracle
Corporation. Bei der Zusammenstellung der Informationen zu diesem Produkt wurde mit größter Sorg-
falt gearbeitet. Trotzdem sind Fehler nicht vollständig auszuschließen. Verlag, Herausgeber und Autor
können für fehlerhafte Angaben und deren Folgen weder eine juristische Verantwortung noch irgendeine Haftung übernehmen.

1. Auflage 2011

Alle Rechte vorbehalten
© Vieweg+Teubner Verlag | Springer Fachmedien Wiesbaden GmbH 2011

Lektorat: Christel Roß | Maren Mithöfer

Vieweg+Teubner Verlag ist eine Marke von Springer Fachmedien.
Springer Fachmedien ist Teil der Fachverlagsgruppe Springer Science+Business Media.
www.viewegteubner.de

Das Werk einschließlich aller seiner Teile ist urheberrechtlich geschützt. Jede
Verwertung außerhalb der engen Grenzen des Urheberrechtsgesetzes ist ohne
Zustimmung des Verlags unzulässig und strafbar. Das gilt insbesondere für
Vervielfältigungen, Übersetzungen, Mikroverfilmungen und die Einspeicherung
und Verarbeitung in elektronischen Systemen.

Die Wiedergabe von Gebrauchsnamen, Handelsnamen, Warenbezeichnungen usw. in diesem Werk
berechtigt auch ohne besondere Kennzeichnung nicht zu der Annahme, dass solche Namen im
Sinne der Warenzeichen- und Markenschutz-Gesetzgebung als frei zu betrachten wären und daher
von jedermann benutzt werden dürften.

Umschlaggestaltung: KünkelLopka Medienentwicklung, Heidelberg
Druck und buchbinderische Verarbeitung: AZ Druck und Datentechnik, Berlin
Gedruckt auf säurefreiem und chlorfrei gebleichtem Papier
Printed in Germany

ISBN 978-3-8348-1564-4

Inhalt

1 Einleitung

In Unternehmen entstehen derzeit starke heterogene IT-Systemlandschaften. Dabei sind die einzelnen Informationssysteme oftmals nicht integriert, verursacht durch eine einseitige Orientierung an Funktionsbereichen wie Einkauf, Produktion, Verkauf, Finanzbuchhaltung oder durch Verwendung von Legacy-Systemen, d.h. veraltete und proprietäre Informationssysteme. Auch durch Dezentralisierung der Logistik, durch Internationale Ausrichtung des Unternehmens, durch Fusionen, durch Akquisitionen oder durch starke Landesgesellschaften wird diese Heterogenität verstärkt. Probleme entstehen dann bei der Ausführung systemübergreifender Geschäftsprozesse durch sogenannte *Medienbrüche*. Sollen jedoch Geschäftsprozesse über mehrere Systeme durchgängig ausgeführt werden, dann müssen Konzepte und Systeme zur integrierten Ausführung dieser Geschäftsprozesse vorhanden sein. Wie kann ein Unternehmen diesen elektronischen Austausch von Dokumenten und Nachrichten über eine große Anzahl von Schnittstellen zwischen (heterogenen) Komponenten managen? Unterschiedliche Formen von Middleware wurden entwickelt, um Daten und Nachrichten zwischen verschiedenen Systemen austauschen zu können. Eine Klasse von Software, die als Abstraktionsschicht bzw. als Softwareschicht eine Kommunikation zwischen verschiedenen Anwendungen ermöglicht, wird als *Middleware* bezeichnet. Die einfachste Form einer Middleware sind *Remote Procedure Calls* (RPC) bzw. die SAP®-spezifische Ausprägung *Remote Function Calls* (RFC)[1], bei der über punktuelle Verbindungen (Peer to Peer) Funktionen aus anderen Systemen heraus aufgerufen werden (Meinhardt 2002). Im Gegensatz dazu basieren EAI-Systeme auf Topologien wie *Hub & Spoke* oder *Enterprise-Service-Bus* (ESB) und ermöglichen einen Nachrichtenaustausch über eine zentrale Plattform. EAI bedeutet *Enterprise Application Integration*. EAI-Systeme können heterogene Anwendungen eines Unternehmens integrieren, um dadurch die Ausführung aktueller Geschäftsprozesse eines Unternehmens zu unterstützen. Der Begriff EAI entstand durch das Bemühen, viele Anwendungen, die ursprünglich isoliert entworfen wurden und dabei nur Teilaufgaben von Geschäftsprozessen abdecken, zu einem einheitlichen Geschäftsprozess zusammenzufügen (Keller 2002). Die Aufgaben eines EAI-Systems sind dabei, einen vollständig medienbruchfreien Austausch von Nachrichten zu erreichen sowie eine flexible und entkoppelte Ausführung sowohl unternehmensinterner als auch unternehmensübergreifender Geschäftsprozesse zu ermöglichen. Diese vollständige elektronische Integration von Geschäftsprozessen sowohl innerhalb eines Unternehmens als auch zwischen Unternehmen wird als *Prozessintegration* bezeichnet. Ein Geschäfts-

---

[1]   Beispielsweise ist ein SAP BAPI® zur RFC-Verwendung gekennzeichnet.

prozess wird dabei vollständig elektronisch über Nachrichtenaustausch zwischen einem Sendersystem und einem Empfängersystem unter Verwendung von Protokollen[2] ausgeführt. Die Integration zwischen Anwendungen innerhalb eines Unternehmens wird als *Application-to-Application Integration* (A2A-Integration) bezeichnet. Dabei werden innerbetriebliche Geschäftsprozesse zwischen einem EAI-System und Anwendungen definiert und integriert ausgeführt. Eine *Business-to-Business Integration* (B2B-Integration) liegt vor, wenn Geschäftsprozesse zwischen Unternehmen integriert ausgeführt werden. Der Austausch von Nachrichten kann sowohl synchron als auch asynchron erfolgen. Bei einer synchronen Nachricht wird zu einer gesendeten Anfrage (*request*) eine Antwort (*response*) erwartet. Bei einer asynchronen Kommunikation wird nur eine Anfrage gesendet. Prozessintegration wird insbesondere innerhalb heterogener IT-Systemlandschaften neben der Datenintegration in Zukunft immer mehr an Bedeutung gewinnen.

Durch eine Neugestaltung der Geschäftsprozesse über eine Prozessintegration können verschiedene Potentiale genutzt werden (Nicolescu 2009).

– Höhere Flexibilität bei der Ablauforganisation und bei der Ausführung von innerbetrieblichen Geschäftsprozessen im Vergleich zur bisherigen Standardsoftware
– Verbesserte Kommunikation zwischen Kunden und Lieferanten bzgl. des Nachrichtenaustauschs von z.B. Bestell- und Auftragsdaten, Preis- und Produktinformationen, Verfügbarkeit von Materialien, geplante Abverkaufsdaten sowie Informationen zu Service- und Finanzdiensten
– Potentiale zu Zeit- und Kosteneinsparungen bei der Ausführung von Geschäftsprozessen
– Reduzierung von Latenzzeiten und Fehleingaben in der Informationsbeschaffung und -verarbeitung
– Reduzierung der Entwicklungskosten, z.B. zentrales Repository für gemeinsam genutzte Entwicklungsobjekte

Zur Umsetzung einer Prozessintegration werden oftmals E-Business-Standards verwendet. Ziel des E-Business ist die integrierte Ausführung aller digitalisierbaren Bestandteile ökonomischer Prozesse. Durch die medienbruchfreie, rechnerbasierte und damit weitgehend automatisierte Reaktion auf eingehende und ausgehende Nachrichten von Geschäftsprozessen sollen Potentiale zu Zeit- und Kosteneinsparungen genutzt werden. Dieses Ziel kann nur erreicht werden, indem sowohl eine organisatorische Anpassung als auch eine Vereinheitlichung der Datenstrukturen der beteiligten Anwendungen erfolgt (Thome 2002). Zur Umsetzung dieser Anforderungen werden verbreitete E-Business-Standards wie z.B. ebXML[3]

---

[2] Zur Erläuterung und zur Verwendung von Protokollen siehe (Mandl 2010).

[3] http://www.ebXML.org

oder RosettaNet[4] eingesetzt. ebXML basiert auf dem Austausch XML-basierter Nachrichten über SOAP. Jedoch werden nicht nur XML-Nachrichten definiert, sondern ebXML adressiert den elektronischen Geschäftsverkehr als Ganzes. So wird sowohl das Zueinanderfinden von Geschäftspartnern als auch das Ausführen von Geschäftsprozessen über sogenannte *Business Process Specifications* basierend auf den XML-Nachrichten definiert (Beimborn 2002). RosettaNet ist ein im Jahre 1998 auf Initiative von 400 Unternehmen entwickeltes XML-Framework. Dabei werden jedoch nicht nur die XML-Formate zum Nachrichtenaustausch bei der Ausführung von Geschäftsprozessen im sogenannten *RosettaNet Implementation Framework* (RNIF) definiert, sondern zusätzlich werden auch die Abläufe und Regeln dieser Geschäftsprozesse über sogenannte *Partner Interface Processes* (PIPs) festgelegt (Schellenbach 2003).

Aufgabe der Datenintegration ist die Synchronisation bzw. die zentrale Verwaltung von Stammdaten, z.B. von Lieferanten, Kunden, Produkten, Kontrakten oder Konditionen. Insbesondere ist die Datenintegration auch eine wesentliche Voraussetzung der Prozessintegration über ein EAI-System geworden. Sie stellt die Stammdatenbasis bei einer systemübergreifenden Ausführung von Geschäftsprozessen dar. Beispielsweise müssen bei der Übertragung einer Bestellung aus einem SRM-System in ein ERP-System in der Bestellung verwendete Stammdaten innerhalb der beteiligten Systeme synchronisiert sein. Bei einer B2B-Integration können zur Identifikation von Geschäftspartnern auch verschiedene internationale Standards genutzt werden. Beispielsweise kann die sogenannte D-U-N-S® Nummer zur Angabe eines Geschäftspartners beim elektronischen Austausch von Nachrichten verwendet werden. Diese Nummer wird von der Firma Dun & Bradstreet[5] vergeben und ermöglicht eine weltweit eindeutige Unternehmensidentifikation. Konzepte zur unternehmensweiten Stammdatenintegration werden in (Schmidt 2010) beschrieben.

Ebenso wird derzeit neben der Prozess- und der Datenintegration die konkrete Umsetzung einer *Serviceorientierten Architektur* (SOA) auf Basis eines EAI-Systems unter Verwendung von Webservices sehr stark diskutiert (Abramowicz 2008, Grauer 2010). In einer SOA werden Funktionen betrieblicher Anwendungssysteme wie z.B. eine Kreditkartenprüfung oder eine Bonitätsprüfung als plattformunabhängige Services (z.B. Webservices) in zentralen Verzeichnissen bereitgestellt. Diese autonomen Services können dann von verschiedenen Anwendungssystemen genutzt werden. Um diese Services verschiedener Quellen zu einem kollaborativen Geschäftsprozess zu integrieren, kann ein Enterprise-Service-Bus (ESB) als Backbone einer SOA eingesetzt werden. Standardisierte Protokolle und Workflow-Management-Systeme (WfMS) ermöglichen die sogenannte *Orchestrierung* der

---

[4]   http://www.rosettanet.org/

[5]   http://www.dnb.com/

Services zu komplexen Geschäftsprozessen (Grauer 2010). In (SAP 2011) wird betont, dass gerade die Vorstellung, dass Anwendungen aus Services zusammengebaut werden können, die in einer zentralen Registry bereitgestellt werden, die Verwendung von Webservices attraktiv macht. Eine Beschreibung der Entwicklung von sogenannten *Enterprise Services* für das Konzept SAP® Enterprise SOA™ ist in (Huvar 2008) gegeben. Ähnlichkeiten und Unterschiede beim Entwurf traditioneller Anwendungssysteme zum Entwurf serviceorientierter Architekturen unter Verwendung von lose gekoppelten Enterprise Services werden in (Schelp 2008) dargestellt.

Unternehmen, die eine EAI-Lösung einsetzen, nutzen diese technische Plattform jedoch mehr zur Optimierung von unternehmensinternen und unternehmensübergreifenden Geschäftsprozessen als für die Umsetzung einer Serviceorientierten Architektur (Gerg 2010).

Ziel dieses Buches ist es, Möglichkeiten zur Realisierung der prozessorientierten Integration von Anwendungssystemen in homogenen und in heterogenen IT-Systemlandschaften anhand SAP NetWeaver® PI 7.1 darzustellen. Insbesondere sollen Potentiale der Integration von Geschäftsprozessen verdeutlicht werden. Es werden verschiedene E-Business-Standards zur Realisierung einer Prozessintegration erläutert. Weiterhin sollen Modellierungskenntnisse für die Beschreibung und Ausführung von Geschäftsprozessen anhand der *Business Process Execution Language for Web Services* (BPEL)[6] erlangt werden. Über die Fallstudien sollen insbesondere die technischen Möglichkeiten zur Verbesserung der Ausführung von Geschäftsprozessen mittels Prozessintegration aufgezeigt werden. Als Ergänzung dazu sollen auch Möglichkeiten zur Umsetzung einer Serviceorientierten Architektur über ein EAI-System durch Kombination von Webservices aus unterschiedlichen Quellen veranschaulicht werden.

Dieses Buch erläutert zunächst in einem theoretischen Teil die Komponenten von SAP NetWeaver® und dabei insbesondere die EAI-Lösung SAP NetWeaver® PI 7.1. Danach werden bedeutende Geschäftsprozesse der Logistik beschrieben. Dabei werden sowohl innerbetriebliche als auch zwischenbetriebliche Geschäftsprozesse von ERP-, SRM-, SCM- und CRM-Systemen betrachtet, deren Ausführung durch Prozessintegration unterstützt werden kann. Die Beschreibung der Geschäftsprozesse orientiert sich dabei sehr stark an entsprechenden SAP®-Lösungen.

In einem praktischen Teil werden dann Realisierungen zur Umsetzung der Prozessintegration anhand von theoretischen und praktischen Fallstudien vorgestellt. In einer Fallstudie werden dabei zu einem beschriebenen Geschäftsprozess die notwendigen Aktivitäten und die verwendete Integrationstechnik für eine (bestimmte) vorhandene Systemlandschaft dargestellt. Ziel ist es dabei, möglichst viele unterschiedliche Adapter-Typen und Proxy-Techniken vorzustellen sowie Möglich-

---

[6]   http://www.oasis-open.org/specs/#wsbpelv2.0

keiten zur Entwicklung von zusammengesetzten Anwendungen (*Composite Applications*) über die Einbindung von Webservices zu veranschaulichen. Dabei wird meist der Geschäftsprozess der Bestellabwicklung verwendet. Jedoch ist die Übertragung auf andere logistische Geschäftsprozesse wie z.B. die Verkaufsabwicklung durch Austausch der entsprechenden Entwicklungsobjekte auf einfache Weise möglich. Alle Fallstudien wurden auf SAP NetWeaver® Process Integration Version 7.1 entwickelt.

Herr Stefan Kellnar beschreibt eine Fallstudie *Zentrale Bestellabwicklung*, bei der zunächst eine Integration der Einkaufsabwicklung zwischen zwei ERP-Systemen mittels eines SOAP-Adapters realisiert wird. Eine Erweiterung des Szenarios erfolgt dann über einen BPEL-Integrationsprozess unter Einbindung eines File- und eines Mail-Adapters.

Die Fallstudie *Roh- und Hilfsstoffbestellung* von Herrn Kern beschreibt die Entwicklung und die Ausführung eines Integrationsprozesses, der auf der Modellierungssprache BPEL basiert. Dabei wird aus einem ERP-System unter Verwendung eines RFC-Adapters eine Nachricht an ein EAI-System gesendet. In Abhängigkeit vom Inhalt der Nachricht wird entweder die Nachricht per File-Adapter oder über einen ABAP-Proxy an ein weiteres ERP-System weitergeleitet.

Die Fallstudie *Bestellung über .NET Anbindung* von Herrn Kailer beschreibt einen Integrationsprozess, bei dem Bestelldaten aus einer .NET-Anwendung per Webservice Aufruf über einen SOAP-Adapter an ein EAI-System gesendet werden. Über einen RFC-Adapter werden dann die Bestelldaten in ein ERP-System weitergeleitet. Dort wird eine Bestellung angelegt und eine Antwort wird an die .NET-Anwendung zurückgesendet.

Die Fallstudie *Bestellung über Java-Proxy* von Herrn Awad stellt ein Szenario vor, bei dem Bestelldaten aus einem Java-Programm an ein EAI-System gesendet werden. Die Bestelldaten werden in ein ERP-System über einen SOAP-Adapter weitergeleitet, und nach Anlage einer Bestellung wird eine Antwort an das Java-Programm zurückgesendet.

Die Fallstudie von Herrn Gerg beschreibt eine internationale Bestellabwicklung. Zunächst erfolgt die Erfassung von Bestelldaten in einem ERP-System. Diese Bestelldaten sollen in ein ERP-System (Zielsystem) übertragen werden, um dort die Bestellabwicklung durchzuführen. Bei Abweichung der erfassten Bestellwährung von der Buchungskreiswährung € des Zielsystems wird ein externer Webservice für die Umrechnung zum aktuellen Wechselkurs über einen SOAP-Adaper aufgerufen. Über einen RFC-Adapter werden die Bestelldaten in das Zielsystem übertragen, und für die Durchführung der Bestellabwicklung wird dort eine Bestellung angelegt.

Die Fallstudie *Produktkatalog eines Shop-Systems* von Herrn Schmatzer stellt technische Möglichkeiten sowohl zur Erzeugung als auch zur Verwendung von Webservices in einer Java-Anwendung dar. Zunächst erfolgt die Beschreibung der Erzeugung eines Webservices, der auf einem im ERP-System definierten Funktionsbaustein basiert. Danach kommuniziert eine Java-Anwendung als externer Web Service Consumer über SOAP-Nachrichten mit einem EAI-System unter Verwendung dieses Webservices. Das EAI-System sendet diese Anfragen über einen RFC-Adapter an ein ERP-System weiter und leitet die Antwort an die Java-Anwendung zurück.

Herr Bernecker beschreibt ein Praxisbeispiel einer B2B-Integration. Dabei wird ein *Supplier Finance Process* vorgestellt, der dazu genutzt werden kann, die Geschäftsabwicklung zwischen einem Kunden und seinem Lieferanten bezüglich der Zahlungsmodalitäten zu verbessern. Das Wesentliche dieses Prozesses besteht dabei aus einer Zahlungsvereinbarung zwischen einem Kunden und einem Lieferanten, bei der flexible Zahlungsziele vereinbart werden. Die Konfiguration erfolgt über einen Integrationsprozess unter Verwendung eines File-Adapters und eines Mail-Adapters sowie durch die Übertragung von Nachrichten über ein Third-Party Tool.

In einem weiteren Praxisbeispiel einer B2B-Integration beschreibt Herr Bernecker den automatisierten elektronischen Austausch von Bestellungen, Bestellbestätigungen und Rechnungen zwischen zwei Unternehmen hinsichtlich der Aspekte Security, Aufbau der Infrastruktur und Nutzung von SFTP als Übertragungsprotokoll. Dabei kommen ein IDoc-Adapter und ein File-Adapter zum Einsatz. Aufgrund eines nicht verfügbaren SFTP-Adapters wird als Alternative für den Datenaustausch zwischen einem EAI-System und einem SFTP-Server die Nutzung des Standard-File-Adapters und eines nativen SFTP-Clients auf Betriebssystemebene verwendet.

Herr Tajedini beschreibt, wie in der Praxis Testszenarien genutzt werden können, um den synchronen Aufruf von Nachrichten zwischen einem PI-System und mehreren ERP-Systemen zu testen. Dabei werden unter Verwendung eines auf Java Open Source basierten Tools eigene Test-Client-Szenarien implementiert.

Im letzten Abschnitt wird schließlich eine Übersicht der möglichen Umsetzung einer Prozessintegration mit den im Praxisteil vorgestellten Adapter-Typen und Proxy-Techniken dargestellt. Dabei soll veranschaulicht werden, wie der elektronische Nachrichtenaustausch der im Theorieteil vorgestellten logistischen Prozesse zu einer gegebenen Systemlandschaft implementiert werden kann. Es wird dazu die Umsetzung einer Prozessintegration am Beispiel der innerbetrieblichen Kommunikation eines SRM-Systems mit einem ERP-System sowie am Beispiel der innerbetrieblichen Kommunikation eines CRM-Systems mit einem ERP-System betrachtet. Weiterhin wird ein zwischenbetrieblicher logistischer Geschäftsprozess zwischen dem ERP-System eines Kunden und dem ERP-System eines Lieferanten über eine B2B-Integration unter Verwendung des XML-Standards von RosettaNet dargestellt.

2 SAP NetWeaver®

2.1 Einführung Informationssysteme

Ein Informationssystem besteht aus Menschen und Maschinen, die Informationen erzeugen und bzw. oder benutzen und die durch Kommunikationsbeziehungen miteinander verbunden sind (Hansen 2009). Ein *betriebliches Informationssystem* unterstützt die Leistungsprozesse und Austauschbeziehungen innerhalb eines Unternehmens sowie zwischen dem Unternehmen und seiner Umwelt (Hansen 2009). Über ein betriebliches Informationssystem kann der gesamte informations- und Daten verarbeitende Teilbereich eines Unternehmens abgebildet werden. Die Aufgaben von betrieblichen Informationssystemen sind.

- Unterstützung der betrieblichen Abläufe eines Unternehmens
- Kommunikation mit Geschäftspartnern
- Entscheidungsunterstützung für das Management
- Durchführung der Finanzbuchhaltung und des Controlling
- Personalmanagement, Personalverwaltung und Personalakquisition
- Unterstützung von Bürotätigkeiten

Weiterhin werden zur Unterstützung der elektronischen Ausführung von betrieblichen Abläufen *Workflow-Management-Systeme* eingesetzt. Workflow-Management-Systeme sind Groupware-Systeme, die kooperative betriebliche Abläufe – sogenannte *Workflows* – auf einem Ablaufschema basierend aktiv steuern (Oberweis 1996). Ein betrieblicher Ablauf besteht aus manuellen, teilautomatisierten oder automatisierten Aktivitäten, die in einem Unternehmen nach bestimmten Regeln auf ein bestimmtes Ziel hin unter Verwendung von Ressourcen ausgeführt werden (Oberweis 1996). In der Literatur existieren unterschiedliche Bezeichnungen für betriebliche Abläufe, wie z.B. Geschäftsprozesse, Business Processes, Unternehmensprozesse, Kernprozesse, Geschäftsvorgänge oder auch nur Prozesse (im Zusammenhang mit einer Prozessorganisation (Gaitanides 1983)). Im Weiteren wird jedoch nur noch die Bezeichnung *Geschäftsprozess* verwendet.

ERP-Systeme (*Enterprise Resource Planning*) sind integrierte betriebswirtschaftliche Standardsoftwarepakete bzw. Komponenten. ERP-Systeme unterstützen informationstechnisch nahezu alle betrieblichen Funktionsbereiche und Prozesse eines Unternehmens, wie z.B. über die Komponenten *Finanz- und Rechnungswesen, Personalwirtschaft, Produktion, Vertrieb* und *Materialwirtschaft*. Technische Funktionsbereiche (CAx) werden dabei nicht unterstützt.

Bei einem integrierten betrieblichen Informationssystem können Geschäftsprozesse über mehrere Komponenten hinweg ausgeführt werden. Beispiel: Während des

Geschäftsprozesses der Anlage eines Kundenauftrags in der Komponente Vertrieb, kann eine Verfügbarkeitsprüfung in der Komponente Materialwirtschaft, die Anlage eines Planauftrags in der Komponente Produktion sowie eine Kreditlimitprüfung in der Komponente Debitorenbuchhaltung erfolgen. Die Integration erfolgt dabei über eine zentrale Datenbank mit gemeinsamen Stammdaten für alle Komponenten des Informationssystems. Beispielsweise wird ein Materialstammsatz nur einmal physisch im System gespeichert, jedoch enthält dieser Attributwerte für unterschiedliche Komponenten.

Ein Produkt, das verschiedene betriebliche Informationssysteme als Standardsoftware anbietet, ist die SAP Business Suite® des Unternehmens SAP AG (Business Suite 2011). Komponenten der SAP Business Suite® sind

- SAP Enterprise Resource Planning® (SAP® ERP®)
- SAP Supplier Relationship Management® (SAP® SRM®)
- SAP Customer Relationship Management® (SAP® CRM®)
- SAP Product Lifecycle Management® (SAP® PLM®)
- SAP Supply Chain Management® (SAP® SCM®)

Weiterhin werden durch die SAP® Business Suite auch branchenspezifische Ausprägungen der Anwendungen unterstützt (SAP 2011).

Das SAP® ERP-System ist ein Beispiel für ein integriertes betriebliches Informationssystem. Es unterstützt Geschäftsprozesse im Finanzwesen, in der Personalwirtschaft und in der Logistik. Aktuelle Releases sind die SAP® ERP Central Component (SAP® ECC) 5.0 bzw. 6.0 (SAP 2011).

2.2 SAP NetWeaver®-Komponenten

SAP NetWeaver® ist ein Produkt der SAP AG und stellt eine offene Integrations- und Anwendungsplattform zur Verfügung. Es verbindet heterogene Anwendungen zu durchgängigen Prozessen und integriert unternehmensweite Stamm- und Transaktionsdaten. SAP NetWeaver® ermöglicht die Umsetzung des Konzepts SAP® Enterprise SOA™. Es können Geschäftsprozesse über Technologiegrenzen hinweg vereinheitlicht, Anwendungen integriert sowie einfach und strukturiert auf Informationen zugegriffen werden. SAP NetWeaver® ist Grundlage für alle SAP®-Lösungen (NW 2011). So nutzt beispielsweise die SAP® Business Suite alle Schlüsselbereiche von SAP NetWeaver® (SAP 2011). Bedeutende Komponenten und Werkzeuge von SAP NetWeaver® sind

- SAP NetWeaver® Application Server
- SAP NetWeaver® Portal
- SAP NetWeaver® Developer Studio
- SAP NetWeaver® Master Data Management (SAP NetWeaver MDM)
- SAP NetWeaver® Composition Environment (SAP NetWeaver CE)
- SAP NetWeaver® Process Integration (SAP NetWeaver PI)

2.1.1 SAP NetWeaver® Application Server

Der SAP NetWeaver® Application Server ist die Plattform sowohl für andere SAP NetWeaver®-Komponenten als auch für ABAP- und Java-Anwendungen. Der SAP NetWeaver® Application Server ist die Weiterentwicklung des SAP® Web Application Servers und besteht aus dem *Application Server ABAP* (AS ABAP) und dem *Application Server Java* (AS Java). Der AS ABAP stellt die Technologiebasis und die Infrastruktur zur Ausführung von ABAP-Anwendungen zur Verfügung. Er bildet die Applikationsschicht der mehrstufigen Architektur eines ABAP-basierten SAP®-Systems und führt während der Ausführung die Kommunikation sowohl mit der Präsentations- als auch mit der Datenbankschicht durch (SAP 2011).

Der Application Server Java stellt eine Java™ 2 Enterprise Edition (J2EE) derzeit mit Version 1.6 konforme Umgebung zur Entwicklung und Ausführung von J2EE - Programmen zur Verfügung. Damit können beispielsweise Web-Benutzeroberflächen entwickelt oder die standardbasierte Entwicklung von Java-Projekten, wie z.B. Webservices oder J2EE-Geschäftsanwendungen, unterstützt werden (SAP 2011).

2.1.2 SAP NetWeaver® Portal

Über SAP NetWeaver® Portal werden die wichtigsten Informationen und Anwendungen zentral in einem Unternehmensportal zusammengeführt und über alle Bereiche einheitlich und personalisiert bereitgestellt. Mit SAP NetWeaver® Portal sollen sowohl SAP®-Lösungen als auch Anwendungen von Drittanbietern, Legacy-Systeme, Datenbanken, unstrukturierte Dokumente, interne und externe Webinhalte sowie Collaboration-Werkzeuge schnell und effektiv integriert werden können. Offene Standards, Webservices und eine enge Integration mit anderen SAP NetWeaver®-Komponenten unterstützen diese Integration. Auch die Anbindung von Java- und .NET-Technologie wird ermöglicht. SAP NetWeaver® Portal bietet außerdem zentrale Dienste für das Wissensmanagement an. Einem Anwender sollen dadurch sowohl die Suche nach als auch die Verwaltung von stukturierten und unstrukturierten Informationen erleichtert werden. Für jeden Anwender kann eine personalisierte und rollenbasierte Konfiguration von Informationen und Anwendungen gemäß seinen fachlichen Anforderungen und Interessen über eine sogenannte Drag&Relate™ Funktionalität durchgeführt werden (NW Portal 2011). Ein Konzept zur Integration einer Anwendung in ein SAP NetWeaver® Portal beschreibt (Dickert 2010).

2.1.3 SAP NetWeaver® Developer Studio

Das SAP NetWeaver® Developer Studio kann wie der SAP NetWeaver® AS Java für die Entwicklung von J2EE-basierten Anwendungen eingesetzt werden. Das SAP NetWeaver® Developer Studio basiert auf Open-Source Eclipse[1], wobei Stan-

---

[1] http://www.eclipse.org/

dardfunktionen von Eclipse um eine Gruppe von Entwurfs-, Konstruktions- und Wartungswerkzeugen erweitert wurden. Alle diese Werkzeugsets sind in Eclipse als Perspektiven integriert. Eine Perspektive steuert in Eclipse die angezeigten Editoren und Sichten. Dies gibt Entwicklern die Möglichkeit, während der Arbeit an verschiedenen Aufgaben einfach zwischen den Perspektiven zu wechseln. Beispielsweise unterstützt die J2EE-Perspektive die Entwicklung und Anwendung der Technologien von J2EE, wie Java Server Pages (JSPs), Servlets und Enterprise Java Beans (EJBs), während die Webservice-Perspektive verschiedene Werkzeuge zur Definition, zur Suche und zum Testen von Webservices kombiniert (NW Dev 2011).

2.1.4 SAP NetWeaver® Master Data Management

Wie bereits in der Einleitung betont, gewinnt die Datenintegration neben der Prozessintegration in den Systemlandschaften der Unternehmen immer mehr an Bedeutung. Mit SAP NetWeaver® Master Data Management (SAP NetWeaver MDM) erfolgt eine zentrale und konsistente Stammdatenverwaltung und -verteilung. Dadurch können allen Anwendungen zur Ausführung von integrierten Geschäftsprozessen aktuelle und konsistente Stammdaten zu Lieferanten, Produkten oder Kunden zur Verfügung gestellt werden. Globale Attribute ermöglichen, dass alle beteiligten Systeme die gleichen Daten und Informationen erhalten. In den Zielsystemen können dann weitere lokale Attribute hinzugefügt werden, z.B. um individuelle regionale oder bereichsbezogene Anforderungen zu erfüllen (NW MDM 2011).

2.1.5 SAP NetWeaver® Composition Environment

SAP NetWeaver® Composition Environment (SAP NetWeaver® CE) stellt ein flexibles Entwicklungswerkzeug für zusammengesetzte Anwendungen (*Composite Applications*) zur Verfügung. Eine *Composite Application* ist eine Java-basierte Anwendung, die aus verschiedenen Webservices unterschiedlicher Quellen, z.B. unterschiedlicher Anwendungssysteme, aufgebaut ist. Durch diese Kombination von Webservices entsteht eine hohe Flexibilität bei der Modellierung und Ausführung von Geschäftsprozessen. Die lose gekoppelten Webservices heterogener Systeme können benutzerorientiert zusammengesetzt werden, um in einem Portal einem Anwender als eine Composite Application zur Verfügung gestellt zu werden. Die Entwicklung dieser zusammengesetzten Anwendungen erfolgt auf Basis des SAP NetWeaver® Developer Studios bzw. des SAP NetWeaver® Application Servers Java. Die Geschäftsprozess-Komposition erfolgt mit SAP NetWeaver® Business Process Management. Auch können Webservices des Enterprise Services Repository bzw. der Services Registry der SAP NetWeaver® Process Integration in die SAP NetWeaver® CE integriert werden (SAP 2011, NW CE 2011).

2.1.6 SAP NetWeaver® Process Integration

Einführung in SAP NetWeaver® Process Integration PI 7.1

Die *SAP NetWeaver® Process Integration (PI) 7.1* (im Weiteren als *PI-System* bezeichnet) ermöglicht prozessorientierte Integration zwischen SAP®- und Nicht-SAP®-Anwendungen innerhalb und über Unternehmensgrenzen hinweg (SAP 2011). Anwendungen sind dabei betriebliche Informationssysteme, z.B. ERP- oder SRM-Systeme. Nachrichten werden zwischen dem PI-System und den Anwendungen über Schnittstellen ausgetauscht. Eine Schnittstelle wird als *Inbound-* oder als *Outbound-Schnittstelle* kategorisiert. Eine Inbound-Schnittstelle liegt vor, wenn über diese eine Nachricht vom PI-System in eine Anwendung versendet werden soll. Eine Outbound-Schnittstelle wird definiert, falls von einer Anwendung eine Nachricht in das PI-System geschickt werden soll. Zwischenbetriebliche Prozesse können über einen standardbasierten Nachrichtenaustausch, z.B. über Verwendung des E-Business-Standards RosettaNet erfolgen. Zur Definition und zur Verwaltung von integrierten Geschäftsprozessen stehen in der PI-Umgebung (Auswahl über Web Einstiegsseite) folgende Komponenten bzw. Werkzeuge zur Verfügung.

– System Landscape Directory (SLD)
– Entwicklungsumgebung (Enterprise Services Repository)
– Laufzeitkomponente (Integration Directory)
– Konfiguration (Configuration and Monitoring)
– Process Integration Administration

Zur Ausführung von integrierten Geschäftsprozessen wird im PI-System der *Integration Server* verwendet. Der Integration Server dient als Host für die Laufzeit-Engines *Integration Engine* und zentrale *Advanced Adapter Engine*. Der Integration Server schließt auch die *Business Process Engine* für mittels BPEL modellierter Szenarien wie das *komponentenübergreifende Business Process Management* (ccBPM) ein. Bei Ausführung von integrierten Geschäftsprozessen liegen Nachrichten der Anwendungen in einem proprietären Format vor, z.B. in einer ABAP-Struktur. Zur Übertragung der Nachricht in ein PI-System muss dieses Format in ein PI-Format des PI-Systems konvertiert werden. Ebenso muss eine Nachricht in einem PI-Format in das proprietäre Format der Anwendung konvertiert werden können. Für die Übersetzung von einem Quellformat in ein PI-Format bzw. von einem PI-Format in ein Zielformat werden Adapter eingesetzt. In PI 7.1 stehen verschiedene Adapter in den Laufzeit-Engines zur Verfügung. Die Integration Engine unterstützt den Nachrichtenaustausch über IDoc-Adapter (ABAP-basiert), XI (Connectivity mit Proxy-Laufzeit), HTTP (ABAP-basiert) sowie die Connectivity mit Systemen oder Anwendungen, die auf Web Services Reliable Messaging (WS-Kanal) basieren. Die Advanced Adapter Engine stellt folgende Adapter bereit.

– RFC-Adapter
– SAP-Business-Connector-Adapter
– File/FTP-Adapter

- JDBC-Adapter
- JMS-Adapter
- SOAP-Adapter
- Mail-Adapter
- CDIX-Adapter
- RNIF-Adapter
- IDoc-Adapter (AAE)
- HTTP-Adapter (AAE)

Der RFC-Adapter dient der Kommunikation mit SAP®-Systemen und basiert auf SAP RFC-Funktionsbausteinen. Der BC-Adapter ermöglicht die Kommunikation mit dem SAP Business Connector, der File/FTP-Adapter den Austausch von Daten bzw. von Dateien mit externen Systemen. Der JDBC-Adapter wird für den Zugriff auf Datenbanken verwendet. Besonders bedeutend ist der SOAP-Adapter, der der Integration von Webservices dient, während der Mail-Adapter den Zugriff auf E-Mail-Server ermöglicht. Der CIDX-Adapter (Chemical Industry Data Exchange) unterstützt den branchenspezifischen Chem eStandard. Für die B2B-Integration wird der RNIF-Adapter (RosettaNet Implemantation Framework) verwendet, der die Kommunikation mittels RosettaNet-Standard gewährleistet (Nicolescu 2009).

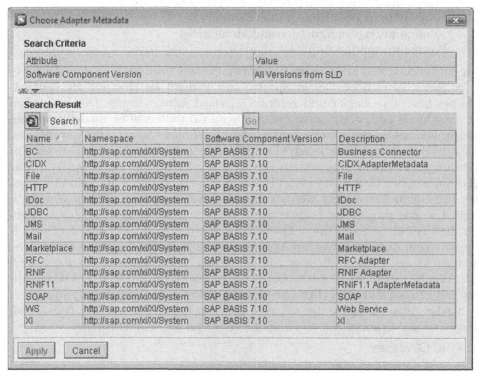

Abbildung 2-1: Suchhilfe für Adapter im Integration Directory

Abbildung 2-1 zeigt verfügbare Adapter im PI-System 7.1. Für Anwendungen, zu denen ein Adapter im Integration Server nicht verfügbar ist, können eigene Adapter entwickelt bzw. erworben werden. Da es sich bei den Adaptern um Standard-J2EE-Komponenten handelt, kann für die Entwicklung auf eine klassische Java-Entwicklungsumgebung zurückgegriffen werden (Banner 2007). Eine Adapter-Entwicklung wird in (Awad 2010) sowie in Abschnitt 12.3 beschrieben. Bei komplexen systemübergreifenden Geschäftsprozessen ist die zustandslose Verarbeitung von Nachrichten über den Integration Server nicht mehr ausreichend. Um dann Nachrichten zueinander in Beziehung zu setzen und komplexere Abläufe über Schleifen abwickeln zu können, werden in der Entwicklungsumgebung sogenannte *Integrationsprozesse* angelegt (Nicolescu 2009). Integrationsprozesse können dann über die *Business Process Engine* systemübergreifend ausgeführt werden.

System Landscape Directory

Die Ermittlung von physischen Adressen von Sender- und Empfängersystemen wird bei einer Middleware als *Routing* bezeichnet. Während bei einer *Point-to-Point Topologie* die Anwendungen die Adressen von Sender- und Empfängersystemen selbst ermitteln müssen, führt dies das PI-System zentral durch. Basis zur Durchführung des Routing in einem PI-System ist das *System Landscape Directory (SLD)*. Im SLD wird die interne Systemlandschaft abgebildet. Dazu gehören einerseits die beteiligten Systeme und ihre Beziehung zueinander (z.B. Konfiguration des Integration Servers), andererseits die in der Systemlandschaft installierten Softwareprodukte (Nicolescu 2009).

Beteiligte Systeme werden in Technische Systeme und (logische) Business-Systeme unterschieden. Ein Technisches System beschreibt ein verwendetes Backend-System, z.B. ein SAP® ERP-System basierend auf einer Datenbank SAP® MaxDB™. Neben SAP®-Systemen können aber auch beliebige andere Systeme im SLD erfasst werden (Nicolescu 2009). Ein Business-System hat eine Referenz auf ein Technisches System, z.B. kann zu einem Mandanten eines SAP®-Systems, das als Technisches System definiert ist, ein Business-System eingerichtet werden. Business-Systeme repräsentieren Anwendungen und werden für die Konfigurationsobjekte des PI-Systems im Integration Directory verwendet. Sie werden dort zur Übertragung von Nachrichten und zur Durchführung des Routing als *Sender- und Empfängersysteme* definiert. Die Trennung in Technische und in Business-Systeme hat den Vorteil, dass Technische Systeme auf einer neuen Hardware installiert werden können, ohne dass sich diese Änderung auf die zugeordneten Business-Systeme auswirkt. Eine Änderung der Konfigurationsobjekte ist daher nicht notwendig (Nicolescu 2009).

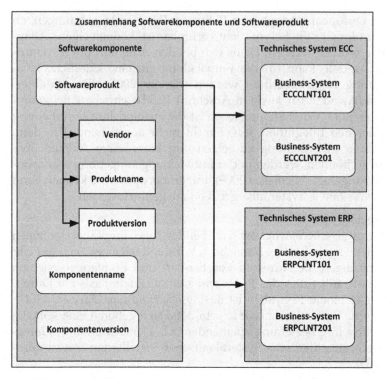

Abbildung 2-2: Softwarekomponente und Softwareprodukt (Kienegger 2010)

Ein *Softwareprodukt* stellt den eigenen Bereich für ein Entwicklungsprojekt dar und muss im Softwarekatalog des SLD angelegt werden. Zu einem Softwareprodukt werden ein sogenannter *Vendor*, der z.B. die Abteilung oder das Projekt repräsentiert, ein Produktname sowie eine Produktversion angegeben. Um im Enterprise Services Repository auf das Softwareprodukt zugreifen zu können, werden eine oder mehrere *Softwarekomponenten* dem Softwareprodukt zugeordnet. Jede dieser Komponente kann wiederum mehrere *Softwarekomponentenversionen* enthalten (siehe Abbildung 2-2). Um eine Verbindung zwischen einem Softwareprodukt und einer Softwarekomponente herstellen zu können, ist die Angabe einer *Software Unit* notwendig. Zu einer Softwarekomponente werden ebenfalls der Vendor und die Versionsnummer eingetragen (Kienegger 2010). Um mit Systemen des SLD kommunizieren zu können, muss ein Softwareprodukt den benötigten Technischen Systemen und Business-Systemen zugeordnet werden. Durch diese Zuordnung im SLD können dann die Softwarekomponenten dieses Softwareprodukts Objekte aus Business-Systemen importieren, Nachrichten in Business-Systeme verschicken oder Nachrichten aus Business-Systemen empfangen.

Entwicklungsumgebung im Enterprise Services Repository
Im Enterprise Services Repository (ES Repository) stehen die beiden Werkzeuge Enterprise Services Builder (ES Builder) und Services Registry zur Verfügung. Im Enterprise Services Builder werden logische Entwicklungsobjekte erzeugt, wie z.B. die Schnittstellen zum Austausch von Nachrichten oder die Regeln für die Durchführung des Mapping von Datenstrukturen. Weiterhin kann die Definition von Integrationsszenarien komplexer und verteilter sowohl innerbetrieblicher als auch zwischenbetrieblicher Geschäftsprozesse in einem Prozessmodell über einen grafischen Prozess-Editor (BPEL-Prozessdesigner) erfolgen. Entwicklungsobjekte werden im Enterprise Services Builder in einem eigenen Entwicklungsbereich angelegt. Dieser Bereich wird als *Softwarekomponente* bezeichnet und wurde im Abschnitt *System Landscape Directory* bereits erläutert. Die verschiedenen *Softwarekomponentenversionen* der Softwarekomponente können aus dem SLD in den ES Builder über den Bereich *Work Areas* importiert werden. Dazu sollte zusätzlich die Angabe eines Namensraums in Form einer http-Adresse erfolgen, um aus Business-Systemen importierte Entwicklungsobjekte zwischen Softwarekomponentenversionen unterscheiden zu können. Nach erfolgreichem Import der Softwarekomponentenversion können Entwicklungsobjekte folgender Kategorien erzeugt werden.

- Interface-Objekte
- Mapping-Objekte
- Adapter-Objekte
- Integrationsprozesse und Prozessintegrationsszenarien
- Modellierungen

Datentypen, Message-Typen und Service-Interfaces werden den Interface-Objekten zugeordnet. Mapping-Objekte werden unterteilt in Message-Mapping und Operation-Mapping. Ein Integrationsprozess ist in ein Prozessintegrationsszenario eingebettet.

Datentyp und Message-Typ
Basis einer Schnittstelle ist ein Datentyp, der die Struktur einer Nachricht in Form eines XSD-Dokuments beschreibt. Dazu werden Elementtypen des XML-Schemas wie *String, Integer, Boolean,* usw. für die Definition von Elementen eines Datentyps verwendet. Es können sowohl einfache als auch komplexe und geschachtelte Datentypen definiert sowie eine Kardinalität zu jedem Element angegeben werden. Ein Beispiel für einen Datentyp im ES-Repository zeigt Abbildung 2-3.

⊡ Display Data Type

Name	DT_MAT_ROHHIL
Namespace	http://www.sappitraining.com/pi1/
Software Component Version	J_PI_TRAINING_12 1 of hm
Description	

Classification Free-Style Data Type ⊡

Type Definition   XSD

▣▾ ◼ ▲ ▾ ⟳ Search [   ] Go 墨

Name	Category	Type	Occurrence
▼ DT_MAT_ROHHIL	Complex Type		
MAT_NAME	Element	xsd:string	1
MAT_BESCHREIBUNG	Element	xsd:string	1
MAT_MENGE	Element	xsd:string	1
MAT_TYP	Element	xsd:string	1

Abbildung 2-3: Beispiel für einen Datentyp

Datentypen im PI-Umfeld werden nur zur Modularisierung von Datenformaten verwendet und können nicht in einer Schnittstelle bzw. in einem Mapping verwendet werden. Daher werden Datentypen in Message-Typen eingebettet (Nicolescu 2009). Ein Message-Typ beschreibt das genaue Datenformat einer Schnittstelle durch Referenz auf genau einen Datentyp. Message-Typen können bei einer Schnittstelle als *Input-Message-Typ* für den Eingang einer Nachricht in eine Anwendung oder als *Output-Message-Typ* für den Ausgang einer Nachricht aus einer Anwendung verwendet werden. Ein Message-Typ zum Datentyp aus Abbildung 2-3 ist in Abbildung 2-4 dargestellt.

Als Alternative zur manuellen Anlage eines Message-Typs kann ein Message-Schema von einer externen Quelle importiert werden. Eine externe Quelle kann z.B. folgende URL des SAP® Webservice Repository zu einem SAP®-System sein.

http://*host:port*/sap/bc/bsp/sap/webservicebrowser/search.html?sap-client=*mandant*

Beim Import wird dann eine *externe Definition* in Form einer WSDL-Datei als Entwicklungsobjekt automatisch angelegt. Diese referenziert dann auf ein Message-Schema, z.B. auf einen BAPI®. Eine externe Quelle kann aber auch eine UDDI Registry[2] sein, die Webservices in Form von WSDL-Dateien zur Verfügung stellt. Bei Webservices erfolgt ebenfalls ein Import von Message-Schemata, die z.B. als Request-, als Response- oder als Fault-Message in Operationen von Service-Interfaces

---

[2]   Siehe z.B.: http://www.webservicex.net oder http://www.cdyne.com

verwendet werden können (SAP 2011). Ab SAP® ECC 6.0 steht auch eine Entwicklungsmöglichkeit für Webservices basierend auf einem RFC-Funktionsbaustein in der ABAP Workbench zur Verfügung. Alle diese genannten Webservices können in der Services Registry des PI-Systems zentral registriert werden.

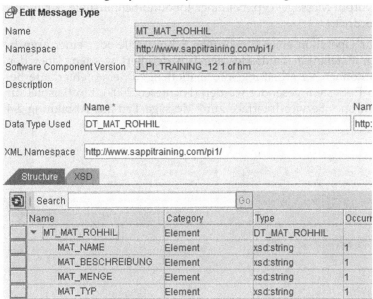

Abbildung 2-4: Beispiel für einen Message-Typ

Service-Interface

Eine Schnittstelle in PI 7.1 wird als *Service-Interface* bezeichnet. Zu einem *Service-Interface* werden ein Name und ein Namensraum angegeben. Zu einer Schnittstelle erfolgt die Angabe der Kategorie durch Auswahl von *Inbound*, *Outbound* oder *Abstract*. Während Outbound- oder Inbound-Schnittstellen über eine implementierte Schnittstelle in einer Anwendung als Gegenstück verfügen, werden abstrakte Service-Interfaces nur von Integrationsprozessen zum Senden oder Empfangen von Nachrichten benutzt. Ein abstraktes Service-Interface hat keine von vornherein definierte Richtung und kann sowohl für das Senden als auch für das Empfangen von Nachrichten verwendet werden (SAP 2011). Einem Service-Interface können eine oder mehrere Operationen jeweils mit Angabe eines Modus zugeordnet werden. Der Modus einer Operation gibt an, ob zu einer Nachricht eine Antwort erwartet wird (*synchron*) oder nicht (*asynchron*). Über die verwendete Operation wird dadurch der Kommunikationsmodus der Schnittstelle definiert. Eine Operation referenziert auf einen oder auf mehrere Message-Typen bzw. Message-Schemata. Zu einer asynchronen Inbound-Schnittstelle wird der Operation ein Input-Message-Typ als Request und zu einer asynchronen Outbound-Schnittstelle ein

Output-Message-Typ als Request zugeordnet. Bei einer synchronen Schnittstelle werden zur Operation ein Input-Message-Typ und ein Output-Message-Typ angegeben. Dabei werden anhand der Kategorie der Schnittstelle die Message-Typen des Request und der Response bestimmt. Bei einer Outbound-Schnittstelle wird dem Request der Output-Message-Typ, bei einer Inbound-Schnittstelle der Input-Message-Typ zugeordnet.

Außerdem kann zur Operation einer synchronen Schnittstelle oder einer asynchronen Inbound-Schnittstelle ein Fault-Message-Typ definiert werden. Über den Fault-Message-Typ können Verarbeitungsinformationen, z.B. eine fehlerhafte Bearbeitung, aus dem PI-System gesendet werden (Nicolescu 2009). Ein Beispiel für ein abtraktes asynchrones Service-Interface zum Message-Typ aus Abbildung 2-4 zeigt Abbildung 2-5.

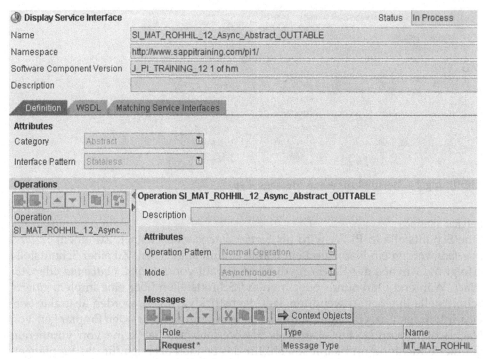

Abbildung 2-5: Abstraktes asynchrones Service-Interface

Alternativ zur manuellen Anlage eines Service-Interface können auch RFC- und IDoc-Schnittstellen, die auf RFC-Funktionsbausteinen bzw. SAP® IDocs[3] basieren, aus einem SAP®-System, das mindestens auf einem Application Server ABAP 6.20

---

[3]   Abkürzung für *Intermediate Document.*

basiert, in das ES Repository importiert werden. Importierte Schnittstellen sind dann auf der gleichen funktionalen Ebene wie Operationen, daher können diese Typen von Schnittstellen im ES Builder oder im Integration Builder an Stellen referenziert werden, an denen auch eine Operation eines Service-Interface referenziert werden kann (SAP 2011) (siehe Abschnitt *Operation-Mapping*).

Für die in Abschnitt *Datentyp und Message-Typ* beschriebenen externen Definitionen, die in Form einer WSDL-Datei importiert wurden, muss explizit ein synchrones Service-Interface mit Angabe der Kategorie angelegt werden. Importierte Schnittstellen und externe Definitionen referenzieren nicht auf einen Message-Typ, sondern auf ein Message-Schema. In Abbildung 2-6 ist der Bezug von Service-Interfaces, externen Definitionen und importierten Schnittstellen zu Operations dargestellt (modifizierte Form aus (SAP 2011)).

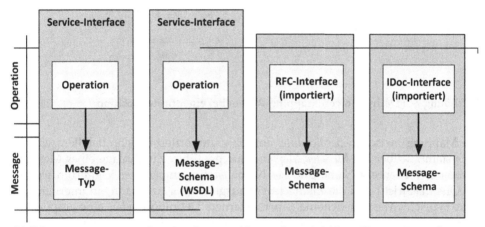

Abbildung 2-6: Bezug Service-Interfaces und importierte Schnittstellen zu Operations

Message-Mapping

Da die verschiedenen Schnittstellen unterschiedliche Datentypen enthalten, müssen die einzelnen Elemente des Quellformats einer Senderschnittstelle den Elementen des Quellformats der Empfängerschnittstelle zugeordnet werden. Diese Definition der Zuordnung von Elementen wird *Mapping* genannt und stellt eine der wesentlichen Entwicklungsaufgaben innerhalb der Prozessintegration dar. Durch Transformationswerkzeuge erfolgt ein Mapping unter Beachtung der jeweiligen Syntax und Semantik, der definierten Transformationsregeln und gegebenenfalls durch Verwendung standardisierter Austauschformate. Beispielsweise erfolgt ein Mapping vom proprietären SAP® ABAP-Format auf ein SAP® XML-Format bei einer A2A-Integration oder vom proprietären SAP® ABAP-Format auf das Standardformat von RosettaNet bei einer B2B-Integration. Für die Durchführung des Mapping zwischen unterschiedlichen XML-Formaten bzw. XML-Datentypen kann *XSLT (Extensible Stylesheet Language Transformation)* verwendet werden. Beim

Mapping erfolgt eine exakte Zuordnung von Feldern zwischen Quell- und Ziel-format durch *Mapping-Regeln*. In folgender Abbildung 2-7 wird ein Beispiel eines Mapping zwischen einer Bestellposition von einem Datentyp eines SAP® XML-Formats auf eine Bestellposition von einem Datentyp eines RosettaNet-Formats dargestellt.

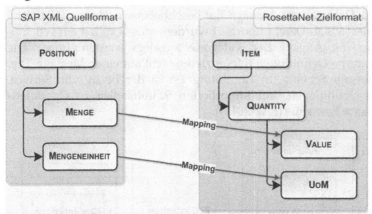

Abbildung 2-7: Definition von Mapping-Regeln bei einer Bestellposition

Ein Mapping zwischen *Service-Interfaces* bzw. importierten Schnittstellen wird im PI-System 7.1 über ein *Message-Mapping* durchgeführt. Zur Anlage eines Message-Mapping werden ein Name und ein Namensraum angegeben. Weiterhin werden die Quellnachricht und die Zielnachricht ausgewählt. Dazu kann ein interner Mes-sage-Typ, ein Message-Schema einer externen Definition oder eine importierte Schnittstelle (eine RFC- oder IDoc-Schnittstelle) ausgewählt werden. Über einen Mapping-Editor wird dann definiert, welche Elemente der Quellnachricht welchen Elementen der Zielnachricht zugeordnet werden. Zusätzlich steht ein grafischer Funktionseditor für Mapping-Regeln zur Verfügung, über den z.B. eine Konstante einem Element der Zielnachricht zugewiesen oder eine arithmetische Funktion für eine Umrechnung definiert werden kann. Bei einer synchronen Kommunikation wird sowohl ein Message-Mapping für den Request als auch ein Message-Mapping für die Response angelegt. Bei einer asynchronen Kommunikation wird nur ein Message-Mapping für den Request erzeugt. Ein Message-Mapping kann durch Eingabe von Testdaten lokal getestet werden. Abbildung 2-8 zeigt ein Mes-sage-Mapping mit einer RFC-Schnittstelle als Quellnachricht sowie einer Zielnach-richt vom Message-Typ aus Abbildung 2-4.

🔍 Display Message Mapping			Status	In Process	Display Langu
Name	MM_Z_RFC_MATROHHIL_12_to_MT_MAT_ROHHIL			
Namespace	http://www.sappitraining.com/pi1/			
Software Component Version	J_PI_TRAINING_12 1 of hm			
Description				

Definition | Test | Signature | Functions

🔍 RFC Message: Z_PI12_MAT_ROHHIL   ⊟▸ | 🔍 Message Type: MT_MAT_ROHHIL

Structure	Occurrences	Type	Descript		Structure	Occurrences	Type
▾ [●]Z_PI12_MAT_ROHHIL	1..1		■		►•[●]MT_MAT_ROHHIL	1..1	p5:DT_MAT_ROHHIL
[●]MAT_BESCHREIBUNG	1..1	xsd:string	■		•[●]MAT_NAME	1..1	xsd:string
[●]MAT_MENGE	1..1	xsd:string	■		•[●]MAT_BESCHREIBUNG	1..1	xsd:string
[●]MAT_NAME	1..1	xsd:string	■		•[●]MAT_MENGE	1..1	xsd:string
[●]MAT_TYP	1..1	xsd:string	■		•[●]MAT_TYP	1..1	xsd:string

Abbildung 2-8: Beispiel für ein Message-Mapping

Operation-Mapping

Ein *Operation-Mapping* beschreibt, über welche Message-Mappings eine Quellope-ration in eine Zieloperation transformiert werden kann. Da eine Operation bis zu drei verschiedene Typen von Nachrichten (*Request, Response, Fault*) referenzieren kann, muss für jeden dieser Typen ein zugehöriges Message-Mapping angegeben werden (Nicolescu 2009). Zur Anlage eines Operation-Mapping werden ein Name und ein Namensraum angegeben sowie eine Quell- und Zieloperation jeweils in Form eines Service-Interface oder einer importierten Schnittstelle zugeordnet. Über die Angabe der Quell- und Zieloperation werden zur Verfügung stehende Messa-ge-Mappings anhand gemeinsamer Message-Typen bzw. Message-Schemata er-mittelt. Dabei können mehrere Message-Mappings, die auf den Message-Typen bzw. Message-Schemata des ausgewählten Paares von Operationen basieren, iden-tifiziert und zugeordnet werden. Ein erzeugtes Operation-Mapping kann, wie auch ein Message-Mapping, durch Eingabe von Testdaten lokal getestet werden. Zu einer RFC-Schnittstelle und zum Service-Inteface aus Abbildung 2-5 sowie zum Message-Mapping aus Abbildung 2-8 ist in Abbildung 2-9 ein entsprechendes Operation-Mapping dargestellt.

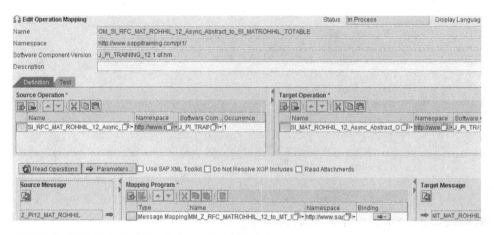

Abbildung 2-9: Beispiel für ein Operation-Mapping

Integrationsprozesse und Prozessintegrationsszenarien

Über die Integration Engine oder über die Advanced Adapter Engine können Integrationsszenarien ausgeführt werden, bei denen Nachrichten vom PI-System ohne irgendwelche Korrelationen zwischen den Nachrichten empfangen und weitergeleitet werden. Jeder Interaktionsschritt ist von den anderen entkoppelt. Diese Laufzeit-Engine verarbeitet eine eingehende Nachricht, leitet sie an die konfigurierten Empfänger weiter und führt gemäß den Konfigurationsdaten weitere Aktionen mit den Nachrichten aus (SAP 2011). Sobald eine Nachricht jedoch gesendet wurde, wird kein Status darüber aufgezeichnet, d.h. die Laufzeit-Engine „vergisst" die Nachricht. Bei Verwendung der Business Process Engine kann über das komponentenübergreifende Business Process Management (ccBPM) der Status einer Nachricht aufgezeichnet werden. Es kann dann ein *Integrationsprozess* über mehrere Komponenten definiert werden, der sich aus einer spezifischen Abfolge von Prozessschritten – wie das Senden, Verarbeiten und Empfangen von Nachrichten – zusammensetzt, während deren Ausführung durch die Business Process Engine der Status des Prozesses auf dem Integration Server persistiert wird (SAP 2011). Der Integrationsprozess wird mithilfe eines grafischen Prozess-Editors (BPEL-Prozessdesigner) im ES Repository definiert. Dabei werden zunächst verwendete Service-Interfaces festgelegt. Es kommt die Modellierungs- und Ausführungssprache BPEL zum Einsatz, die zur prozessorientierten Integration von Webservices verwendet wird (Oasis 2011, Kern 2009). Die Hauptelemente zur Definition eines Integrationsprozesses im grafischen Prozess-Editor sind:

- Containerelemente
- Schritttypen für Prozessschritte
- Korrelationen

Containerelemente, die der Integrationsprozess zu verarbeiten hat, können folgende Typen haben (SAP 2011):

- Abstraktes Interface: Für Nachrichten (in Empfangs- oder Sendeschritten zu verwenden), die durch entsprechende abstrakte Service-Interfaces beschrieben werden
- einfacher XSD-Datentyp, der für Ablaufsteuerungselemente, wie z. B. für die Definition des Zählers einer Schleife, verwendet wird
- ein verwendeter Empfänger in einem Empfängerermittlungsschritt. Die eigentliche Liste der Empfänger wird zur Laufzeit über eine Empfängerermittlung im Integration Directory bestimmt (SAP 2011)

Weiterhin können Containerelemente als *mehrzeilig* definiert werden, um mehrere Objekte desselben Typs im Containerelement aufnehmen zu können. Da die Business Process Engine eng mit der Workflow Engine von SAP®-Anwendungen (Dart 2009) verknüpft ist, werden zur Laufzeit aus Integrationsprozessen automatisch Workflows generiert, die auf den betroffenen SAP®-Anwendungen ausgeführt werden (Nicolescu 2009). Integrationsprozesse und SAP® Business Workflows (Dart 2009) basieren daher auch beide auf der gleichen Syntax und Semantik von Schritttypen, jedoch steuern SAP® Business Workflows die Prozesse nur lokal innerhalb einer einzigen Anwendung.

Als Schritttypen zur Modellierung der Prozessschritte werden im graphischen Prozess-Editor sogenannte einfache und strukturierte *BPEL-Activities* verwendet. Es stehen *Sende-*, *Empfangs-*, *Empfängerermittlungs-* und *Transformationsschritte* zur Verfügung. Beispielsweise kann mittels eines Sendeschritts eine Nachricht an einen anderen Integrationsprozess oder an ein Business-System gesendet werden. Zur Definition einer dieser Prozessschritte werden benötigte Containerelemente ausgewählt. Beispielsweise erfolgt bei den Empfangs- und Sendeschritten ein Bezug zu Containerelementen für die entsprechenden abstrakten Service-Interfaces und bei einem Empfängerermittlungsschritt ein Bezug auf den Empfängertyp im Containerelement. Transformationsschritte werden verwendet, um Nachrichten umzuwandeln. Daher beziehen sich diese Schritte auf ein Operation-Mapping. Über den Schritttyp *Container-Operation* können Containerelemente verändert werden. Unterschieden wird dabei zwischen dem Anhängen eines Objekts an ein mehrzeiliges Containerelement und der Veränderung des Wertes eines Containerelementes, z.B. die Erhöhung eines Zählers. In Aufruf-, Verzweigungs- und Schleifenschritten werden Kontrollstrukturen mittels Bedingungen festgelegt, von deren Ergebnis die weitere Verarbeitung abhängt. Schließlich können noch *Benutzerentscheidungsschritte* definiert werden, über die Benutzer Entscheidungen treffen können, die sich auf die Verarbeitung des Integrationsprozesses auswirken (SAP 2011). Der betreffende Benutzer empfängt zur Laufzeit eine Benachrichtigung über den SAP® Business Workflow (Dart 2009).

Mittels einer Korrelation ist es dem Integrationsprozess möglich, Nachrichten zu identifizieren, die inhaltlich verbunden sind (Nicolescu 2009). In einer Korrelation werden die Nachrichten-Elemente im Korrelationscontainer definiert, anhand derer die Nachrichten zu korrelieren sind, so dass zusammengehörige Nachrichten derselben Prozessinstanz zugeordnet werden können (SAP 2011). Beispielsweise werden alle Nachrichten von Bestellungen gesammelt, die den gleichen Wert in ihrem Nachrichten-Element *Lieferantennummer* haben. In Abbildung 2-10 ist ein mit dem grafischen Prozess-Editor modellierter Integrationsprozess dargestellt.

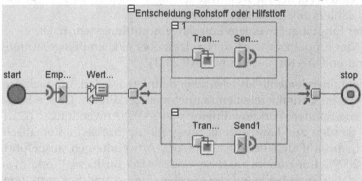

Abbildung 2-10: Beispiel für einen Integrationsprozess

Ein ausführbarer Integrationsprozess kann in ein *Prozessintegrationsszenario* als Anwendungskomponente integriert werden. Mit einem Prozessintegrationsszenario wird der Nachrichtenaustausch für kollaborative Prozesse vollständig und übersichtlich dargestellt. Kollaborative Prozesse sind meist zwischenbetriebliche Prozesse der B2B-Integration, bei denen der Nachrichtenaustausch über eine lose Kopplung der Anwendungen erfolgt. Über eine sogenannten *Component View* wird ein Prozessintegrationsszenario angezeigt und bearbeitet. Um den kollaborativen Nachrichtenaustausch zu modellieren, werden in einer Component View die grafischen Elemente *Anwendungskomponente, Aktion* und *Verbindung zwischen Aktionen* verwendet. Eine Anwendungskomponente repräsentiert einen Teilnehmer eines Prozessintegrationsszenarios, z.B. eine Komponente eines Geschäftspartners oder einen Integrationsprozess (SAP 2011). Beispielsweise werden als Teilnehmer ein SAP®-Einkaufssystem sowie ein SAP®-Vertriebssystem eines Geschäftspartners modelliert. Als Aktionen werden *Bestellung erzeugen* im Einkaufssystem und *Kundenauftrag anlegen* im Vertriebssystem definiert. Das Element *Verbindung* stellt dann zwischen diesen beiden Aktionen die Reihenfolge der Ausführung des kollaborativen Prozesses dar. Weiterhin kann ein Nachrichtenaustausch durch Zuordnung von Service-Interfaces und Mappings genauer spezifiziert werden.

Während in der Konfigurationsphase ein Prozessintegrationsszenario verwendet wird, um zu einem kollaborativen Prozess die Business-Systeme der Teilnehmer in der Systemlandschaft zu identifizieren sowie die Empfängerermittlungen zu erzeugen, wird es im Produktivbetrieb dazu genutzt, die Administration und die

Wartung von kollaborativen Prozessen zu erleichtern. Die Beschreibung von Prozessintegrationsszenarien innerhalb des Enterprise Services Builder richtet sich nach der Beschreibungssprache WSCI (Web Service Choreography Interface), um die Grundlage für den standardisierten Austausch von Prozessintegrationsszenarien zu schaffen (SAP 2011).

Services Registry

In der *Services Registry* (SR) werden Webservices in einem Register, vergleichbar mit den Gelben Seiten, verwaltet (Nicolescu 2009). Die Services Registry enthält Informationen über die angebotenen Services und Service-Definitionen einschließlich der Verweise auf die WSDL-Metadaten und auf die Standorte der aufrufbaren Service-Endpunkte der Service-Provider (SAP 2011). Die Services Registry ist ein zentraler Ort, den Entwickler für die Suche nach verfügbaren und wieder verwendbaren Webservices nutzen. Die Suche nach Services in der Registry wird dadurch vereinfacht, dass die registrierten Services mit Hilfe von Klassifizierungssystemen organisiert werden (SAP 2011). Die Services Registry ist UDDI 3.0-konform und unterstützt dadurch neben den SAP®-Services auch Nicht-SAP®-Services (Nicolescu 2009). Alle Webservices der Services Registry können über die Generierung von Proxys in ein Integrationsszenario eingebunden werden.

Einführung in die Laufzeitkomponente (Integration Directory)

Zur Ausführung eines Nachrichtenaustauschs zwischen Anwendungen bzw. zur Ausführung eines Integrationsprozesses müssen Konfigurationsobjekte im Integration Directory über den Integration Builder angelegt werden. Diese können zu einem Konfigurationsszenario zusammengefasst werden. Dabei wird definiert, welche Anwendungen über welche Adapter welche Nachrichten als Sender zu einem Empfänger versenden. Dazu können folgende Konfigurationsobjekte einzeln oder über den Konfigurationsassistenten zusammengehörig angelegt werden.

- Kommunikationskanal mit Angabe eines Adapters
- Kommunikationskomponente
- Sendervereinbarung
- Empfängerermittlung
- Interface-Ermittlung
- Empfängervereinbarung

Zur Übertragung einer Nachricht aus einer Anwendung in das PI-System bzw. aus dem PI-System in eine Anwendung über Adapter wird ein *Kommunikationskanal* verwendet. Zu einem Kommunikationskanal und einer Kommunikationskomponente (Business-System oder Business-Komponente) werden als Parameter der Typ (Sender oder Empfänger), der verwendete Adapter (z.B. SOAP, RFC, File, IDoc, Mail, …), das Transportprotokoll (z.B. HTTP, HTTPS, RFC, File System, IDoc, SMTP, …), das Nachrichtenprotokoll und die Adapter Engine angegeben (siehe Abbildung 2-11). Bei einem Empfängerkommunikationskanal mit einem SOAP-Adapter muss außerdem die Ziel-URL des Webservice Providers und evt. der Name des Webservice als SOAP-Aktion angegeben werden. Bei einem Empfänger-kommunikationskanal mit einem Mail-Adapter muss die Ziel-URL des Mail Servers vorhanden sein.

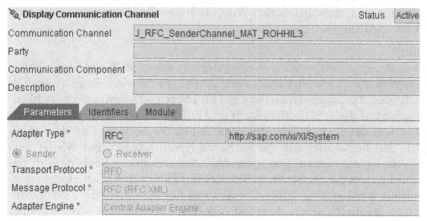

Abbildung 2-11: Beispiel für einen RFC-Senderkommunikationskanal

Kommunikationskomponenten stellen im PI-System Sender und Empfänger von Nachrichten dar (Nicolescu 2009). Die Kommunikationskomponente *Business-Systeme* enthält die Systeme, die sich in der eigenen Systemlandschaft befinden und bereits im SLD eingetragen sind. Diese können dann aus dem SLD in das Integration Directory importiert werden und z.B. einem Kommunikationskanal zugeordnet werden. Die Kommunikationskomponente *Business-Komponenten* enthält die Systeme, die sich nicht in der eigenen Systemlandschaft befinden und daher nicht im SLD registriert werden können. Dies kann ein System von einem externen Anbieter sein, z.B. ein externer Webservice Provider oder ein externer Mail Server. Die verwendete Outbound- oder Inbound-Schnittstelle aus dem ES Repository wird dann direkt der Business-Komponente zugeordnet, die außerdem die Angabe des verwendeten Kommunikationskanals enthält. Zur Konfiguration eines Integrationsprozesses wird die Kommunikationskomponente *Integrationsprozesse* verwendet. Damit ein Integrationsprozess als Sender oder Empfänger von Nachrichten adressiert werden kann, wird der Kommunikationskomponente ein Name und eine konfigurierbare Instanz eines Integrationsprozesses aus dem ES Repository zugeordnet (SAP 2011). Eine solche Konfigurationsinstanz wird wie alle anderen Komponenten behandelt, d.h. sie kann Nachrichten senden und empfangen, die sich implizit aus dem Prozessmodell im ES Repository ergeben (Nicolescu 2009).

Eine *Serververeinbarung* legt zu einem definierten Sender und zu einem Service-Interface fest, über welchen Kommunikationskanal Nachrichten an das PI-System gesendet werden (Nicolescu 2009). Dadurch werden implizit auch der Adapter und damit das Quellformat für die Übertragung der Nachricht vom Sender festgelegt.

Eine *Empfängerermittlung* wird definiert, um zu einer Nachricht eines bestimmten Senders die möglichen Empfänger ermitteln zu können. Zur Eingrenzung der Empfänger können auch lokale Regeln, die den Inhalt einer Nachricht auswerten, angewandt werden. Über die *Interface-Ermittlung* wird dann zum Sender, zum Service-Interface (Outbound) und zum Empfänger das zugehörige Service-Interface (Inbound) des Empfängers definiert. Über die beiden Service-Interfaces wird dann ein passendes Operation-Mapping identifiziert.

Eine *Empfängervereinbarung* definiert analog zur Sendervereinbarung, über welchen Kommunikationskanal Nachrichten zu einem Service-Interface an einen Empfänger verteilt werden. Dadurch werden implizit auch der Adapter und damit das Zielformat für die Übertragung der Nachricht an den Empfänger festgelegt.

Nach Anlage der Konfigurationsobjekte kann ein lokaler Test des Konfigurationsszenarios erfolgen. Dazu werden der Sender, das Service-Interface (Outbound) und der Empfänger angegeben. Der Test kann in einem Durchlauf oder über einzelne Schritte durchgeführt werden. Dabei werden zunächst die Schritte Sendervereinbarung und Empfängerermittlung ausgeführt. Sind diese Schritte erfolgreich verlaufen, so werden die Interface-Ermittlung und das zugehörige Operation-Mapping durchgeführt. Konnte dadurch das Service-Interface (Inbound) erzeugt werden, so wird über die Empfängervereinbarung der zugehörige Kommunikationskanal und damit der definierte Adapter ermittelt. Ist auch dieser letzte Schritt erfolgreich, so wird durch den Test gesichert, dass alle notwendigen Entwicklungs- und Konfigurationsobjekte vollständig angelegt wurden. Optional kann auch eine XML-Validierung über die Payload durchgeführt werden.

Entwicklungsmodelle

In einem PI-System wird zwischen den beiden Entwicklungsmodellen für Schnittstellen unterschieden in Inside-Out-Modell und Outside-In-Modell. Beim *Inside-Out-Modell* wird eine Schnittstelle zum Nachrichtenaustausch innerhalb der beteiligten Anwendung entwickelt, zum PI-System exportiert und dort ein entsprechendes Service-Interface angelegt. Die Weiterentwicklung der Schnittstelle erfolgt dezentral in der Anwendung und nicht zentral im PI-System. Beispiele für ein *Inside-Out-Modell* sind Konfigurationen mit einer RFC- oder einer IDoc-Schnittstelle. Beim *Outside-In-Modell* liegt die Schnittstelle zum Nachrichtenaustausch im PI-System, z.B. durch Import eines Webservices. Die Anwendung importiert diese Schnittstelle und generiert z.B. einen Proxy. Eine Änderung der Schnittstelle führt zu einer Nachgenerierung in der Anwendung.

Die Bestimmung des Typs eines Entwicklungsmodells kann durch folgende Fragestellung erfolgen: Wo liegt das Original der Schnittstelle bzw. wer ist für die Wartung der Schnittstelle verantwortlich?

Proxy-Technik

Mit Hilfe der Proxy-Generierung können Proxys in Anwendungssystemen erzeugt werden. Proxys kapseln die Erzeugung beziehungsweise das Parsen von XML-Nachrichten und die Kommunikation mit entsprechenden Laufzeitkomponenten, um die Nachrichten zu senden bzw. zu empfangen. Die Proxy-Laufzeit steuert diese Vorgänge und kann in der Anwendung über zusätzliche Methoden beeinflusst werden (SAP 2011). Wie im Abschnitt *Datentyp und Message-Typ* beschrieben (siehe S. 16), können Message-Schemata als externe Definitionen in Form einer WSDL-Datei vorliegen und in Outbound- oder Inbound-Schnittstellen eingebunden werden. Quellen der entsprechenden Webservices können das SAP® Webservice Repository, die Services Registry oder die UDDI Registry eines externen Webservice Providers sein. Zu allen Schnittstellen können jetzt sogenannte Proxy-Klassen in den Anwendungssystemen erzeugt werden (Outside-In-Modell), die dann für den Nachrichtenaustausch zwischen Anwendung und PI-System genutzt werden können. Proxy-Klassen können z.B. in einem SAP® ERP-System, in einer Java-Entwicklungsumgebung (z.B. SAP NetWeaver® Developer Studio) oder durch das .NET Framework® erzeugt werden. Proxy-Klassen stellen Methoden zur Verfügung, die verwendet werden können, um einen Webservice aufzurufen und damit die Versendung einer Nachricht von einer Anwendung zum PI-System zu starten.

ABAP-Proxy-Generierung

Bei der Erzeugung von Proxy-Klassen in einem SAP®-System erfolgt eine sogenannte *ABAP-Proxy-Generierung* mittels der Transaktion SPROXY. Dabei kann in der ABAP-Workbench des Anwendungssystems zu einer Schnittstelle sowohl ein Outbound-Proxy als auch ein Inbound-Proxy angelegt werden (Outside-In-Modell). Der Outbound-Proxy wird zu einer Outbound-Schnittstelle erzeugt und enthält eine Klasse mit einer Methode, die als Konstruktor dient, sowie Strukturen, die als Import- und Export-Parameter dieser Methode verwendet werden. Dieser Konstruktor kann jetzt in einem ABAP-Programm aufgerufen werden. Der Inbound-Proxy wird zu einer Inbound-Schnittstelle erzeugt und dient für die Verarbeitung eingehender Nachrichten. Alle SAP®-Systeme, die auf Application Server ABAP Release 6.20 oder höher basieren, verfügen über eine lokale Integration Engine. Die lokale Integration Engine ermöglicht dem SAP®-System, Nachrichten im PI-Format direkt mit der zentralen Integration Engine des Integration Servers über einen ABAP-Proxy auszutauschen. Diese Art von *Connectivity* wird auch als *Proxy-Laufzeit-basierte Connectivity* bezeichnet (SAP 2011). Der Einsatz von Kommunikationskanälen mit expliziter Angabe eines Adapters für die Konvertierung der Nachricht in das PI-Format ist daher bei Verwendung eines ABAP-Proxy ab ABAP Release 6.20 nicht mehr notwendig. Für diese Art der Kommunikation muss innerhalb eines Kommunikationskanals der Adaptertyp XI gewählt werden.

Java-Proxy-Generierung

Über das SAP NetWeaver® Developer Studio können Java-Proxys basierend auf WSDL-Dateien erstellt werden, um diese aus einer Java-Anwendung heraus aufrufen zu können (Outside-In-Modell). Dazu wird zunächst eine WSDL-Datei in das SAP NetWeaver® Developer Studio importiert. Quellen dieser WSDL-Dateien können das Enterprise Services Repository und die Services Registry des PI-Systems oder eine externe Quelle sein, die WSDL-Dateien zur Verfügung stellt (siehe Abschnitt *Datentyp und Message-Typ*). Über den *Projekt Explorer* der *Java EE Perspektive* können dann die Klassen und Interfaces eines Java-Proxys für einen Webservice Consumer generiert werden. Nach Implementierung der Methoden des Webservice kann die Java-Anwendung mit dem Integration Server des PI-Systems unter Verwendung der *Java Proxy Runtime* (JPR) kommunizieren. Die Anwendung ruft einen Java Webservice Proxy einer Outbound-Schnittstelle auf, welcher daraufhin die Nachricht über die JPR an den Integration Server weiterleitet. Nach der Empfängerermittlung sendet der Integration Server die Nachricht zum Webservice Provider bzw. zur Quelle der WSDL-Datei (SAP 2011). Entsprechend erfolgt der Nachrichtenaustausch über einen Java Webservice Proxy beim Empfang einer Antwort über eine Inbound-Schnittstelle.

.NET-Proxy-Generierung

Für die Erstellung von .NET-Proxys wird die jeweilige Beschreibung des Webservices, also eine WSDL-Datei benötigt. Diese Beschreibung lässt sich im Integration Directory über die entsprechende Sendervereinbarung erzeugen. Anhand dieser WSDL-Datei können Proxy-Klassen für den Webservice Aufruf generiert werden. Eine beispielhafte Demonstration dieses Vorgangs sowie die Verwendung der generierten Proxy-Klassen sind in Abschnitt 7.3 nachzulesen.

Konfiguration von B2B-Prozessen

Die Konfiguration von Business-to-Business-Prozessen kann durch den *Modell-Konfigurator* unterstützt werden. In einem B2B-ntegrationsszenario kommunizieren mindestens zwei Geschäftspartner miteinander. Die interne Systemlandschaft der Geschäftspartner wird meist nur teilweise oder gar nicht voreinander offen gelegt. Daher werden typischerweise nicht die Namen ihrer internen Business-Systeme publiziert, sondern es werden Business-Komponenten genutzt. Business-Komponenten repräsentieren dann die interne Systemlandschaft nach außen. Bei der Modellierung eines Prozessintegrationsszenarios wird eine Kommunikation durch die Klassifizierung einer Anwendungskomponente als Externer Partner mit B2B-Kommunikation (kurz: B2B-Komponente) erstellt. Dabei verwenden die Geschäftspartner zueinander komplementäre *Component Views* (siehe S. 24). Alle Verbindungen von oder zu einer B2B-Komponente werden als B2B-Verbindung bezeichnet (SAP 2011).

Nutzen beide Geschäftspartner einen Integration Server eines PI-Systems, muss das XI-Message-Protokoll verwendet werden, um Nachrichten zwischen ihren Systemlandschaften zu empfangen oder zu versenden. Wenn ein Integration Server eine Nachricht im XI-Message-Format von einem anderen Integration Server erhält, so kann er diese interpretieren und die Nachricht sofort weiterverarbeiten. Dies erfolgt durch Definition einer *empfängerabhängigen Empfängerermittlung*. Hierbei definiert der Empfänger der Nachricht die Empfängerermittlung abhängig von dem von ihm publizierten Geschäftspartner und der Business-Komponente. Als *Konfigurierte Empfänger* gibt er die Business-Systeme bzw. die Integrationsprozesse an, zu denen die Nachricht dann schließlich geleitet wird (SAP 2011).

Konfiguration (Configuration and Monitoring)

Monitoring in einem EAI-System bedeutet die Durchführung der *zentralen und systemübergreifenden Überwachung* des gesamten Nachrichtenverkehrs. Aufgabe eines *Monitoring-Tools* in einem EAI-System ist daher die Überwachung des korrekten Austauschs von Nachrichten (Meinhardt 2002). Im PI-System erfolgen das Monitoring und die Fehleranalyse über die Werkzeuge *Runtime Workbench* und *NetWeaver Administrator* der Komponente *Konfiguration (Configuration and Monitoring)*. Die Runtime Workbench ist ein Werkzeug zur Überwachung der Installation eines PI-Systems und stellt Funktionen zum Monitoring der beteiligten Komponenten (Komponenten-Monitoring), der Message-Verarbeitung durch eine oder mehrere Komponenten (Message-Monitoring) sowie der Performance der Message-Verarbeitung (Performance-Monitoring) zur Verfügung (SAP 2011). Bei Problemen beim Versenden oder Empfangen von Nachrichten empfiehlt es sich, zunächst über das Komponenten-Monitoring der Komponente *Adapter Engine* im *Kommunikationskanal-Monitoring* Inkonsistenzen zum eingesetzten Kommunikationskanal bzw. zum verwendeten Adapter zu prüfen. Weiterhin wird empfohlen, die Prüfung einer XML-Nachrichtenverarbeitung im PI- bzw. im Business-System über die Transaktion SXMB_MONI bzw. über die Transaktion SXMB_MONI_BPE (Monitoring für Fehlerbehandlung im Integrationsprozess) durchzuführen. Zum Monitoring von empfangenen Nachrichten im PI-System wird die Transaktion AL11 (Nachrichtenverarbeitung) verwendet.

Process Integration Administration

Von der Web-Startseite des PI-Systems aus kann die *Process Integration Administration* ausgewählt werden. Dort werden hilfreiche Systeminformationen zur Verfügung gestellt, wie z.B. *Software-Build-Informationen* oder Angaben zu den verwendeten Servern in der Systemumgebung. Insbesondere gibt es die Möglichkeit, gesperrte Entwicklungsobjekte des Enterprise Services Repository und des Integration Directory über die *Sperr- und Cache Administration* zu entsperren.

3 Innerbetriebliche Geschäftsprozesse

3.1 ERP Materialwirtschaft (MM)

Die Aufgabe der ERP Materialwirtschaft ist die Bereitstellung des für die Erzeugung von Produkten notwendigen Materials in der erforderlichen Menge und Güte zum richtigen Zeitpunkt und am entsprechenden Ort (Weihrauch 2002).

Teilgebiete in der ERP Materialwirtschaft sind die Materialdisposition, die Einkaufsabwicklung, die Bestandsführung und die Rechnungsprüfung (SAP 2011).

3.1.1 Organisationsstrukturen in der ERP Materialwirtschaft

Zur Unterstützung der Teilgebiete der ERP Materialwirtschaft werden folgende Organisationsstrukturen verwendet (SAP 1998, SAP 2011).

- Buchungskreis
- Werk
- Lagerort
- Einkaufsorganisation
- Einkäufergruppe
- Einkäufer

Der *Buchungskreis* stellt die Ebene der rechtlich selbständigen, bilanzierenden Gesellschaft dar. Ein Buchungskreis kann z.B. einem Unternehmen, einer Filiale oder einer Tochterfirma innerhalb eines Konzerns zugeordnet sein. Auf Buchungskreisebene werden die Bilanz sowie die Gewinn- und Verlustrechnung erstellt (SAP 2011). Einem Buchungskreis ist daher genau eine Währung zugeordnet. In einem ERP-System können mehrere Buchungskreise definiert werden.

Der *Kostenrechnungskreis* ist eine organisatorische Einheit innerhalb des Konzerns, für die eine vollständige, in sich geschlossene Kostenrechnung durchgeführt werden kann. Der Kostenrechnungskreis betrachtet das interne Rechnungswesen, der Buchungskreis das externe Rechnungswesen. Es können sowohl ein Buchungskreis als auch mehrere Buchungskreise genau einem Kostenrechnungskreis zugeordnet werden (SAP 2011).

Ein *Werk* ist eine Produktionsstätte oder eine Zusammenfassung räumlich zusammen liegender *Lagerorte mit Materialbestand*. Ein Werk ist sowohl eine disponierende als auch eine bestandsführende Einheit (SAP 1998). Ein Werk muss immer genau einem Buchungskreis zugeordnet sein, einem Buchungskreis können jedoch mehrere Werke zugeordnet sein.

Materialbestände können innerhalb eines Werkes nach *Lagerorten* getrennt geführt werden. Der Lagerort wird dabei als physischer Lagerbereich verstanden (SAP 1998). Die Nummerierung der Lagerorte kann sich innerhalb verschiedener Werke wiederholen, Werke müssen jedoch über alle Buchungskreise eindeutig und fortlaufend nummeriert sein (SAP 2011).

Eine *Einkaufsorganisation* ist verantwortlich für die Beschaffung von Materialien und Dienstleistungen für ein oder für mehrere Werke sowie für das Aushandeln von Einkaufskonditionen mit den Lieferanten des Unternehmens (Laroque 2001). Eine Einkaufsorganisation kann in *Einkäufergruppen* und eine Einkäufergruppe in *Einkäufer* gegliedert sein, die für die operativen Tätigkeiten zuständig sind. Ein Unternehmen kann seinen Einkauf auf zwei Arten organisieren (SAP 1998).

- *Dezentrale* Organisation, d.h. eine Einkaufsorganisation ist für die Werke genau eines Buchungskreises zuständig (ein Werk ist immer genau einem Buchungskreis zugeordnet!)
- *Zentrale* Organisation, d.h. eine *Referenzeinkaufsorganisation* ist für die Werke verschiedener Buchungskreise innerhalb eines Unternehmens verantwortlich. Diese kann z.B. Kontrakte für alle Werke eines Unternehmens mit gemeinsamen Konditionen zur Verfügung stellen

3.1.2 Stammdaten und Bezugsquellen in der ERP Materialwirtschaft

Stammdaten im ERP-System werden zentral in einer Datenbank angelegt und den genannten Organisationseinheiten zugeordnet. Sie können übergreifend in verschiedenen Komponenten des ERP-Systems verwendet werden.

- Lieferantenstamm
- Materialstamm
- Leistungsstamm
- Einkaufsinformationssatz
- Absprachen
- Konditionen
- Stücklisten

Lieferantenstammsatz

Zu einem Lieferanten wird ein Lieferantenstammsatz angelegt. Ein Lieferant ist ein Geschäftspartner, von dem Materialien oder Dienstleistungen bezogen werden können. Ein Lieferantenstammsatz wird sowohl vom Einkauf (Bez.: *Lieferant*) als auch von der Finanzbuchhaltung (Bez.: *Kreditor*) verwendet. Über die Allgemeinen Daten werden Namen, Adressdaten und Ansprechpartner zu einem Lieferanten verwaltet. Die *Einkaufsdaten* zum Lieferanten sind nach Einkaufsorganisationen strukturiert. Dadurch kann jede Einkaufsorganisation ihre spezifischen Daten zum Lieferanten verwalten. Folgende Einkaufsdaten können für einen Lieferanten zu jeder Einkaufsorganisation mit einem Standardwert verwaltet werden (SAP 2011):

- Bestellwährung

- Zahlungsbedingung (z.B. zahlbar in 30 Tagen ohne Abzug)
- Lieferbedingungen, z.B. Incoterms
- Steuerungsfelder für die Einkaufsabwicklung:
  o Automatische Wareneingangsabrechnung bei Lieferung (ERS)
  o Wareneingangsbezogene Rechnungsprüfung (WE/RE)
  o Auftragsbestätigungspflicht
- Mindestbestellwert

Über das *Kennzeichen ERS* kann mit dem Lieferanten vereinbart werden, dass nach einem gebuchten Wareneingang die Rechnung passend zum Wareneingangsbeleg unmittelbar vom Einkäufer erzeugt werden kann. Dadurch soll der Verwaltungsaufwand reduziert und mögliche Abweichungen des Rechnungsbetrags aus der Lieferantenrechnung zur Wareneingangsbuchung vermieden werden (SAP 2011).

Die *Wareneingangsbezogene Rechnungsprüfung* erfolgt im Gegensatz zur Bestellbezogenen Rechnungsprüfung nicht mit Bezug zu den Bestellpositionen, sondern mit Bezug zu den Positionen des Wareneingangs. Die Idee dabei ist, dass bei mehreren Wareneingangsbuchungen zu einer Bestellposition auch entsprechend mehrere Rechnungspositionen erfasst werden können (Laroque 2001).

Die *Auftragsbestätigungspflicht* verpflichtet den Lieferanten, eine Nachricht an den Einkäufer zu senden, in der die gewünschte Liefermenge, der gewünschte Liefertermin, usw. bestätigt werden (SAP 2011).

Weiterhin können zu einem Lieferanten folgende *Buchhaltungsdaten* zu einem Buchungskreis in einer Kreditorensicht verwaltet werden (SAP 2011):

- Bankverbindungen
- Abstimmungskonto im Hauptbuch zur Integration von Nebenbuchhaltung und Hauptbuchhaltung
- Informationen über den Zahlungsverkehr (z.B. Lastschrift, Überweisung)
- Abweichender Zahlungsempfänger

Material- und Leistungsstammsatz
Alle Materialien, die ein Unternehmen beschafft, erzeugt, lagert oder verkauft werden in einem Materialstammsatz verwaltet. Ein Material wird dabei redundanzfrei in einem einzigen Datenbankobjekt angelegt. Unterschiedliche Anwendungen (Einkauf, Materialdisposition, Vertrieb, …) haben unterschiedliche Sichten auf ein Material. Der Materialstammsatz enthält verschiedene Sichten, wie z.B. die Sicht für die Grunddaten (Materialkurzbezeichnung, Basismengeneinheit), die Einkaufssicht (Zuordnung Einkäufergruppe, Zuordnung Warengruppe), die Dispositionssichten (Bedarfsplanung, Losgrößendaten, Dispositionsverfahren) oder die Buchhaltungssicht. Auch können über die Chargenverwaltung in der Dispositionssicht Chargen geführt werden. Eine Charge ist die Menge eines bestimmten Materials, die in genau einem Produktionsvorgang erzeugt wird und daher eine Einheit mit ganz bestimmten Spezifikationen darstellt (SAP 1998, SAP 2011). Alle Materialien haben daher genau die gleichen Eigenschaften der Charge. Durch die

Chargenverwaltung können Teilmengen des gleichen Materials getrennt im Bestand geführt werden, um z.B. die Nachbestellung des Materials *Dachziegel* aus dem gleichen Produktionsvorgang passend zu den bisherigen Bestellungen der *Dachziegel* durchführen zu können oder um ausgelieferte Pharmazieprodukte identifizieren zu können.

Im Zusammenhang mit der Materialbeschaffung wird oftmals im Einkauf unterschieden in *Indirekte Materialien* und *Direktmaterialien*. Indirekte Materialien (oft auch als *MRO-Materialien* bezeichnet) gehen nicht unmittelbar in ein herzustellendes Material ein. Die Abkürzung MRO steht für *Maintenance, Repair and Operations* und bezieht sich auf alle Bedarfe der Instandhaltung und der Büroorganisation. Der Bedarf dieser Materialien bzw. Dienstleistungen entspricht ca. 20% des Werts des gesamten Einkaufsvolumens eines Unternehmens. Als *Direktmaterial* wird ein Material bezeichnet, das direkt für die Herstellung von Produkten verwendet wird und dessen Produktionskosten den Wert des erzeugten Produkts unmittelbar beeinflusst. Direktmaterialien unterliegen meist der Bestandsführung, d.h. sie werden nach dem Wareneingang zunächst einem Lagerort zugeführt und auf Bestandskonten erfasst. Bedarfe an Direktmaterialien entsprechen ca. 80% des Gesamtwertes des Einkaufsvolumens.

Leistungsstammsätze werden für die Abwicklung von Dienstleistungen, z.B. Reparaturauftrag oder Reinigungsdienst, angelegt. Analog zum Materialstamm erfolgt zu einem Leistungsstamm die Zuordnung eines Leistungstyps (z.B. Dienstleistung Einkauf, Basisleistung) sowie die Zuordnung einkaufsrelevanter Daten (Warengruppe, Basismengeneinheit, Bewertungsklasse). Die Buchungen zu einer erbrachten Leistung erfolgen über ein *Leistungserfassungsblatt* (SAP 2011).

Stücklisten

Einzelne Komponenten eines Materials werden durch *Stücklisten* beschrieben. Eine Stückliste für ein Material ist ein Verzeichnis aller Baugruppen, Einzelteile und Werkstoffe unter Angabe der Bezeichnung, Sachnummer, Menge und Einheit des Materials. Eine Gruppe von Komponenten, die in einer Montagegruppe zusammengebaut werden und zusammen eine weitere Komponente eines Fertigprodukts oder das Fertigprodukt selber darstellen, wird als *Baugruppe* einer Stückliste bezeichnet. Komponenten von Baugruppen können selbst wieder eine Baugruppe sein. Durch eine sogenannte *Stücklistenauflösung* kann eine Identifikation des genauen Bedarfs an Komponenten, z.B. für die Produktion von Erzeugnissen, erfolgen. Eine Stückliste wird z.B. verwendet für (SAP 2011)

- die Materialdisposition
- die Materialbereitstellung für die Produktion
- die Erzeugniskalkulation
- die Instandhaltung

Stammdaten zur Preisfindung

Zur Ermittlung eines Preises in einem Einkaufsbeleg können Einkaufsinformationssätze, Absprachen und Konditionen als Stammdaten verwaltet werden.

Ein *Einkaufsinformationssatz* (Infosatz) stellt eine Beziehung zwischen einem Lieferanten und einem Material oder einer Dienstleistung (auf Ebene einer Einkaufsorganisation oder eines Werks) her. Der Infosatz enthält z.B. die Konditionen eines Lieferanten für ein Material bzw. für eine Dienstleistung. Weiterhin können Preisstaffeln vereinbart werden (SAP 1998).

Eine *Absprache* ist eine Vereinbarung zwischen einem Unternehmen und einem Lieferanten über eine nachträgliche Gewährung eines Bonus. Es wird unterschieden in *Lieferantenbonus*, bei dem ein Bonus für den Umsatz aller Materialien einer Periode mit einem Lieferanten gewährt wird, und in den *Materialbonus*, bei dem der Bonus mengenbezogen auf ein bestimmtes Material als Absolutbetrag definiert wird (Laroque 2001).

Konditionen sind Preisvereinbarungen mit einem Lieferanten zu einem Material oder zu allen Materialien und werden bei einer Preisfindung in einer Bestellung verwendet. Dabei werden die Kategorien der Konditionsarten *Preise, Zu- und Abschläge* (Rabatte, Skonto) oder *Frachtkosten* vereinbart. Zu Konditionsarten können in Einkaufsinfosätzen, Angeboten und Rahmenverträgen Konditionssätze angegeben werden. Für die Konditionsarten der Kategorie *Preise* können in Abhängigkeit von der Abnahmemenge *Preisstaffeln* definiert werden (SAP 1998).

Die Ermittlung eines Preises zu einem Material erfolgt durch eine *Preisfindung*, die auf einem Kalkulationsschema und auf einer Zugriffsfolge basiert. Ein Kalkulationsschema definiert die zugelassenen Konditionsarten in der Reihenfolge, in der diese zur Ermittlung eines Preises berechnet werden (z.B. Preise → Rabatt → Skonto). Eine Zugriffsfolge definiert für jede Konditionsart eine Reihenfolge gültiger Quellen von Konditionssätzen (z.B. Einkaufsinformationssatz → Rahmenvertrag → Katalog → Materialstamm). Über die Identifikation dieser Konditionssätze und über die Auswertung der definierten Reihenfolge wird dann ein korrekter Preis berechnet, der als Vorschlagswert für den Einkäufer in einen Bestellbeleg übernommen wird (SAP 2011, Laroque 2001).

Rahmenvertrag

Ein Rahmenvertrag ist eine längerfristige Vereinbarung, jedoch noch keine terminlich fixierte Aufforderung zwischen einer Einkaufsorganisation und einem Lieferanten über die Lieferung von Materialien oder die Erbringung von Dienstleistungen zu festgelegten Konditionen in einem bestimmten Zeitraum. Ausprägungen des Rahmenvertrags sind *Kontrakte* und *Lieferpläne* (SAP 1998).

In einem Kontrakt wird über die Angabe einer Zielmenge (Mengenkontrakt) oder eines Zielwerts (Wertkontrakt) festgelegt, wie viel bzw. bis zu welchem Wert Materialien innerhalb der Laufzeit des Kontrakts bei einem Lieferanten abgerufen werden können (SAP 1998). Kontrakte sind keine Stammdaten, sondern werden im Gegensatz zu einem Einkaufsinformationssatz als Belege verwaltet.

Ein *Zentralkontrakt* ist eine spezielle Form eines Kontrakts und kann für alle Werke zu mehreren Buchungskreisen gelten. Bei einem zentralen Einkauf kann dadurch auf hoher Ebene ein Kontrakt vereinbart werden, der für den gesamten Konzern gilt (SAP 1998). Der Vorteil beim Zentralkontrakt ist durch die höheren abgerufenen Mengen gegeben. Dadurch können bessere Konditionen ausgehandelt und genutzt werden.

In einem *Lieferplan* werden durch eine Lieferplaneinteilung die Liefermenge und der Liefertermin festgelegt. Der Vorteil eines Lieferplans ist die Bereitstellung von in Zukunft benötigten Bedarfen durch den Einkäufer, um dann über Lieferplanabrufe eine *just in time*-Lieferung erzielen zu können (SAP 1998) (siehe auch Abschnitt 4.2 Collaborative SCM).

Bezugsquelle

Eine Bezugsquelle stellt eine Beschaffungsmöglichkeit für ein Material oder für eine Dienstleistung dar. Sie kann sowohl intern, z.B. ein firmeneigenes Werk, als auch extern sein (SAP 1998). Bei Zuordnung einer internen Bezugsquelle zu einem Bedarf wird eine Reservierung angelegt, bei Zuordnung einer externen Bezugsquelle zu einer Bestellanforderung wird eine Bestellung erzeugt. Eine Bezugsquelle kann zu einer Bestellanforderung automatisch durch eine Bezugsquellenfindung ermittelt oder manuell durch einen Einkäufer bestimmt werden. Externe Bezugsquellen für einen Bedarf können ein Lieferant aus dem Lieferantenstamm, ein Einkaufsinformationssatz oder ein Rahmenvertrag sein.

Anfrage

Über eine Anfrage kann ein Lieferant aufgefordert werden, ein Angebot zu einem Material oder zu einer Dienstleistung abzugeben. Im Angebot werden Konditionen sowie Zusatzinformationen wie mögliche Liefertermine oder Zahlungsbedingungen angegeben. Anfragen können ausgehend von einer Bestellanforderung an verschiedene Lieferanten verschickt werden. Alle Angebote der Lieferanten werden in der Anfrage erfasst und das günstigste Angebot kann ermittelt werden (SAP 1998).

3.1.3 Materialdisposition in der ERP Materialwirtschaft

Die zentralen Aufgaben der Materialdisposition sind die Überwachung der Bestände, die Bedarfsermittlung, die Berechnung von Bestellmengen bzw. Losgrößen und die automatische Erzeugung von Bestellanforderungen für den Einkauf. Dabei wird die Materialdisposition immer mit Bezug zu einem Werk durchgeführt und der insgesamt im Werk zur Verfügung stehende Lagerbestand berücksichtigt. Die *Bedarfsermittlung* ermittelt im Rahmen einer Veränderungsplanung die für die Fertigung benötigten Materialien nach Art, Menge und Zeitraum. Dabei werden Dispositionsverfahren verwendet, die klassifiziert sind nach Verbrauchsgesteuerte

Disposition und Plangesteuerte Disposition (SAP 1998). In der Bedarfsermittlung werden Bedarfsarten (Laroque 2001) unterschieden nach

- *Primärbedarf:* Bedarf an kompletten Produkten
- *Sekundärbedarf:* Bedarf an Baugruppen eines Produkts, Einzelteilen und Rohstoffen, der durch die Stücklistenauflösung ermittelt werden kann
- *Tertiärbedarf:* Bedarf an Hilfs- und Betriebsstoffen für die Produktion, z.B. Schmiermittel für Maschinen

Bestandsarten

Zur Durchführung einer Materialdisposition werden Materialbestände nach Bestandsarten differenziert. Dabei wird unterschieden in *Lagerbestände* und *Dispositionsbestände* (Laroque 2001). Lagerbestände (SAP 2011) werden klassifiziert nach

- Freier (frei verwendbarer) Lagerbestand
- Sperrbestand (nicht verwendbar)
- Qualitätsprüfbestand (noch nicht verwendbar, Qualität des Materials muss – z.B. nach einem Wareneingang – erst noch geprüft werden)
- Konsignationsbestand (frei verwendbar, aber Material ist Eigentum des Lieferanten)

Dispositionsbestände (Laroque 2001) werden klassifiziert nach

- Bestellbestand
- Reservierungsbestand
- Höchstbestand
- Sicherheitsbestand
- Meldebestand

Die Angabe zu diesen Beständen bezieht sich immer auf einen Zeitpunkt (ZP). Unter Verwendung der Bestandsarten kann eine *Nettobedarfsermittlung* (Laroque 2001) zu einem Zeitpunkt t durchgeführt werden:

Verfügbarer Bestand zum ZP t = Freier Lagerbestand + geplante Zugänge bis zum ZP t (Bestellbestand)[1] – geplante Abgänge bis zum Zeitpunkt t (Reservierungsbestand)

Der verfügbare Lagerbestand wird auch als *ATP-Menge* (*Available To Promise)* bezeichnet. Zur Ermittlung des Nettobedarfs wird dann folgende Formel verwendet:

Nettobedarf = Bruttobedarf[2] – Verfügbarer Bestand

---

[1] Wenn ein Bestellbestand bereits verplant ist, dann muss diese Reservierung bei der Berechnung des verfügbaren Bestands berücksichtigt werden.

[2] Der Bruttobedarf kann z.B. durch Auflösung von Stücklisten ermittelt werden.

Dispositionsverfahren

Die *Plangesteuerte Disposition* (Laroque 2001) ermittelt einen Bedarf mit Bezug zu einer Verbrauchsperiode der Zukunft, z.B. mit Bezug zu Aufträgen, Produktionsplänen oder Materialreservierungen. Eine genaue Bedarfsrechnung kann durch Auflösung von Stücklisten erfolgen. Die Verwendung dieses Dispositionsverfahrens erfolgt z.B.

- bei starken Schwankungen des Bedarfs
- wenn ein hoher Wert der Materialien vorliegt
- falls hohe Lagerhaltungskosten bestehen
- falls der Bruttobedarf genau bekannt ist

Die *Verbrauchsgesteuerte Disposition* ermittelt einen zukünftigen Bedarf mit Bezug zu Verbrauchswerten der Vergangenheit (Weihrauch 2002). Sie ist ohne Bezug zu einem festen Produktionsplan oder zu Aufträgen. Ziel dieses Dispositionsverfahrens ist es, eine Bestellung so zu terminieren, dass bis zur Verfügbarkeit des bestellten Materials jeder Bedarf abgedeckt ist (Laroque 2001). Die *Verbrauchsgesteuerte Disposition* wird hauptsächlich bei der Ermittlung des Bedarfs von indirekten Materialien – z.B. von Hilfs- und Betriebsstoffen – verwendet.

Die Dispositionsverfahren der Verbrauchsgesteuerten Disposition sind

- Bestellpunktdisposition
- Stochastische Disposition
- Rhythmische Disposition

Bei der *Bestellpunktdisposition* wird der verfügbare Lagerbestand nach jeder Entnahme mit dem Meldebestand verglichen (SAP 1998). Unterschreitet der Lagerbestand den Meldebestand, so erfolgt eine Bedarfsmeldung. Die Bestimmung des Meldebestands erfolgt aufgrund des Materialverbrauchs in der Vergangenheit manuell oder durch Prognosen nach folgender Formel (Laroque 2001):

Meldebestand = (Ø-Verbrauch pro ZE * Beschaffungszeit) + Sicherheitsbestand

Beispiel: Die Firma Obelix GmbH hat einen Ø-Verbrauch an Hinkelsteinen von 5 Stück pro ZE. Die Beschaffungszeit beträgt 4 ZE. Der Sicherheitsbestand ist auf 10 Stück festgelegt. Am Tag 1 befinden sich nach Entnahme 45 Hinkelsteine auf Lager. Wie hoch ist der Meldebestand? Wann ist der Bestellpunkt und wie viel muss mindestens bestellt werden?

Zunächst wird der Meldebestand ermittelt durch die Summe

Verbrauch in der Beschaffungszeit + Sicherheitsbestand

5 Stück/ZE * 4 ZE + 10 Stück = 30 Stück.

Am Tag 4 nach Entnahme ist der Bestellpunkt erreicht, da dann noch 30 Stück verfügbar sind. 20 Stück werden in der Beschaffungszeit (4 ZE) verbraucht, bis der Sicherheitsbestand erreicht ist. Es müssen mindestens 20 Stück neu bestellt werden.

Die *Stochastische Disposition* orientiert sich am Materialverbrauch der Vergangenheit. Ermittlungen von Prognosewerten werden für den zukünftigen Bedarf (Materialprognose) verwendet. In regelmäßigen Perioden (Zeitabständen) wird die Prognoserechnung durchgeführt, und es wird überprüft, ob zum Prognosebedarf eine Unterdeckung vorhanden ist (Laroque 2001).

Bei der *Rhythmischen Disposition* erfolgt die Disposition zu einem Material immer zu einem bestimmten vordefinierten Dispositionsdatum. Das *Dispositionsdatum* kann in Abhängigkeit eines regelmäßigen Liefertermins eines Lieferanten, z.B. ein bestimmter Wochentag, und einer Bestellvorlaufzeit bestimmt werden. Dabei erfolgt eine Überprüfung durch Vergleich des Prognosebedarfs des betrachteten Zeitintervalls mit dem verfügbaren Lagerbestand (SAP 2011).

Losgrößenverfahren

Die Berechnung von Bestellmengen bzw. Losgrößen zu einem durch die Bedarfsermittlung identifizierten Nettobedarf erfolgt durch ein *Statisches*, *Periodisches* oder *Optimierendes Losgrößenverfahren*.

Statische Losgrößenverfahren berechnen Losgrößen anhand der im Materialstammsatz hinterlegten Mengenvorgaben wie z.B. Exakte Losgröße, Feste Losgröße oder Auffüllen bis zum Höchstbestand (SAP 1998).

Bei *Periodischen Losgrößenverfahren* werden mehrere Bedarfsmengen innerhalb einer Periode, d.h. eines Zeitabschnitts, zu einer Losgröße zusammengefasst. Unter Berücksichtigung der Beschaffungsfixkosten können auch mehrere Perioden zu einer Bestellung zusammengefasst werden. Entsprechend zur gewählten Periode wird dann unterschieden in (SAP 1998)

- Tageslosgröße
- Wochenlosgröße
- Monatslosgröße
- Losgröße nach flexibler Periodenlänge

Bei *Optimierenden Losgrößenverfahren* werden Bedarfsmengen so zu einer Losgröße zusammengefasst, dass die Beschaffungsfixkosten zu den Lagerhaltungskosten ein Kostenoptimum bilden (SAP 1998). Es werden dabei folgende Modelle verwendet:

- *Stochastische Modelle*: Der Erwartungswert und die Streuung (bzw. deren Schätzer) sind bekannt
- Deterministische Modelle: Der Bedarf kommender Perioden bzw. die konstante oder nicht-konstante Bedarfsrate sind bekannt

3.1.4 Einkaufsabwicklung in der ERP Materialwirtschaft

In Abbildung 3-1 wird der Prozess der Einkaufsabwicklung dargestellt. Dabei wird zunächst eine *Bestellanforderung* angelegt und bearbeitet.

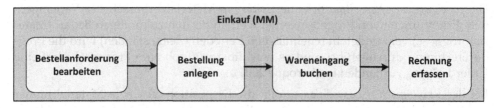

Abbildung 3-1: Geschäftsprozess der Einkaufsabwicklung im ERP Einkauf

Eine Bestellanforderung ist eine Aufforderung an den Einkauf, ein Material oder eine Dienstleistung in einer bestimmten Menge zu einem bestimmten Termin zu beschaffen. Sie kann manuell oder automatisch – z.B. durch einen Planungslauf (sogenannter *MRP-Lauf*) der Materialdisposition – erzeugt werden. Eine *Bestellanforderung* enthält meist noch nicht alle Informationen, die zu einer Bestellung notwendig sind, z.B. kann noch kein Lieferant bestimmt sein oder anstelle der Angabe eines Materials wird nur eine Beschreibung der Anforderung angegeben. Durch Zuordnung einer *Bezugsquelle* kann aus einer Bestellanforderung eine *Bestellung* oder eine *Reservierung* erzeugt werden (SAP 2011).

Um eine vollständige Bestellung zu erhalten, müssen neben der Zuordnung einer Bezugsquelle weitere Angaben der Bestellung hinzugefügt werden. Im sogenannten *Bestellkopf* des Bestellbelegs werden der Buchungskreis, die verantwortliche Einkaufsorganisation und die Einkäufergruppe, die Zahlungs- und Lieferbedingungen, die Bestellwährung und die Steuerungskennzeichen, d.h. die Angabe zur Steuerung der Anlage von Folgebelegen, wie z.B. die Auftragsbestätigungspflicht, erfasst. Diese Angaben beziehen sich auf alle Bestellpositionen des Bestellbelegs. Weiterhin werden zu jeder Bestellposition folgende spezifische Angaben erfasst (SAP 2011):

- Das zu beschaffende Material bzw. die entsprechende Warengruppe
- die Bestellmenge und die Bestellmengeneinheit
- das Lieferdatum
- die Konditionen
- das Werk
- die Kontierung
- die Information über den bisher erfolgten Wareneingang (Fortschreibung und Endlieferungskennzeichen)

Ist die Bestellung vollständig, wird diese an den Lieferanten versendet (siehe Abbildung 4-1, S. 75). Nach Versenden der Bestellung und nach Lieferung der Ware durch den Lieferanten erfolgt eine Wareneingangsbuchung. Diese dient zur Durchführung der Bestandsführung sowie der Qualitätskontrolle. Bei Erfüllung der Qualität wird die Lagerbestandsart *Frei verwendbarer Lagerbestand* angegeben. Weiterhin können auch Teillieferungen erfasst werden (SAP 2011). Ist die Qualität der

Ware nicht erfüllt oder liegen andere Mängel vor, so kann der Wareneingang auch mit der Lagerbestandsart *Qualitätsprüfbestand* bzw. *Sperrbestand* gebucht werden. Der Einkäufer kann dann eine Lieferungsantwort an den Lieferanten versenden (siehe Abbildung 4-1, S. 75).

Als letzter Schritt im Prozess der Einkaufsabwicklung wird eine *Rechnungserfassung* durchgeführt. Sie dient als Vorlage für die Kreditorenbuchhaltung des Rechnungswesens. Die Rechnungserfassung sollte immer mit Bezug zur Bestellung (vgl. Kennzeichen BE/RE) oder mit Bezug zum Wareneingang erfolgen (vgl. Kennzeichen WE/RE). Ihre Aufgabe ist die Prüfung von eingegangenen Rechnungen und Gutschriften auf sachliche, preisliche und rechnerische Richtigkeit. Dazu werden die Angaben aus dem Vorgängerbeleg dem Rechnungsprüfer vorgeschlagen, alle Vorschläge sind änderbar, da in der Rechnung Abweichungen auftreten können. Bei Abweichungen zwischen Bestellung bzw. Wareneingang und Rechnung warnt das System den Benutzer. Liegen die Differenzen innerhalb festgelegter Toleranzgrenzen, so kann die Rechnung dennoch gebucht und zur Zahlung freigegeben werden. Sind die Abweichungen unzulässig, so ist das Buchen der Rechnung zwar möglich, aber der Beleg wird zur Zahlung gesperrt (SAP 2011). Mit der Rechnungserfassung endet der Prozess der Einkaufsabwicklung.

Ein Rechnungsprüfer kann eine Rechnung auch ablehnen. Dann kann eine Rechnungsantwort an den Lieferanten versendet werden (siehe Abbildung 4-1, S. 75). Gründe für die Ablehnung können z.B. sein (SAP 2011)

- ein Rechenfehler liegt vor
- es besteht eine Preisdifferenz oder eine Mengendifferenz
- es ist eine Qualitätsabweichung vorhanden

Spezielle Formen von Bestellungen sind die Dienstleistungs- und die Limitbestellung. Eine Bestellung zu einer zu erbringenden Dienstleistung wird als *Dienstleistungsbestellung* bezeichnet. Diese ermöglicht die Bestellung z.B. von Wartungsarbeiten, Reparaturen oder Reinigungsdiensten. Die Anlage der Bestellung erfolgt jedoch mit Bezug zum Leistungsstamm. Mengenangaben können im Vergleich zu einem Material nicht immer exakt angegeben werden. Analog zur Buchung eines Wareneingangs wird die Buchung einer ausgeführten Dienstleistung als *Leistungserfassung* bezeichnet.

Zur Bestellung von regelmäßigen Dienstleistungen oder zum Bezug von immer wieder benötigten Materialien mit geringem Wert kann eine *Limitbestellung* verwendet werden. Eine Limitbestellung ist eine einmalige Bestellung – jedoch kein Kontrakt – mit einem Mengen- oder Wertlimit und einer bestimmten Laufzeit. Nach Genehmigung einer Limitbestellung können Dienstleistungen und Waren bis zum vereinbarten Limit abgerufen werden. Der Vorteil ist dabei die starke Reduzierung des Verwaltungs- sowie des Genehmigungsaufwands für mehrere geringfügige Beschaffungsvorgänge durch die Zusammenfassung zu einer einzigen Bestellung (SAP 1998). Beispiel: Es wird eine Limitbestellung für Reinigungsarbeiten mit einem Betrag von 1.000 € einmalig genehmigt. Die Reinigungsfirma erstellt dann so lange Rechnungen, bis der Betrag erschöpft ist. Danach wird wieder eine neue Limitbestellung angelegt.

3.1.5 Bestandsführung in der ERP Materialwirtschaft

Aufgaben der *Bestandsführung* sind die mengen- und wertmäßige Bestandsführung der Materialbestände, die Planung, die Erfassung und der Nachweis aller Warenbewegungen (Warenein- und -ausgänge, Umlagerungen und Umbuchungen) sowie die Durchführung der Inventur. Die Art der Bestandsführung hängt von der *Materialart* ab (SAP 1998). Materialien werden entsprechend ihrer Verwendung differenziert in Materialarten, z.B. *Nichtlagermaterial, Rohstoffe, Hilfs- und Betriebsstoffe, Halbfabrikat* oder *Fertigerzeugnis*, und werden bei Anlage eines Materials zugeordnet. Materialarten haben Steuerungsfunktion, d.h. zu einer Materialart können werksspezifisch folgende *Bestandsführungen* bzw. *Beschaffungsarten* über Customizing definiert werden (SAP 2011):

- gleichzeitig mengen- und wertmäßige
- nur mengenmäßige
- weder mengen- noch wertmäßige Bestandsführung
- Fremdbeschaffung und/oder Eigenfertigung

Die *Mengenmäßige Bestandsführung* verwaltet die physischen Materialbestände durch eine Echtzeit-Erfassung aller Vorgänge, die den Bestand verändern. Informationen über die Verfügbarkeit von Beständen müssen bereitgestellt werden (vgl. Bestandsarten in Abschnitt 3.1.3) (SAP 1998):

- Freier Lagerbestand
- Bestellbestand
- Reservierungsbestand
- Qualitätsprüfbestand

Die *Wertmäßige Bestandsführung* (SAP 2011) ist Voraussetzung für eine exakte Bilanzierung und Kostenrechnung. Bei jeder Warenbewegung erfolgt eine Fortschreibung

- des Bestandswerts für die Bestandsführung
- der Kontierung für die Kostenrechnung
- der entsprechenden Sachkonten für die Finanzbuchhaltung

Eine *Reservierung* ist eine Aufforderung an das Lager, Materialien für den Abgang zu einem späteren Termin und für einen bestimmten Zweck bereitzuhalten. Für jede Reservierung wird ein Beleg erzeugt. Es soll sichergestellt werden, dass ein Material zu dem Zeitpunkt, an dem es gebraucht wird, verfügbar ist. Eine Reservierung vermindert den verfügbaren Lagerbestand durch Erhöhung des *Reservierungsbestands* (SAP 2011). Eine Reservierung wird z.B. innerhalb eines MRP-Laufs zu einem Fertigungsauftrag durchgeführt (vgl. Abschnitt 3.2.3).

Eine *Warenbewegung* bzw. eine *Materialbewegung* ist ein Vorgang, der eine Änderung (Minderung oder Erhöhung) des Lagerbestands bewirkt. Eine Minderung
führt zu einer Fortschreibung der Verbrauchsstatistik (SAP 2011). Einzelne Warenbewegungen werden bei jeder Buchung nach *Bewegungsarten* unterschieden, z.B.

- Wareneingang zur Bestellung
- Warenausgang zur Lieferung bzw. zu einem Fertigungsauftrag
- Rücklieferung an Lieferanten
- Umlagerung
- Umbuchung

Ein *Wareneingang zu einer Bestellung* ist eine Warenbewegung, mit der der Erhalt
von Waren von einem externen Lieferanten gebucht wird. Ein Wareneingang führt
zu einer Erhöhung des Lagerbestands. Bei Bezug zu einer Bestellung können Bestelldaten zur Buchung eines Wareneingangs vorgeschlagen werden. Vorteile dabei sind (SAP 2011):

- Noch offene Bestellmengen werden angezeigt
- Unter- und Überlieferungen können identifiziert werden
- die Bewertung des Wareneingangs erfolgt zum Bestellpreis
- eine Fortschreibung in der Bestellung (Status, Endlieferungskennzeichen)
  wird automatisch durchgeführt

Ein *Warenausgang zur Lieferung* ist eine Warenbewegung, mit der ein Warenver-
sand an einen Kunden gebucht wird (SAP 2011). Diese Aktivität tritt in den Prozessen des Vertriebs auf. Ein Warenausgang kann sich auch auf eine Materialent-
nahme während eines Produktionsprozesses beziehen (vgl. Abschnitt 3.2.3).

Mit der Bewegungsart *Rücklieferung an Lieferanten* kann eine Ware an den Lieferanten zurückgeliefert werden, z.B. bei beschädigter oder falscher Ware. Die Buchung
kann dabei wiederum mit Bezug zur Bestellung erfolgen, so dass die bisher erfolgten Fortschreibungen in der Bestellung und im Wareneingang, z.B. gelieferte Menge und Endlieferungskennzeichen, zurückgesetzt werden (SAP 2011).

Eine *Umlagerung* ist das (physische) Auslagern von Materialien aus einem bestimmten Lagerort und deren Einlagern an einem anderen Lagerort. Umlagerungen sind daher physische Bewegungen und können auf drei verschiedenen Ebenen
stattfinden (SAP 2011):

- Umlagerung Buchungskreis an Buchungskreis
- Umlagerung Werk an Werk
- Umlagerung Lagerort an Lagerort (innerhalb Werk)

Bei *Umbuchungen* muss nicht unbedingt eine physische Bewegung des Materials
vorhanden sein, sondern es werden Merkmale eines Materials, z.B. die Bestandsart,
geändert (SAP 2011). Beispiele für Umbuchungen sind

- die Umbuchung von Qualitätsprüfbestand in Freien Lagerbestand
- die Umbuchung Konsignationsbestand in Freien Lagerbestand

– die Umbuchung Qualitätsprüfbestand in Sperrbestand

Um Bestände bilanzieren zu können, muss ein Unternehmen mindestens einmal pro Geschäftsjahr eine *Inventur* seiner Lagerbestände durchführen. Der Ablauf einer Inventur erfolgt in drei Schritten (SAP 2011):

– Inventurbeleg anlegen
– Inventurzählung erfassen
– Inventurdifferenz mit Bezug zur Inventur aus dem Bestand ausbuchen

Um eine wertmäßige Bestandsführung durchführen zu können, wird eine *Materialbewertung* verwendet. Diese hat die Aufgabe, den *Bestandswert* eines Materials zu ermitteln und festzuhalten. Die Berechnung des Bestandswerts ergibt sich aus einer einfachen Formel (SAP 2011).

Bestandswert = Bestandsmenge * Materialpreis

Der Bestandswert ändert sich daher, wenn sich die Bestandsmenge oder der Materialpreis ändert. Zum Materialpreis wird im Materialstammsatz der Typ der Preissteuerung festgehalten. Dabei wird unterschieden in eine Bewertung zum *Standardpreis* oder zum *Gleitenden Durchschnittspreis*. Bei einer Bewertung zum Standardpreis werden alle Bestandsbuchungen immer mit einem festgelegten Standardpreis durchgeführt. Abweichungen zum Standardpreis werden auf Preisdifferenzkonten gebucht. Der Standardpreis kann z.B. mittels einer Produktkalkulation definiert werden. Bei einer Bewertung zum Gleitenden Durchschnittspreis werden die Zugänge mit den Zugangswerten gebucht. Der Materialpreis im Materialstammsatz wird dabei immer an den eingegangenen Zustandswert angepasst. Ein Materialpreis kann sich daher ändern, wenn z.B. der Bestellpreis vom Materialpreis abweicht (bei Buchung des Wareneingangs) oder wenn ein Bestellpreis vom Rechnungspreis abweicht (bei Erfassung der Rechnung) (SAP 2011).

3.2 ERP Produktion (PPS)

3.2.1 Einführung in die ERP Produktion (PPS)

Prozesse zur Produktion von Materialien eines Unternehmens bestehen aus der *Produktionsplanung* und der *Produktionssteuerung*. Informationssysteme für Produktionsprozesse werden auch als *PPS-Systeme* bezeichnet. Die Produktionsplanung wird oftmals auch als *Produktions- und Beschaffungsplanung* bezeichnet. Sie umfasst die für die Produktion gesamte Planung der Termine und der benötigten Mengen an Primär- und Sekundärbedarfe. Dabei wird festgelegt, welches Material in welcher Menge zu welchem Termin gefertigt bzw. beschafft werden muss. Die Produktionssteuerung folgt unmittelbar der Phase der Produktionsplanung und setzt auf den Ergebnissen der Produktionsplanung auf. Sie wird oft auch nur in der Kurzform als *Produktion* bezeichnet. In der Produktion ist die Art der Fertigung abhängig vom *Produktionstyp* (Weihrauch 2002). Eine Fertigung kann sehr kundenindividuell oder auch standardisiert sein. Daher werden Fertigungsprozesse nach folgenden verschiedenen *Produktionstypen* unterschieden (Weihrauch 2002):

- Diskrete Fertigung (Werkstattfertigung)
- Serienfertigung
- Prozessfertigung
- Kanban

Diskrete Fertigung

Die *Diskrete Fertigung*, die auch als Werkstattfertigung bezeichnet wird, wird verwendet, wenn die zu produzierenden Erzeugnisse häufig wechseln, z.B. wenn die jeweilige Produktion auf wechselnden Arbeitsplätzen ausgeführt wird. Dieser Produktionstyp wird auch eingesetzt, wenn die Bedarfe sehr unregelmäßig auftreten, z.B. abhängig von einer Jahreszeit, oder wenn die Fertigung werkstattorientiert abläuft. Die Fertigung eines Produkts erfolgt dabei auf der Basis von *Fertigungsaufträgen* (Weihrauch 2002).

Wichtige Stammdaten der Diskreten Fertigung sind Materialstammdaten, Stücklisten (vgl. Abschnitt 3.1.2), Arbeitsplätze und Arbeitspläne. Tätigkeiten und Vorgänge in der Produktion werden an Arbeitsplätzen ausgeführt. In einem PPS-System können die Stammdaten *Arbeitsplätze* angelegt werden, die folgende reale Arbeitsplätze abbilden (SAP 2011):

- Maschinen, Maschinengruppen
- Fertigungsstraßen
- Montagearbeitsplätze
- Personen oder Personengruppen

Arbeitsplätze werden in der Beschreibung den Vorgängen von Plänen, z.B. von Arbeitsplänen, zugeordnet. Zu Arbeitsplätzen werden Kapazitätsarten, z.B. Personal- oder Maschinenkapazität, Formeln für Kapazitäts- und Terminierungsberechnungen sowie die Werte zur Durchführung einer Kalkulation angegeben. Zu jeder Kapazitätsart wird ein Kapazitätsangebot definiert, z.B. eine Personalkapazität von 8 h pro Arbeitstag (Weihrauch 2002). Arbeitsplätze werden immer mit Bezug zu einem Werk als eine Instanz (also nicht als Typ) angelegt.

Die Fertigung eines Erzeugnisses oder einer Baugruppe erfolgt in verschiedenen Arbeitsschritten, die oft an unterschiedlichen Arbeitsplätzen ausgeführt werden. Durch einen *Arbeitsplan* wird beschrieben, in welchen Arbeitsschritten und auf welchen Arbeitsplätzen die Herstellung eines Materials ausgeführt wird. Einem Arbeitsplan wird die Stückliste des herzustellenden Erzeugnisses zugeordnet. Ein Arbeitsplan besteht aus einem Plankopf und aus einer oder mehreren Folgen. Eine *Folge* beschreibt eine Reihe von *Vorgängen* (Fertigungsschritten), die hintereinander ausgeführt werden. Um komplexe und nebenläufige Fertigungsabläufe darzustellen, können Abhängigkeiten von Folgen, sowie *alternative* und *parallele* Ausführungen von Folgen beschrieben werden. Vorgänge beschreiben die einzelnen Arbeitsschritte, die während der Fertigung ausgeführt werden müssen. Ein Vorgang verweist auf den Arbeitsplatz, an dem er ausgeführt werden kann. Über die *Vorgabewerte* wird zu einem Vorgang angegeben, welche Leistungen, z.B. Bearbeitungszeiten und Rüstzeiten, eines Arbeitsplatzes zu seiner Ausführung benötigt werden. Zu den Vorgängen eines Arbeitsplans können weiterhin die entsprechenden Komponenten der Stückliste des Materials zugeordnet sein (Weihrauch 2002).

Serienfertigung

In der *Serienfertigung* wird über einen bestimmten Zeitraum eine Menge eines unveränderten Erzeugnisses gefertigt. Sie ist daher charakterisiert durch eine zeitraum- und mengenbezogene Erstellung und Bearbeitung von Produktionsplänen. Das zu fertigende Produkt durchläuft in einem stetigen Fluss Maschinen und Arbeitsplätze, Zwischenerzeugnisse werden dabei meist nicht zwischengelagert. Die Serienfertigung tritt z.B. bei der Produktion von Markenartikeln, Verpackungen, Halbleitern oder in der Elektronik auf. Durch die konstante Bearbeitung ist der Produktionssteueraufwand gering und die Istdatenerfassung (Buchungen Rückmeldung und Wareneingang) wird stark vereinfacht (Weihrauch 2002).

Prozessfertigung

Über eine *Prozessfertigung* erfolgt eine *chargen- und rezeptorientierte* Herstellung von Produkten in der Prozessindustrie. Die Prozessfertigung tritt auf

- in der chemischen Industrie
- in der pharmazeutischen Industrie
- in der Nahrungs- und Genussmittelindustrie
- in der prozessorientierten Elektronikindustrie

Bei der Prozessfertigung wird anstelle eines Arbeitsplans ein *Planungsrezept* verwendet, das ein betriebsspezifisches Verfahren zur Herstellung von Materialien beschreibt. Weiterhin werden als Stammdaten *Ressourcen* analog zu den Arbeitsplätzen der Diskreten Fertigung sowie Stücklisten verwaltet (Weihrauch 2002).

3.2.2 Produktions- und Beschaffungsplanung

Die Produktions- und Beschaffungsplanung umfasst alle betriebswirtschaftlichen Mengen- und Zeitplanungsprozesse und liefert die notwendigen Informationen über Bedarfsmengen und Bedarfstermine der zu produzierenden und zu beschaffenden Materialien (Weihrauch 2002). Sie wird in drei Phasen mit jeweils einem Ergebnis durchgeführt.

Die erste Phase ist die *Absatz- und Produktionsgrobplanung*, die oftmals auch mit SOP für *Sales and Operations Planning* abgekürzt wird. In dieser Phase werden die Absatzmengen für eine bestimmte Periode geschätzt und als Ergebnis in einem *Produktionsplan* erfasst. Die Schätzung erfolgt z.B. über eine Prognose, die auf Vergangenheitsdaten basiert. Da diese Schätzung für jedes einzelne Material sehr aufwendig sein kann, gibt es die Möglichkeit, gleichartige Materialien zu Produktgruppen zusammenzufassen. Eine Produktgruppe ist dabei eine Aggregation von Materialien mit ähnlichen Eigenschaften. Die zu produzierenden Materialien oder

Produktgruppen werden zunächst aus der geschätzten Absatzmenge in einen *Absatzplan* abgeleitet. Die Ableitung des Produktionsplans erfolgt dann aus dem *Absatzplan* und den *Ziellagerbeständen*, die zusätzlich im Lagerort aufgebaut werden sollen (Weihrauch 2002). In folgender Tabelle 3-1 wird ein Beispiel für die Ermittlung eines Produktionsplans mit einer Produktgruppe *PG-Fahrrad* dargestellt.

Tabelle 3-1: Produktionsplanung

Planung für PG-Fahrrad	1/2012	2/2012	3/2012	4/2012
Absatz	50	150	100	50
Ziellagerbestand	10	10	10	10
Produktion	60	150	100	50

Bei einem Produktionsplan, der auf *Produktgruppen* basiert, werden schließlich noch über die *Disaggregation* der Planwerte die Produktgruppenmitglieder (weitere Produktgruppen oder Materialien) abgeleitet, d.h. *disaggregiert* (Weihrauch 2002).

Beispiel: Im Produktionsplan aus Tabelle 3-1 sind für das Quartal 3/2012 100 Stück der Produktgruppe PG-Fahrrad geplant, die Produktgruppenmitglieder sind Herrenfahrrad (Anteil 40 %), Damenfahrrad (Anteil 30 %) und Kinderfahrrad (Anteil 30 %). Die Disaggregation ergibt dann einen Anteil von 40 Stück Herrenfahrräder sowie jeweils 30 Stück Damen- und Kinderfahrräder. In Abbildung 3-2 wird der gesamte Prozess der Absatz- und Produktionsgrobplanung dargestellt. Die gestrichelten Pfeile symbolisieren alternative Abläufe entsprechend der Verwendung von Produktgruppen.

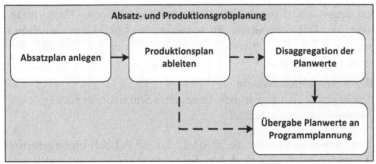

Abbildung 3-2: Absatz- und Produktionsgrobplanung in ERP Produktion

Die nächste Phase der Produktions- und Beschaffungsplanung ist die *Programmplanung*. In der Programmplanung erfolgt eine detaillierte Berechnung der Bedarfstermine und der Bedarfsmengen der Endprodukte. Ermittelte Bedarfe an diesen kompletten Produkten werden dabei als *Primärbedarf* bezeichnet. Das Ergebnis dieser Phase ist die Menge aller Primärbedarfe mit genauen Bedarfsterminen und Bedarfsmengen, das sogenannte *Produktionsprogramm* (Weihrauch 2002). In der Programmplanung wird unterschieden in

- Planprimärbedarfe (unabhängig von Kundenaufträgen, ermittelt z.B. aus Prognosen)
- Kundenprimärbedarfe (basieren direkt auf Kundenaufträgen)

In folgender Tabelle 3-2 wird ein Beispiel für ein Produktionsprogramm dargestellt.

Tabelle 3-2: Produktionsprogramm zum Material HERRENFAHRRAD

Material: HERRENFAHRRAD		
Bedarfstermin	Bedarfsmenge	Bedarfswert
14.2.2012	2	400
15.2.2012	7	1.400
16.2.2012	5	1.000
17.2.2012	10	2.000

Schließlich wird in der letzten Phase der Produktions- und Beschaffungsplanung die *Materialbedarfsplanung (MRP)* durchgeführt. Die Abkürzung MRP steht dabei für *Material Resource Planning*. Ihre Aufgabe ist die Ermittlung der Bedarfe aus dem Produktionsprogramm, die nicht von existierenden Beständen versorgt werden können (Weihrauch 2002). Dieser Vorgang wird auch als *Nettobedarfsermittlung* bezeichnet, die ermittelten Bedarfe werden *Nettobedarfe* genannt (Laroque 2001). Die Materialbedarfsplanung verwendet die Werkzeuge der Materialdisposition, die in Abschnitt 3.1.3 vorgestellt wurde. Beispielsweise werden Verfahren der Plangesteuerten Disposition angewandt, wenn Kundenprimärbedarfe oder Planprimärbedarfe betrachtet werden. Dabei ermittelt ein sogenannter *MRP-Lauf* ausgehend von den Bruttoprimärbedarfen alle Nettosekundärbedarfe zu einem Produktionsprogramm in folgender Reihenfolge.

1. Ermittlung der Nettoprimärbedarfe
2. Ermittlung des Bruttosekundärbedarfs durch eine *Stücklistenauflösung*
3. Ermittlung der Nettosekundärbedarfe

Der Nettobedarf eines Materials ist also der Bedarf, der tatsächlich eigengefertigt oder fremdbeschafft werden muss. Wenn daher der verfügbare Bestand größer als der Bruttobedarf ist, dann ist kein Nettobedarf für dieses Material vorhanden, und es erfolgt keine Fertigung bzw. keine Fremdbeschaffung dieses Materials, ggf. erfolgt überhaupt keine Produktion.

Im letzten Schritt der Materialbedarfsplanung werden zu jedem Nettobedarf *Planaufträge* angelegt. Für verfügbare Primär- und Sekundärbedarfe werden Reservierungen angelegt.

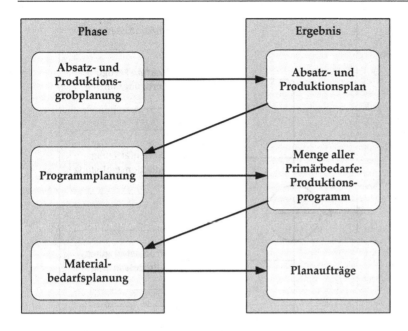

Abbildung 3-3: Prozesse der Produktions- und Beschaffungsplanung in ERP Produktion

Der *Planauftrag* ist eine Anforderung der Planung an die Produktion oder den Einkauf, die Erzeugung bzw. Beschaffung eines Werksmaterials in einer bestimmten Menge zu einem festgelegten Termin zu veranlassen (Weihrauch 2002). In Abbildung 3-3 werden die Prozesse der Produktions- und Beschaffungsplanung zusammengefasst dargestellt.

Beispiel zur Materialbedarfsplanung: Es wurde ein Primärbedarf an Pumpen von 1000 Stück ermittelt, der verfügbare Bestand an Pumpen beträgt 500 Stück. Daraus ergibt sich ein Nettoprimärbedarf an Pumpen von 500 Stück.

Der Sekundärprimärbedarf an Komponenten zum Nettoprimärbedarf der Pumpen wurde mit 500 Stück ermittelt. Die Nachbevorratung der Komponenten erfolgt über Fremdbeschaffung. Der verfügbare Bestand an Komponenten beträgt 200 Stück. Daraus ergibt sich jetzt ein Nettosekundärbedarf an Komponenten von 300 Stück. Als Folgebelege werden angelegt

- eine Reservierung für 500 Pumpen sowie eine Reservierung von 200 Komponenten
- eine Bestellanforderung für 300 Komponenten
- ein Planauftrag für 500 Pumpen

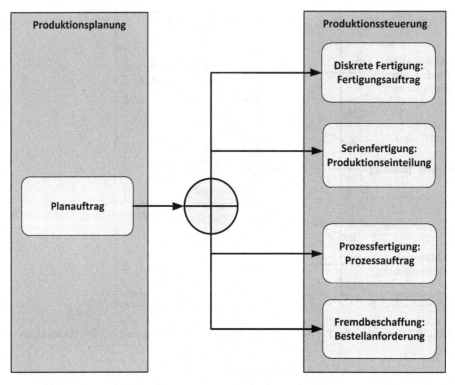

Abbildung 3-4: Mögliche Folgebelege zu einem Planauftrag

Sobald die Bedarfsplanung die Mengen- und Terminplanung abgeschlossen hat, werden Planaufträge umgesetzt in entsprechende Beschaffungsdokumente. Planaufträge zu fremdbeschafften Materialien werden immer in Bestellanforderungen, transformiert (Weihrauch 2002). Dabei kann eine automatische Bezugsquellenfindung konfiguriert werden. Zu eigengefertigten Materialien werden bei der Diskreten Fertigung Planaufträge zu *Fertigungsaufträgen*, in der Serienfertigung zu *Produktionseinteilungen* in einem Planungstableau sowie in der Prozessfertigung zu *Prozessaufträgen* umgesetzt (siehe Abbildung 3-4).

3.2.3 Produktionssteuerung

In der Produktionssteuerung werden die Mengen- und die Termindaten der Produktionsplanung übernommen und zunächst die zur Produktion notwendigen Ressourcen ermittelt. Ressourcen sind dabei Produktionsmittel oder Personen im Produktionsprozess, die Kapazitäten besitzen. Danach erfolgt die Umsetzung und die Überwachung der Plandaten durch die Produktion. Dabei werden Daten aus einem Planauftrag in den jeweiligen Folgebeleg übernommen und z.B. mit Materialstammdaten ergänzt. In einem Prozessauftrag wird mit Bezug zum Planungsrezept festgelegt, mit welchen Ressourcen und mit welchen Einsatzmaterialien das Material zu fertigen ist, während in der Serienfertigung in einem Planungstableau festgelegt wird, über welche Fertigungslinien die Produktionseinteilungen bearbeitet werden (Weihrauch 2002). Anhand einer Fertigungsauftragsabwicklung der Diskreten Fertigung soll der Ablauf einer Produktionssteuerung veranschaulicht werden. Der gesamte Geschäftsprozess ist in Abbildung 3-5 dargestellt.

Die Produktionssteuerung beginnt bei der Diskreten Fertigung durch die Umsetzung der Planaufträge (Elemente der Planung) in Fertigungsaufträge (Elemente der Steuerung) bei Eigenfertigung und in Bestellanforderungen bei Fremdbeschaffung. In einen Fertigungsauftrag werden die Bedarfsmenge, der Start- und Liefertermin, die Materialnummer sowie die Materialkomponenten aus dem Planauftrag übernommen (Weihrauch 2002).

Weiterhin werden beim Eröffnen eines Fertigungsauftrags der zum Material gehörende *Arbeitsplan* ermittelt und die entsprechenden Vorgänge in den Auftrag kopiert. Um die Fertigungstermine und die Kapazitätsbedarfe der Vorgänge zu ermitteln, wird der Fertigungsauftrag terminiert. Dies erfolgt durch eine automatische *Durchlauftermininierung* bei Anlage des Auftrags. Die Ermittlung der *Fertigungstermine* erfolgt auf folgender Basis (Weihrauch 2002):

- Der Abhängigkeiten zwischen vorhandenen Folgen
- der Vorgabewerte aus den Vorgängen (Rüst-, Maschinen-, Personalzeit)
- der Werte aus dem Materialstamm (Planlieferzeit, Sicherheitszeit, ...)

Die detaillierten Termine der Vorgänge werden entweder über eine *Vorwärtstermininierung* oder durch eine *Rückwärtsterminierung* berechnet. Bei einer Vorwärtstermininierung ist der *Eckstart*- bzw. bei einer Rückwärtsterminierung der *Eckendtermin* der Ausgangspunkt für die Berechnung der Termine. Der Eckstarttermin ist der Termin, an dem die Durchführung des Fertigungsauftrags frühestens beginnen kann. Die weiteren Termine werden dann in einer Vorwärtsrechnung ermittelt. Der Eckendtermin ist der Termin, an dem die geforderte Menge des zu fertigenden Materials zur Verfügung stehen muss. Die anderen Termine werden dann in einer Rückwärtsrechnung berechnet (Weihrauch 2002).

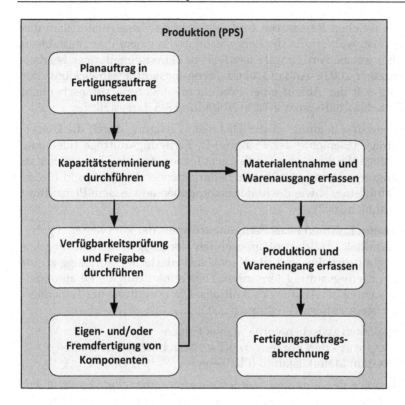

Abbildung 3-5: Geschäftsprozess der Fertigungsauftragsabwicklung in ERP Produktion

Die Ermittlung der *Kapazitätsbedarfe* an Arbeitsplätzen zur Ausführung der Vorgänge unter Beachtung der erzielten Durchlaufterminierung erfolgt durch Betrachtung der Kapazitätsformeln der benötigten Arbeitsplätze. Die *Kapazitätsplanung* hat dann die Aufgabe, die konsistente Durchführbarkeit des bisherigen Produktionsplans mit den vorhandenen Kapazitäten zu überprüfen und gegebenenfalls zu korrigieren. Die Kapazitätsplanung wird daher unterteilt in die Aktivitäten *Kapazitätsauswertung* sowie *Kapazitätseinplanung* und *Kapazitätsabgleich* (Weihrauch 2002).

Die Kapazitätsauswertung vergleicht zunächst das Kapazitätsangebot aus den Arbeitsplätzen mit dem ermittelten Kapazitätsbedarf des Produktionsplans. Reicht das Kapazitätsangebot nicht aus bzw. sind bestimmte Kapazitäten überlastet, so muss ein Kapazitätsabgleich durchgeführt werden. Weiterhin kann ein Kapazitätsabgleich zur Optimierung des Ressourceneinsatzes verwendet werden. Ein Kapazitätsabgleich versucht, einen Ausgleich der Unter- und Überlastungen an den Arbeitsplätzen und eine optimale Belegung von Maschinen zu erzielen (Weihrauch 2002). Dies kann durch folgende Aktivitäten erfolgen (Burghardt 1995):

- Terminverschiebungen von Vorgängen unter Einhaltung der Kapazitätsgrenzen durchführen
- Teilparallelisierung von Vorgängen
- Ausnutzung von Pufferzeiten

Ziel des Kapazitätsabgleichs ist immer, eine *gleichmäßige Auslastung* der Ressourcen zu erzielen, z.B. durch Vorziehen von Vorgängen in Perioden mit Unterdeckung (Weihrauch 2002). Diese Aktivität wird auch als *Smoothing* bezeichnet (Burghardt 1995). Durch eine *Kapazitätsterminierung* erfolgt eine integrierte Durchführung der Terminierung und der Kapazitätsplanung der Produktion, wodurch eine möglichst optimale Auslastung der Ressourcen erzielt werden soll. Dabei werden häufig auch Werkzeuge des *Supply Chain Managements* (SCM) (siehe Abschnitt 3.6) eingesetzt.

Ein Fertigungsauftrag muss zur Produktion durch eine *Fertigungsauftragsfreigabe* freigegeben werden. Eine Fertigungsauftragsfreigabe erfolgt nach einer konsistenten Kapazitätsterminierung und einer erfolgreichen Verfügbarkeitsprüfung aller Komponenten eines Auftrags. Durch die *Verfügbarkeitsprüfung* soll sichergestellt werden, dass Materialkomponenten bzw. Materialien des Fertigungsauftrags zum Bedarfstermin auch vorhanden sind. Unmittelbar vor der Fertigungsauftragsfreigabe sollte daher immer eine erfolgreiche Verfügbarkeitsprüfung durchgeführt werden. Bei einer Verfügbarkeitsprüfung nach ATP-Logik wird geprüft, ob die für den Fertigungsauftrag benötigte Menge eines Materials durch den verfügbaren Bestand gedeckt werden kann. Bei erfolgreicher Prüfung wird die benötigte Menge reserviert und der verfügbare Bestand reduziert (Weihrauch 2002). Eine Verfügbarkeitsprüfung kann sich auch auf Materialien der Zulieferer beziehen. Die dabei verwendeten Werkzeuge werden in Abschnitt 4.2 Collaborative SCM erläutert.

Während der Durchführung eines Fertigungsauftrags müssen bei *Warenentnahme* der benötigten Materialien aus Reservierungen und Eigenfertigungen entsprechende Warenausgangsbuchungen erfolgen. Die Buchungen des Warenausgangs erfolgen dabei mit Bezug zum Kontierungsobjekt *Fertigungsauftrag*. Der Fertigungsauftrag wird mit den Istkosten belastet, und die Reservierung wird um die entnommene Menge abgebaut (Weihrauch 2002). Nach Fertigung einer Menge bzw. einer Teilmenge erfolgt die Fertigungsauftragsrückmeldung, bei der das gefertigte Material zunächst einem Werk bzw. einem Lagerort zugeführt wird. Es werden zusätzlich dem Fertigungsauftrag über Rückmeldungen bzw. über eine Teilrückmeldung eine gefertigte Menge, die benötigten Leistungen, die beteiligten Arbeitsplätze und die durchführenden Personen mitgeteilt (SAP 2011).

Während der Fertigung wurden dem Fertigungsauftrag Materialkosten und innerbetriebliche Leistungskosten belastet. Nachdem die vollständige Menge gefertigt wurde, erfolgt eine Entlastung des Fertigungsauftrags über eine *Fertigungsauftragsabrechnung*. Diese führt die Ausbuchung des Fertigungsauftrags über eine Wareneingangsbuchung zum Bestandskonto des gefertigten Materials durch. Dabei erfolgt die Bewertung über den im Materialstamm festgelegten Typ der Preissteuerung (Standardpreis oder Gleitender Durchschnittspreis) (Weihrauch 2002).

3.2.4 Kanban

Kanban ist ein Verfahren zur Produktions- und Materialflusssteuerung, das die Produktion eines Materials verbrauchsorientiert steuert. Bei Kanban erfolgt keine aufwendige Planung der Bedarfsmengen, sondern die Fertigung bzw. die Beschaffung eines Materials wird erst dann veranlasst, wenn es benötigt wird. Zur Produktion benötigte Komponenten werden in kleinen Mengen vor Ort in Behältern bereitgehalten. Erst wenn ein Behälter leer ist, wird der Nachschub eines Materials bzw. einer Komponente angestoßen. Die Zeit zwischen Anstoß und Lieferung zur Auffüllung des Behälters wird durch andere Behälter überbrückt. Das Werk wird bei Produktion über Kanban eingeteilt in *Produktionsversorgungsbereiche* (PVB), in denen die benötigten Komponenten gelagert werden (Weihrauch 2002).

Der Impuls zur Lieferung des Materials mit Kanban kann zum Beispiel darin bestehen, dass der Arbeitsplatz, der ein Material benötigt (Verbraucher), eine Karte zu dem Arbeitsplatz sendet, die das Material herstellt (Quelle). Die Karte beschreibt, welches Material in welcher Menge wohin geliefert werden soll. Diese Karten (jap. *Kanban*) haben dem Verfahren seinen Namen gegeben. Der Impuls wird auch als *Kanban-Impuls* bezeichnet (Weihrauch 2002).

Im *Kanban-Regelkreis* wird die Beziehung zwischen der Fertigungsstufe *Verbraucher* zur Fertigungsstufe *Quelle* festgelegt. Die Anzahl der eingesetzten Behälter und der Materialmenge pro Behälter wird hier festgelegt. Weiterhin wird eine Nachschubstrategie für ein Material definiert (Weihrauch 2002).

- Eigenfertigung
- Fremdbeschaffung
- Umlagerung

Unter Verwendung dieses Verfahrens soll durch eine Selbststeuerung des Fertigungsprozesses die Produktion weitgehend automatisiert und der manuelle Buchungsaufwand reduziert werden. Das Ziel dieser Selbststeuerung über Kanban ist die Verkürzung der Durchlaufzeit und die Reduktion der Lagerbestände (SAP 2011). Kanban lässt sich auch unter dem Schlagwort *Just-in-Time-Produktion* einordnen. Kanban sollte nur für Materialien mit geringen Schwankungen des Bedarfs eingesetzt werden (vgl. Verbrauchsgesteuerte Disposition in Abschnitt 3.1.3).

3.3 ERP Vertrieb (SD)

Anwendungen des ERP Vertriebs unterstützen die *Akquisition*, die Abwicklung des *Verkaufs*, die Durchführung des *Versands* sowie die Erstellung der *Faktura*. Funktionen eines Vertriebssystems sind z.B. die Angebotserstellung, die Preisfindung, die Auftragserfassung, die Bonusabwicklung, die Kreditlimitprüfung, die Materialfindung oder die Fakturierung.

3.3.1 Organisationseinheiten im ERP Vertrieb

Zur Durchführung der Vertriebsprozesse werden folgende Organisationseinheiten innerhalb einer *Vertriebsorganisation* verwendet:

- Verkaufsorganisation
- Vertriebsweg
- Sparte
- Vertriebsbereich

Eine *Verkaufsorganisation* ist eine verkaufende Einheit im rechtlichen Sinne, d.h. sie ist verantwortlich für den Vertrieb von Materialien und Leistungen sowie für die Produkthaftung. Über *Verkaufsorganisationen* kann eine regionale, nationale oder internationale Untergliederung des Marktes, z.B. in Verkaufsgebiete Nord und Süd, erfolgen. Prozesse des Vertriebs werden immer innerhalb einer Verkaufsorganisation abgewickelt (SAP 2011).

Ein *Vertriebsweg* beschreibt den Weg, auf dem eine Ware zum Kunden gelangt. Ein Kunde kann über mehrere Vertriebswege beliefert werden, und ein Vertriebsweg kann einer oder mehreren Verkaufsorganisationen zugeordnet werden. Beispiele für Vertriebswege sind (SAP 2011):

- Direktverkauf an Endverbraucher
- Großhandel oder Einzelhandel
- Verkauf über Außendienst

Über eine *Sparte* kann eine Produktlinie eines größeren Produktspektrums spezifiziert werden, z.B. Sparte *Beleuchtung*. Auf Ebene einer Sparte können für jeden Kunden individuelle Vereinbarungen, z.B. zu Teillieferungen, zu Preiskonditionen oder zu Zahlungsbedingungen definiert werden. Über eine Sparte kann eine vertriebliche Zuständigkeit bzw. die Verantwortung für den Umsatz von verkaufsfähigen Materialien oder Dienstleistungen definiert werden (SAP 2011).

Ein *Vertriebsbereich* ist eine Kombination der Organisationseinheiten

- Verkaufsorganisation
- Vertriebsweg
- Sparte

Ein Vertriebsbereich ermöglicht den Ausschluss von nicht gewünschten oder nicht möglichen Kombinationen der verschiedenen Organisationseinheiten. Bezüglich eines Vertriebsbereichs können *Auswertungen* durchgeführt werden, z.B. kann eine Analyse des Umsatzes zu einem Material erfolgen. *Vertriebsrelevante Daten eines Kunden* können in Abhängigkeit vom Vertriebsbereich im Kundenstamm definiert werden, z.B. Verkaufsdaten zu einem Verkaufsbüro, Versanddaten, Angaben zur Faktura (z.B. Liefer- und Zahlungsbedingungen) oder Partnerrollen (z.B. *Rechnungsempfänger, Regulierer*) (SAP 2011).

Räumliche Aspekte der Innenorganisation, der Akquisition und des Verkaufs werden durch folgende Organisationsstrukturen abgebildet (SAP 2011):

- Verkaufsbüro (im Sinne von Niederlassung)
- Verkäufergruppe
- Verkäufer

Über diese Organisationsstrukturen kann eine *Aufbauorganisation* angelegt werden, die wiederum als Basis für die Zuordnung von Aufgaben (z.B. *bearbeite Anfrage*) zu Vertriebsmitarbeitern dient. Ein *Verkaufsbüro* ist eine Geschäftsstelle oder eine Vertriebsniederlassung mit einer konkreten Adresse. Verkaufsbüros sind den Vertriebsbereichen zugeordnet, ein Verkaufsbüro kann für einen oder für mehrere Vertriebsbereiche zuständig sein. Die Erfassung eines Auftrags zu einem Vertriebsbereich kann nur durch ein Verkaufsbüro erfolgen, das für diesen Vertriebsbereich zulässig ist. Die personelle Besetzung eines Verkaufsbüros wird durch eine *Verkäufergruppe* dargestellt, die z.B. für eine bestimmte Sparte zuständig ist. Der Verkäufergruppe werden *Verkäufer* zugeordnet, die über Personalstammsätze unter einer Personalnummer verwaltet werden (SAP 2011).

Weiterhin werden Organisationseinheiten für den Versand definiert. Nachschublieferungen an eigene Lagerorte oder Lieferungen an Kunden erfolgen von genau einer *Versandstelle*. Eine Versandstelle ist eine organisatorische Einheit, die sich an einem festen Ort befindet und die Versandabwicklung durchführt. Eine Versandstelle kann in mehrere *Ladestellen* unterteilt werden, die unterschiedliche Lagen und technische Ausstattungen repräsentieren, z.B. ein Kran oder ein Gabelstapler in einem Hafen (SAP 2011).

3.3.2 Stammdaten im ERP Vertrieb

Wichtige Stammdaten, die bei Vertriebsprozessen verwendet werden, sind Kundenstammdaten, Materialstammdaten, Dienstleistungsstammdaten, Kunden-Material-Information und Konditionen zur Preisfindung.

Ein Kundenstammsatz wird sowohl vom Verkauf (Bez.: *Kunde*) als auch von der Finanzbuchhaltung (Bez.: *Debitor*) verwendet. Die Informationen zu einem Kunden werden in den *Vertriebsbereichsdate*n über die Bereiche *Verkauf, Versand, Faktura* und *Partnerrollen* jeweils mit Sicht zu einem Vertriebsbereich strukturiert. Die Informationen zu einem Debitor werden in den *Buchungskreisdaten* über die Bereiche *Kontoführung, Zahlungsverkehr, Korrespondenz* und *Partnerrollen* jeweils mit Sicht zu einem *Buchungskreis* strukturiert (SAP 2011).

Material- und Dienstleistungsstammdaten werden mit Vertriebssichten erweitert. Dabei können diese Sichten über verschiedene Vertriebsbereiche differenziert werden, die z.B. Vertriebs- und Versanddaten verwalten.

In der *Kunden-Material-Information* werden kundenspezifische Informationen zu einem Material gespeichert. Wenn z.B. ein Kunde und der Vertrieb unterschiedliche Nummern oder Bezeichnungen für das gleiche Material verwenden, kann diese Information in der Kunden-Material-Information hinterlegt werden. Dadurch kann bei der Auftragserfassung durch Angabe einer kundenindividuellen Materialnummer zu einer Auftragsposition die eigene Materialnummer identifiziert werden. Weiterhin kann eine kundenspezifische Materialbezeichnung über eine Textfindung in eine Auftragsposition übernommen werden (SAP 2011).

Konditionen zur Preisfindung stellen eine Reihe von Bedingungen dar, die bei der Berechnung eines Preises für einen Kundenauftrag betrachtet werden. Dabei können verschiedene *Konditionsarten*, zu denen Konditionssätze definiert werden, über folgende Hauptkategorien berücksichtigt werden (SAP 2011):

- Preise
- Zu- und Abschläge sowie Rabatte
- Frachtkosten
- Verkaufssteuern

Die Konditionsarten der Kategorie *Preise* werden unterschieden in (SAP 2011)

- *Kundenindividuelle Preisvereinbarung*: zu einem Kunden werden mit Bezug zu einer Verkaufsorganisation und zu einem Vertriebsweg kundenindividuelle Konditionssätze für ein Material für einen bestimmten Zeitraum vereinbart.
- *Preisliste*: mit Bezug zu einer Verkaufsorganisation, zu einem Vertriebsweg und zu einem Preislistentyp (z.B. Großhandel, Einzelhandel, Industrie) und/ oder zu einer Währung wird ein Materialpreis festgelegt.
- *Materialpreis*: ein Materialpreis wird im Materialstamm nur mit Bezug zu einer Verkaufsorganisation und zu einem Vertriebsweg definiert.

Weiterhin können für die Konditionsarten der Kategorie *Preise* in Abhängigkeit von der Abnahmemenge *Preisstaffeln* definiert werden.

Die Konditionssätze der Konditionsarten der Kategorie *Zu- und Abschläge* werden abhängig von einer Materialgruppe, vom Material, vom Kunden oder von einer Kombination dieser Kriterien definiert. Konditionsarten sind z.B. Rabatte, Material- oder Kundenbonus. Ein Abschlag zu einem Material tritt z.B. bei einer Verkaufs- oder Werbeaktion als Aktionsrabatt auf (SAP 2011).

Die Preisfindung zu einem Kundenauftrag erfolgt über eine *Zugriffsfolge* und über ein *Kalkulationsschema*. Die Zugriffsfolge steuert für jede Konditionsart die Reihenfolge, nach der ein gültiger Konditionssatz ermittelt wird. Über das Kalkulationsschema werden die zulässigen Konditionsarten in der Reihenfolge der Berechnung des gültigen Preises definiert (SAP 2011).

3.3.3 Geschäftsprozesse des Vertriebs

Unter Verwendung der beschriebenen Organisationseinheiten und Stammdaten werden die Geschäftsprozesse der Vertriebsabwicklung durchgeführt. Die elementaren Aktivitäten dieser Geschäftsprozesse sind die Kundenauftragserfassung, die Durchführung der Lieferung und die Erstellung der Rechnung (Fakturierung). Unterstützende Aktivitäten sind z.B. die Angebotserstellung, die Preisfindung, die Bonusabwicklung, die Kreditlimitprüfung, die Materialfindung oder die Transportplanung. In Abbildung 3-6 sind die elementaren Aktivitäten der Vertriebsabwicklung in einem ERP-System dargestellt.

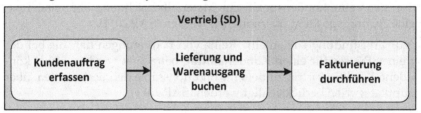

Abbildung 3-6: Geschäftsprozess der Vertriebsabwicklung im ERP Vertrieb

Kundenauftragserfassung

Der Prozess der Vertriebsabwicklung beginnt meist mit einer *Kundenanfrage*, mit der ein Kunde das Unternehmen auffordert, ein Angebot oder eine unverbindliche Verkaufsauskunft abzugeben. Diese Anfrage kann sich auf Materialien bzw. Leistungen, Konditionen und ggf. Liefertermine beziehen. Der zuständige Vertriebsbereich nimmt diese Anfrage entgegen, kann ein Angebot erstellen und ist verantwortlich für die weitere Bearbeitung (SAP 2011).

Nach Einigung der beiden Geschäftspartner erfolgt die Anlage eines *Kundenauftrags*. Ein Kundenauftrag ist eine vertragliche Vereinbarung zwischen einer Verkaufsorganisation und einem Auftraggeber über die Lieferung von Materialien oder die Erbringung von Dienstleistungen zu definierten Preisen, Mengen und Zeitpunkten. In einen Kundenauftragsbeleg werden Angaben zu Verkauf, zu Versand, zur Preisfindung und zur Fakturierung aus dem zugehörigen Kundenstammsatz, aus dem Materialstammsatz und evt. aus der Kunden-Material-Information übernommen. Bei der Erfassung eines Kundenauftrags wird eine *Verfügbarkeitsprüfung* durchgeführt, die auf mehrere Werke erweitert werden kann, falls ein Material in den zugeordneten Werken der Verkaufsorganisation nicht verfügbar ist. Dabei wird geprüft, ob ein Material abhängig vom Wunschlieferdatum des Kunden verfügbar ist. Ist ein gewünschtes Material verfügbar, so wird eine Reservierung zum Kundenauftrag erzeugt, und es können unmittelbar die Aktivitäten der Lieferung begonnen werden. Andernfalls können Liefervorschläge unter Angabe von möglichen Teillieferungen dem Kunden angeboten werden. Weiterhin kann eine *Kreditlimitprüfung* erfolgen. Zu einem akzeptierten Liefervorschlag wird ein *Kundenprimärbedarf* angelegt, der an die Produktion weitergeleitet wird. Zur Erfassung eines Kundenauftrags erfolgt außerdem eine *Versandterminierung*, die auf Basis des Wunschlieferdatums die Berechnung des Kommissionier-, des Lade-, des Versanddatums und der Versandstellen durchführt (SAP 2011). Zusätzlich kann dem Kunden eine Auftragsbestätigung gesendet werden (siehe dazu auch Abbildung 4-1, S. 75).

Durchführung der Lieferung
Sobald ein Materialbereitstellungsdatum aus der Versandterminierung erreicht ist, wird das Material fällig für den Versand, und zu einem Kundenauftrag wird ein *Lieferungsbeleg* angelegt. Ein Lieferungsbeleg kann nur angelegt werden, wenn bestimmte Voraussetzungen erfüllt sind, wie z.B. es liegt keine Liefersperre vor und es ist mindestens eine lieferbare Position vorhanden. Es werden nur fällige Auftragspositionen in den Lieferungsbeleg aufgenommen. Für die Bearbeitung einer Lieferung ist jeweils genau eine Versandstelle zuständig (SAP 2011).

Zur Durchführung der Lieferung muss eine *Versandabwicklung* erfolgen. Die Versandabwicklung beginnt zunächst mit einer *Kommissionierung*, d.h. eine termingerechte Bereitstellung des Materials für den Versand in richtiger Menge und Qualität in einem *Kommissionierbereich*. Eine Kommissionierung kann automatisch aus einem Lieferungsbeleg, regelmäßig zu festgelegten Zeiten oder manuell angestoßen werden. Über einen *Kommissionierstatus* kann zu einer Lieferposition ein Status angezeigt werden (SAP 2011):

- Nicht bearbeitet
- teilweise bearbeitet
- vollständig kommissioniert

Nach der Kommissionierung erfolgt das *Verpacken* des Materials. Lieferpositionen können dabei in sogenannte *Handling Units* verpackt werden. Eine *Handling Unit* ist eine physische Einheit aus Packmitteln, z.B. Verpackungsmaterial wie Kartons, Paletten oder Kisten, und den darin enthaltenen Materialien. Eine Handling Unit ist daher immer eine Kombination aus Materialien und Packmitteln. Handling Units sind modular, und es kann beliebig oft aus mehreren Handling Units eine neue Handling Unit erzeugt werden. Eine Handling Unit hat eine eindeutige, scanfähige Identifikationsnummer (SAP 2011).

Wurde das Material verpackt, kann die *Transportabwicklung* erfolgen. Dabei werden Handling Units entsprechende Verkehrsmittel zugeordnet, die Transportsroute geplant und notwendige Versandpapiere – wie z.B. Frachtberechnung und Frachtabrechnung basierend auf den Incoterms – gedruckt (SAP 2011). Zusätzlich wird dem Kunden ein Lieferavis gesendet (siehe dazu auch Abbildung 4-1, S. 75).

Schließlich, muss noch eine *Buchung des Warenausgangs* mit Bezug *zur Lieferung* erfolgen. Voraussetzung für eine Warenausgangsbuchung ist, dass alle Versandaktivitäten durchgeführt wurden. Die Bestandskonten des Materials werden dabei um die Warenausgangsmenge reduziert, der Materialbedarf für die Lieferung wird

abgebaut und der Lieferstatus wird aktualisiert. Danach ist der Prozess der Lieferung abgeschlossen (SAP 2011).

Fakturierung

Die *Fakturierung* bzw. die Erstellung der *Faktura*[3] bildet den Abschluss eines Pro-
zesses in der Vertriebsabwicklung. Über die Fakturierung kann eine automatische
Rechnungserstellung mit Bezug zu einem Kundenauftrag oder zu einer Lieferung
durchgeführt werden. Die Fakturierung berücksichtigt die Konditionsarten der
Preisfindung. Neben der Erfassung von Rechnungen kann auch eine Erzeugung
von Gut- und Lastschriften zur Durchführung des Vertriebsprozesses erfolgen.
Rechnungen, Gut- und Lastschriften werden an die Finanzbuchhaltung, d.h. an die
Debitorenbuchhaltung, zur weiteren Bearbeitung wie z.B. zur Überwachung der
Zahlungseingänge oder zur Erstellung von Mahnungen weitergeleitet. Buchungen
können dann auf den Sach- und Debitorenkonten durchgeführt werden. Nach
Versendung der Rechnung an den Kunden (siehe dazu auch Abbildung 4-1, S. 75)
endet der Prozess der Fakturierung und der Vertriebsabwicklung (SAP 2011).

Eine *buchungskreisübergreifende Verkaufsabwicklung* kann dann stattfinden, wenn
eine Verkaufsorganisation Materialien von einem Werk eines nicht zugeordneten
Buchungskreises verkauft. Es erfolgt dann eine interne Verrechnung (SAP 2011).

3.4 ERP Integration

Basierend auf Abbildung 3-1, Abbildung 3-5 und Abbildung 3-6 werden in Abbildung 3-7 die innerbetrieblichen Geschäftsprozesse eines ERP-Systems ausgehend
von der Erfassung eines Kundenauftrags integriert dargestellt. Die gestrichelten
Pfeile beschreiben alternative Abläufe. Falls ein gewünschtes Material nicht verfügbar ist, so wird eine Produktion über einen Planauftrag initiiert. Falls eine
Komponente, die über Fremdbeschaffung bezogen wird, nicht verfügbar ist, so
wird eine Bestellanforderung erzeugt. Die Integration basiert auf der gemeinsamen
Verwendung der gleichen Materialstammdaten, die unterschiedliche Sichten zur
Verfügung stellen.

---

[3] *Faktura* ist der Oberbegriff für Rechnungen, Gutschriften, Lastschriften und Stornobelege.

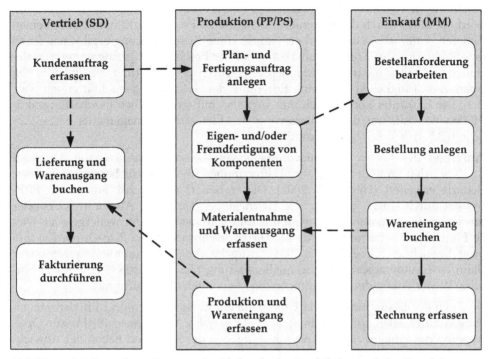

Abbildung 3-7: Integrierte Prozesse des Einkaufs, der Produktion und des Vertriebs

3.5 Supplier Relationship Management (SRM)

3.5.1 Einführung SRM

SRM entwickelte sich aus sogenannten *Desktop Purchasing-Systemen* zur Beschaffung von *indirekten Materialien (MRO-Materialien)*, die Mitte der 90er Jahre entstanden. Die traditionelle Beschaffung in Papierform mit einer fehleranfälligen und verzögerten Bearbeitung sollte ersetzt werden. Weiterhin sollten die Bearbeitungs- und die *Transaktionskosten* einer Bestellung, die oft unabhängig vom Bestellwert gleich hoch waren, reduziert werden. Ziel war eine integrierte, *dezentrale* Ausführung des gesamten Einkaufsprozesses unter Einbeziehung der betroffenen Mitarbeiter, z.B. des Lagerverwalters oder des Werkstattmeisters. Diese Mitarbeiter konnten über eine Web-Anwendung einen sogenannten *Shoppig Cart* anlegen und ein Produkt, z.B. aus einem elektronischen Katalog, hinzufügen. Diese Desktop Purchasing-Systeme wurden als *E-Procurement-Systeme* bezeichnet.

Als *E-Procurement* wird die Integration elektronischer Kommunikationsprozesse in die Geschäftsprozesse der Einkaufsabwicklung bezeichnet. E-Procurement ermöglicht die Verbesserung von Einkaufsprozessen bzgl. der Kostensenkung und der

Erhöhung der Qualität der Beschaffung. Eine Verbesserung der Einkaufsprozesse wird vor allem durch die Eliminierung manueller Prozessschritte und durch einen höheren Automatisierungsgrad ermöglicht. Eine Kostensenkung ergibt sich durch eine Reduktion der Transaktionskosten bei der Beschaffung geringwertiger Materialien und durch niedrige Einstandspreise. Durch die Entlastung des Einkaufs von operativen Tätigkeiten kann eine Erhöhung der Beschaffungsqualität erzielt werden. Die Einkäufer können sich nun verstärkt mit strategischen Beschaffungsaktivitäten wie z.B. mit der Verbesserung des Lieferantenmanagements (siehe Abschnitt 3.5.4) befassen (Zarnekow 2002).

Aufgrund des hohen Einkaufsvolumens von *Direktmaterialien* (siehe Abschnitt 3.1.2) wurden Ende der 90er Jahre E-Procurement-Systeme zur Bearbeitung dieser Bedarfe erweitert (Herrmann 2002). Dieser Bedarf wurde z.B. aus einem ERP-System durch einen *MRP-Lauf der Materialdisposition* (siehe Abschnitt 3.2.2) oder aus einem *Instandhaltungssystem* an das E-Procurement-System weitergeleitet. Diese Form der Beschaffung wurde als *Direct Procurement* bzw. *Plan-Driven Procurement* bezeichnet (Große-Wilde 2004). Aufgabe des E-Procurement-Systems war dann eine automatisierte Bezugsquellenfindung (*Sourcing*) sowie eine (elektronische) Weiterleitung der Bestellung an die Lieferanten durchzuführen.

Im Zuge der Bestrebungen von Unternehmen, Einsparungen und Effizienzsteigerungen zu erzielen, wurde das *Supplier Relationship Management* (SRM) zur Optimierung des Einkaufs entwickelt. Die Aufgaben des SRM sind neben der Abwicklung der traditionellen operativen Tätigkeiten des Einkaufs insbesondere die längerfristige, strategische Planung und zentrale Steuerung von Beziehungen eines Unternehmens zu seinen Lieferanten (Große-Wilde 2004). Ziele des Einsatzes eines SRM-Systems sind (Hildebrand 2002)

- die enge Einbindung der (Schlüssel-) Lieferanten in die Ablauforganisation des Unternehmens
- die Unterstützung des Einkaufs während der gesamten Ausführung der Beschaffungsprozesse

Die Ermittlung einer geeigneten Bezugsquelle wird bei SRM unterstützt durch die zentrale Verwaltung aller Bezugsquellen zu lieferbaren Produkten für alle Systeme eines Unternehmens über die Lieferantenstammdaten, über ein (zentrales) Kontraktmanagement sowie mit Hilfe von Einkaufsinformationssätzen.

Zur *zentralen Verwaltung von Bezugsquellen* werden auch Einkaufsdaten wie Konditionen und Angaben über Zuverlässigkeit, mögliche Risiken und Qualität bereitgestellt. Ein *Mehrwert* entsteht durch *Bündelung* des gesamten Wissens eines Unternehmens über Einkaufsdaten, Bezugsquellen und Qualität, die dann allen Anwendungen der Systemlandschaft des Unternehmens zur Verfügung gestellt werden.

Ein SRM-System besteht aus den Komponenten *Elektronische Beschaffung (E-Procurement), E-Tendering, Lieferantenmanagement und Lieferantenintegration.* Die

Komponente *Lieferantenintegration* betrifft zwischenbetriebliche Geschäftsprozesse und wird in Abschnitt 4.4 betrachtet.

In einem SRM-System werden Stammdaten zu Konditionen für die Durchführung einer Preisfindung, zu Lieferanten, zu Dienstleistungen und zu Materialien verwaltet. Um die Abwicklung eines Einkaufsprozesses z.B. mit einem ERP-System durchführen zu können, müssen diese Stammdaten synchronisiert sein (vgl. Datenintegration in Abschnitt 2.1.4). Materialien und Dienstleistungen werden in Anlehnung an E-Business-Standards wie BMECat in einem SRM-System als *Produkte* bezeichnet und in einem Produktstamm verwaltet. Ebenso werden anstelle von Warengruppen Produktkategorien verwendet. Produktkategorien können Ebenen und Stufen einer Hierarchie abbilden. Den Produktkategorien der untersten Ebenen einer Hierarchie werden dann die Produkte zugeordnet. Über eine Produktkategorie werden Produkte mit ähnlichen Eigenschaften zusammengefasst.

Um in der E-Procurement-Komponente einem Mitarbeiter Produkte zur Auswahl anbieten zu können, werden Produkte in einem eigenen Format und in Produktkategorien in einem elektronischen Katalog verwaltet (Herrmann 2002). Dabei gibt es verschiedene Möglichkeiten, Kataloge in ein E-Procurement-System zu integrieren. Bei einem internen Katalog erfolgt die Auswahl von Produkten innerhalb des Unternehmens über den Produktstamm, und die Lieferung erfolgt aus dem eigenen Lager. Bei Verwendung eines externen Katalogs aktualisieren Lieferanten die Produktdaten im E-Procurement-System über einen Supplier Self-Service selbst (siehe dazu Abschnitt 4.4). Auch können Kataloge von externen Content-Brokern eingebunden werden. Diese bieten die Produkte mehrerer Lieferanten über Hosting in einem Katalog an. Dadurch entfällt die eigene aufwendige Verwaltung und Suche nach Produkten. Ein Katalog kann auch vom Unternehmen im Intranet mit Produkten verschiedener Lieferanten selbst verwaltet werden. In einem vom Unternehmen selbst verwalteten Katalog werden Produkte von Lieferanten als Content selbst importiert. Es erfolgen dann eine vollständige Kontrolle der Produktdaten über eine sogenannte *Staging Area* eines Katalog Content Managements sowie ein sicherer und zuverlässiger Zugriff durch die Mitarbeiter innerhalb des eigenen Intranets. In einem selbst verwalteten Katalog müssen jedoch auch Verwaltungsaufgaben selbst getätigt werden. Es müssen oftmals Produktdaten importiert werden, die von Lieferanten in individuellen Formaten und Produktkategorien bereitgestellt werden. Es kann ein sehr hoher Aufwand zur Konvertierung der Produktdaten der Lieferanten in das eigene Format entstehen. Zur Unterstützung des Austauschs von Katalog-Content zwischen Einkäuferseite und Lieferanten werden oftmals E-Business-Standards verwendet. Eine Hierarchie von Produktkategorien kann auf einem Standardschema basieren. Der Austausch von Produktdaten erfolgt dann unter Verwendung, eines Standardschemas, das von beiden Geschäftspartnern identifiziert werden kann. Von der Firma Dun & Bradstreet wurde das Standardschema *Standard Product and Services Code* (SPSC) entwickelt und von den

UN (*United Nations*) zum weit verbreiteten Standardschema *UN/SPSC*[4] erweitert. Ein weiteres Standardschema ist *eCl@ss*[5], das auf einem hierarchischen System zur Gruppierung von Materialien entsprechend zu Produktmerkmalen basiert. eCl@ss wurde ursprünglich im Bereich der chemischen Industrie entwickelt, hat jedoch mittlerweile eine branchenübergreifende Verwendung. Die Übermittlung der Produkte erfolgt dann ebenfalls über einen E-Business-Standard unter Bezug zu einem Standardschema. Durch eine Forschungsgruppe des Bundesverbandes für Materialwirtschaft, Einkauf und Logistik (BME) wurde in Kooperation mit dem Fraunhofer-Institut für Arbeitswirtschaft und Organisation (IAO) sowie den Universitäten Essen und Linz der Standard *BMEcat*[6] entwickelt. Über BMEcat wird der Austausch des Inhalts elektronischer Kataloge mittels Beschreibung der Produktdaten über XML-Katalogdokumente durchgeführt. In einem XML-Katalogdokument kann auf ein Standardschema, wie z.B. eCl@ss, referenziert werden.

3.5.2 Einkaufsabwicklung im SRM

In Abbildung 3-8 wird das klassische Szenario[7] der Einkaufsabwicklung über ein SRM-System dargestellt. Bei einem klassischen Szenario erfolgen alle Verbuchungen im entsprechenden ERP-Backend-System, d.h. das für die Buchungen verantwortliche System ist das ERP-MM-System.

Der Einkaufsprozess beginnt durch Auswahl eines Produkts aus einem elektronischen Katalog und durch Hinzufügen dieses Produkts in einen Shopping Cart durch einen Mitarbeiter. Dabei wird eine sogenannte *Bedarfsanforderung* angelegt und bearbeitet. Auch kann eine Bedarfsanforderung durch Eingang eines Bedarfs an Direktmaterialien aus einem MRP-Lauf erzeugt werden. Zu jeder Bedarfsanforderung wird sowohl eine automatische Bezugsquellenfindung als auch eine Preisfindung durchgeführt. Über ein Workflow-Management-System kann konfiguriert werden, dass eine Bedarfsanforderung durch einen oder durch mehrere Manager genehmigt werden muss. Eine genehmigte Bedarfsanforderung wird schließlich bei Vollständigkeit der Angaben zu Lieferant, Einkaufsorganisation und Preis als Bestellung, andernfalls als Bestellanforderung in ein ERP-System übertragen.

Ein Mitarbeiter, z.B. der Warenempfänger, kann einen Wareneingang bzw. eine Leistungsbestätigung selbst erfassen, nachdem ein Material geliefert bzw. eine Dienstleistung zu einer Bestellung erbracht wurde. Die Verbuchung des Wareneingangs bzw. der Leistungserfassung erfolgt jedoch im ERP-MM-System.

---

[4]   http://www.unspsc.org

[5]   http://www.eclass.de

[6]   http://www.bmecat.org

[7]   Im Gegensatz zu einem *Stand-Alone-Szenario,* bei dem das verantwortliche und das buchende System das SRM-System selbst ist.

Ebenfalls kann ein Mitarbeiter eine Rechnung über das SRM-System selbst erfassen, nachdem der entsprechende Wareneingang gebucht wurde. Diese Rechnung dient wiederum als Vorlage für die Buchung der Rechnung im ERP-MM-System, die dann an die Kreditorenbuchhaltung des Rechnungswesens weitergeleitet wird.

Eine Bestätigung über die Ausführung einer Dienstleistung oder über die Lieferung einer Ware sowie eine Erfassung einer Rechnung kann in einem SRM-System auch vom Lieferanten selbst durchgeführt werden. Diese zwischenbetrieblichen Aktivitäten werden in Abschnitt 4.4 genauer betrachtet.

Mit Erfassung der Rechnung endet der Prozess der Einkaufsabwicklung in einem SRM-System.

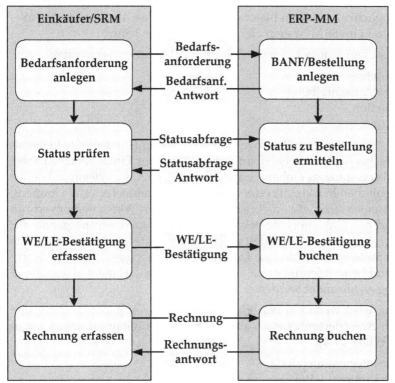

Abbildung 3-8: Aktivitäten der integrierten SRM-ERP-Einkaufsabwicklung

3.5.3 E-Tendering im SRM

E-Tendering wird insbesondere zur strategischen Beschaffung und zur dynamischen Preisfindung von Bedarfen verwendet. Durch die Komponente *E-Tendering* soll zu einem im SRM-System gemeldeten und nicht gedeckten Bedarf ein Ausschreibungsprozess vollständig elektronisch durchgeführt werden können. Über diese Komponente können elektronische Ausschreibungen angelegt werden, die potentielle Bieter lesen und entsprechende Angebote einreichen können. In einer Ausschreibung wird eine *Angebotsfrist* angegeben, die den Zeitraum beschreibt, innerhalb dessen Angebote von *Bietern* eingereicht werden können. Angebote und Angaben über die Bieter können über ein *Data Warehouse* verwaltet werden. Ein Einkäufer kann dann Angebote nach verschiedenen Kriterien vergleichen sowie bewerten und so das (wirtschaftlich) beste Angebot ermitteln. Vorteile beim *E-Tendering* ergeben sich

- aus der einfachen und papierlosen Abwicklung
- aus der Möglichkeit, eine Ausschreibung weltweit zu publizieren und damit einen großen Bieterkreis in den Ausschreibungsprozess zu integrieren
- aus der Möglichkeit, dass ein Bieter mit Bezug zu einer Ausschreibung ein Angebot direkt im SRM-System elektronisch abgeben kann

Verschiedene Ausschreibungsformen werden beim E-Tendering verwendet:

- Offene Ausschreibung
- Nicht offene Ausschreibung
- Reverse Auction
- Dutch Auction

Bei einer *Offenen Ausschreibung* sollen sowohl bereits bekannte potentielle Bieter als auch Bieter, die bisher keine Geschäftspartnerbeziehung zur Einkäuferseite haben, in den Ausschreibungsprozess einbezogen werden. *Offene Ausschreibungen* können auf einem elektronischen Marktplatz oder in einem Unternehmensportal veröffentlicht werden. Bei einer *Nicht offenen Ausschreibung* werden Ausschreibungen nur ausgewählten und der Einkäuferseite bekannten Geschäftspartnern mitgeteilt. Bei einer *Nicht offenen Ausschreibung* ermittelt meist ein Einkäufer die potentiellen Bieter aus dem Lieferantenstamm, die eine Lieferung der benötigten Produkte durchführen können, und benachrichtigt diese. Dieses Verfahren darf nicht in der öffentlichen Verwaltung angewendet werden.

Beim E-Tendering wird weiterhin bezüglich der Kriterien Angebotsbindung und Spezifikation der Anforderungen nach folgenden Ausschreibungsformen unterschieden (Große-Wilde 2004):

- Request for Information (eRFI)
- Request for Proposal (eRFP)
- Request for Quotation (eRFQ)

Bei Durchführung eines eRFI werden Informationen von Anbietern über ihre Produkte identifiziert und eingeholt. Diese Form der Ausschreibung ist sehr kurzfristig, informal, oft ohne Preisangabe und dient meist als Vorstufe für eine konkrete Ausschreibung. Bei der Ausschreibungsform eRFP erfolgt eine Aufforderung an die Bieter zur Angebotsabgabe zu einer genau definierten Menge an Anforderungen. Das Produkt selbst bzw. die Lösung ist nicht konkret beschrieben, z.B. es besteht eine Anforderung für ein Netzwerk mit 20 Work Stations. Das Angebot ist durch den Bieter erweiterbar und im Allgemeinen bindend. Bei einer eRFQ erfolgt eine Aufforderung zur Angebotsabgabe für eine konkret vordefinierte Lösung, z.B. Bedarf eines Netzwerks mit 20 Work Stations einer bestimmten Marke. Die Anforderungen sind dabei genau strukturiert und detailliert.

Eine *Reverse Auction* im E-Tendering beschreibt die umgekehrte Richtung einer Preisentwicklung im Vergleich zu einer normalen Auktion. Statt wie in einer Auktion einen angebotenen Preis zu überbieten, wird in einer *Reverse Auction* ein angebotener Preis für ein Produkt durch einen Bieter unterboten. Während der Durchführung einer *Reverse Auction* werden alle beteiligten Bieter innerhalb der Angebotsfrist zu bestimmten Zeitpunkten über das bisher niedrigste Preisangebot informiert und können dieses dann unterbieten.

Bei einer *Dutch Auction* im E-Tendering nennt ein Einkäufer zunächst einen niedrigen Startpreis für sein zu beschaffendes Produkt. Das Preisangebot wird dann von dem Einkäufer so lange erhöht, bis das erste Angebot eines Bieters ausgesprochen wird. Dieser Bieter erhält dann den Zuschlag. Dieses Verfahren wird auch *First-Bid Cry-Out* genannt.

3.5.4 Lieferantenmanagement im SRM

Ein *ganzheitliches Lieferantenmanagement* bezeichnet in einem SRM-System die Gestaltung, Lenkung und Entwicklung der Lieferantenbasis sowie der Lieferantenbeziehungen eines Unternehmens (Eyholzer 2002). Es betrachtet die Bereiche

- Management der Lieferantenbasis
- Lieferantenbewertung
- Lieferantenqualifikation

Management der Lieferantenbasis

Lieferanten und deren Produkte haben für ein Unternehmen unterschiedliche Bedeutung. Über ein SRM-System sollen die Beziehungen eines Unternehmens zu seinen Lieferanten kontinuierlich überwacht und gestaltet werden. Dazu wird zunächst identifiziert, welchen *Stellenwert* die Lieferanten und deren Produkte für ein Unternehmen haben (Eyholzer 2002). Zur Abbildung der Kategorisierung von Lieferanten und Produkten kann eine Matrix verwendet werden, die ein *Beschaffungsgüter-Portfolio* bzw. ein *Beschaffungsquellen-Portfolio* beschreibt. Diese Matrix wird als *The Purchasing Matrix of Kraljic* bezeichnet. Durch Kombination dieser Portfolios werden Normstrategien definiert. Über eine Analyse sollen Abweichungen des Einkaufs von den Normstrategien erkannt werden, die dann einen Handlungsbedarf identifizieren. Ein Beispiel für eine Normstrategie ist *das Sicherstellen der Verfügbarkeit*, bei der die Beschaffung von sogenannten *Engpassmaterialien* gesichert wird. Eine Abweichung von einer Normstrategie tritt z.B. auf, wenn erkannt wird, dass die Beschaffung *strategischer Materialien* nicht von Lieferanten, zu denen eine enge Beziehung besteht, erfolgt, sondern aktuell über sogenannte *Hebellieferanten* durchgeführt wird. Dann wird mittels einer *Lieferantenentwicklung* entgegengewirkt und z.B. durch Kontraktmanagement zu einer Normstrategie gewechselt, die die Lieferanten dieser *strategischen Materialien* enger an das Unternehmen bindet (Eyholzer 2002).

Um den Stellenwert bzw. die Bedeutung eines Lieferanten für ein Unternehmen zu analysieren, kann auch der sogenannte *Total Spend*, d.h. der Gesamtumsatz und der Gesamtwert der Bestellungen zu einem Lieferanten, ermittelt werden. Dazu werden Einkaufsbelege in ein *Data Warehouse* extrahiert, so dass durch Anfragen Lieferantenbeziehungen genauer analysiert werden können. Auch kann die Bedeutung des eigenen Unternehmens für einen Lieferanten durch *externe Auswertungen* analysiert werden. Die Firma Dun & Bradstreet stellt z.B. Unternehmensdaten und Bewertungen von Lieferanten zur Verfügung. Zur Analyse der Lieferantenbeziehungen und zur Bestimmung einer Normstrategie können z.B. Auswertungen im Einkauf durch folgende Abfragen erfolgen:

- Wie hoch war das Einkaufsvolumen von Produkt A bei Lieferant B im Jahr 2010?
- Wie ist das Einkaufsverhalten, wird ein Produkt immer beim gleichen Lieferanten eingekauft?
- Wie ist die Ausschöpfung von Kontrakten bezüglich Beschaffungswerten und -mengen?
- Wie abhängig ist das Unternehmen von einem Lieferanten bzgl. eines strategischen Produktes?

Lieferantenbewertung

Ein zentraler Aspekt in einem SRM-System ist die Auswahl, die Überwachung, die Beurteilung und die Entwicklung von Lieferanten anhand einer *Lieferantenbewertung*. Aufgabe der *Lieferantenbewertung* ist die Unterstützung des Einkaufs bei der Auswahl von möglichen Bezugsquellen einer Bedarfsanforderung. Dabei können z.B. folgende Auswertungen bzw. Betrachtungen erfolgen:

- Termintreue und Zuverlässigkeit der Lieferanten, z.B. bzgl. Angebot
- Korrektheit und Vollständigkeit des Wareneingangs eines Lieferanten
- Qualität der Waren bzw. Dienstleistungen
- Korrektheit der Rechnungserstellung durch einen Lieferanten

Eine Lieferantenbewertung kann beispielsweise anhand folgender Kriterien konkret verwaltet werden:

- Offene Positionen bei Wareneingängen bzw. zu Bestellungen
- Überlieferungen bei Wareneingängen
- überhöhte Rechnungen des Lieferanten
- verspätete Lieferungen

Zur Durchführung einer Lieferantenbewertung werden Mitarbeiter beim Wareneingang, bei der Rechnungserfassung und bei Genehmigungen aufgefordert, Fragen zu beantworten. Dabei werden die Antworten in einem *Data Warehouse* gespeichert und ausgewertet. Es werden z.B. folgende Fragen gestellt:

- Wurde der Bestellpreis überschritten?
- Wurde das Lieferdatum eingehalten?
- Wurde die Ware vollständig geliefert?
- Wurden die Waren an den richtigen Ort geliefert?
- Wurden alle Zahlungsbedingungen eingehalten?

Lieferantenqualifikation

Durch Auswertung der Lieferantenbewertung kann eine *Lieferantenqualifikation* erfolgen. Über eine Lieferantenqualifikation wird ermittelt, welcher Lieferant welches Produkt bzw. welche Produkte einer Produktkategorie *in einer gewünschten Qualität* liefern kann. Diese (empfohlenen) Lieferanten können in einer *Lieferantenliste* verwaltet werden, um z.B. die automatisierte Bezugsquellenfindung über eine bereits qualifizierte Auswahl zu steuern.

3.6 Supply Chain Management (SCM)

3.6.1 Einführung SCM

Die gesamte logistische Wertschöpfungskette, ausgehend von der Rohmaterialgewinnung über die Produktion und Distribution von Zwischen- und Enderzeugnissen bis zum Verkauf an die Endverbraucher wird als *Supply Chain* bezeichnet. Innerhalb einer Supply Chain müssen durch die beteiligten Unternehmen verschiedene Lagerbestände, die auch als *Inventories* bezeichnet werden, an Zwischen- und Enderzeugnissen verwaltet werden. Jedes Unternehmen selbst ist wiederum nicht nur Bestandteil *einer Supply Chain*, sondern eines komplexen Netzwerks vielfältiger Lieferketten. Das *Supply Chain Management (SCM)* ist verantwortlich für die integrierte Planung, Koordination, Simulation, Steuerung und Optimierung der Waren-, Informations- und Geldflüsse entlang einer Wertschöpfungskette (Scheckenbach 2003). In Abbildung 3-9 ist eine typische Supply Chain mit verschiedenen Lagern der beteiligten Unternehmen dargestellt. Das SCM ist analog zu den beiden Teilgebieten Produktionsplanung und Produktionssteuerung eines PPS-Systems (vgl. Abschnitt 3.2.1) aufgeteilt in die beiden Teilgebiete

- *Supply Chain Planning* (SCP)
- *Supply Chain Execution* (SCE)

Supply Chain Planning umfasst innerhalb von SCM alle strategischen, taktischen und operativen Planungsaufgaben zur Verbesserung der Produktivität einer Supply Chain.

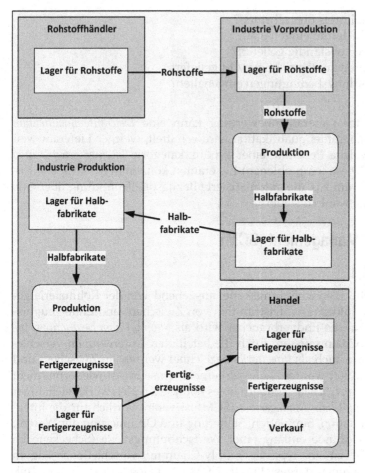

Abbildung 3-9: Supply Chain mit Materialfluss und Materiallager

Die Aufgabe der Supply Chain Execution besteht in der operativen Koordination und in der Überwachung der Abwicklungsprozesse innerhalb des SCM (Scheckenbach 2003). SCM stellt Werkzeuge zur Verfügung, die verschiedene Aktivitäten der Logistik insbesondere Aktivitäten der Produktions- und Beschaffungsplanung (vgl. Abschnitt 3.2.2) unterstützen, wie z.B. Werkzeuge

- zur Absatzprognose und zur Primärbedarfsplanung innerhalb der Absatz- und Produktionsgrobplanung
- zur Produktionsplanung
- zur Verfügbarkeitsprüfung
- zur Bestandsplanung und -steuerung
- zur Transportplanung

3.6.2 SCM Produktionsplanung

Zur Produktionsplanung können die in Abschnitt 3.2.3 beschriebenen Aktivitäten wie Materialbedarfsplanung, Durchlaufterminierung, Kapazitätsplanung (Kapazitätsauswertung und -abgleich) für Ressourcen und Kapazitätsterminierung zusätzlich über *SCM-Optimierungsmethoden* unterstützt werden. Die in einem ERP-System verwendeten traditionellen Methoden durchlaufen *sequentiell* verschiedene Planungsstadien (vgl. Abschnitt 3.2.2). Sie versuchen unter *simultaner* Berücksichtigung der Kapazitäts- und Materialrestriktionen Produktionspläne hinsichtlich der Parameter *Zeit* und *Kosten* zu verbessern (Scheckenbach 2003). SCM-Optimierungsmethoden verwenden Verfahren und Algorithmen des Operations Research. Im Vergleich zu den traditionellen Methoden werden übergreifend Faktoren betrachtet wie

– Auftragsverspätungen und Gesamtdurchlaufzeit
– Pufferzeiten und Auslastung von Ressourcen
– Rüstzeiten und Rüstkosten

Engpässe sollen rechtzeitig erkannt und durch ausreichende Vorproduktion bzw. Beschaffung gesichert werden. Produktionsaufträge sollen *auf alternative Ressourcen in mehreren Werken* verteilt werden können (Scheckenbach 2003).

3.6.3 SCM Bestandsplanung und -steuerung

Mangelhafte Abstimmung logistischer Teilbereiche eines Unternehmens führt zum Aufbau hoher Lagerbestände (siehe Abbildung 3-9). Über eine SCM Bestandsplanung und -steuerung sollen allen Lagern im Unternehmen angemessene Sicherheitsbestände und Zielbestände zugewiesen werden. Das Ziel dieser Berechnungen auf Basis von Beschaffungszeiten, Nachfrageschwankungen und Servicegrad ist die Reduktion der Bestände unter Beachtung einer ausreichenden Verfügbarkeit. Treten beim Unternehmen dennoch zu hohe Bestände (*Überbestände*) auf, so führt dies zu erhöhten Kapitalbindungen und Lagerkosten. Ebenso verursachen zu niedrige Bestände (*Out-of-Stock Situationen*) in den Lagern verzögerte bzw. verminderte Lieferungen (Vogell 2004). Überbestände bzw. zu niedrige Bestände können z.B. verursacht sein durch (Vogell 2004)

– eine mangelnde Abstimmung bzgl. geplanter Aktionen, z.B. zwischen Lieferanten und Handel
– zu wenig Informationsaustausch bzgl. Beständen, Abverkäufen und Bestandsbewegungen
– zu geringe Prozesstransparenz bzgl. der Abläufe und Zeitbedarfe im jeweils anderen Unternehmen
– zu geringe Flexibilität in den Dispositions- und Bestellsystemen sowie der Ablauforganisation

Ursprüngliche Konzepte zur Bestandsplanung und -steuerung wurden entwickelt, um den Material- und Informationsfluss sowie die Planungsprozesse *innerhalb* eines Unternehmens zu verbessern. Immer häufiger werden Bestandsplanungen in Zusammenarbeit mit den beteiligten Geschäftspartnern der Supply Chain durchgeführt (Scheckenbach 2003). Prozessmodelle für diese Zusammenarbeit werden im Abschnitt 4.2 *Collaborative SCM* vorgestellt.

3.7 Customer Relationship Management (CRM)

3.7.1 Einführung CRM

Unternehmen haben die Bedeutung des *Customer Relationship Managements* (CRM) sowohl für die Verbesserung als auch für die Analyse der Kundenbeziehungen erkannt. Um ihre Wettbewerbsfähigkeit zu erhöhen, wurden in den letzten Jahren hohe Investitionen bei der Anschaffung und bei der Integration von CRM-Systemen getätigt. Ein CRM-System soll die Akquisition von Aufträgen, die Betreuung der Kunden und die Abwicklung der Verkaufsaktivitäten besser unterstützen. Dabei werden Komponenten für das Marketing, für die Durchführung des Kundenservices sowie für die Abwicklung des Verkaufs eingesetzt. Insbesondere im Bereich der Verkaufsabwicklung ergeben sich Schnittstellen zu anderen Systemen, wie die Verfügbarkeitsprüfung von Produkten oder die Kreditprüfung, die im Abschnitt 3.7.2 genauer beschrieben werden. Weiterhin ermöglicht ein analytisches CRM die Auswertung von Aktivitäten im Marketing, im Vertrieb und im Kundenservice. Dabei soll über eine Datenanalyse eine Entscheidungsunterstützung für das Management und für die Vertriebsmitarbeiter ermöglicht werden.

In einem CRM-System werden Stammdaten zu Konditionen für die Durchführung einer Preisfindung, zu Kunden und zu Produkten verwaltet. Zur Kommunikation mit anderen Systemen müssen diese Stammdaten synchronisiert sein (vgl. Datenintegration in Abschnitt 2.1.4).

3.7.2 Verkaufsabwicklung im CRM

Im Folgenden soll der Geschäftsprozess der Verkaufsabwicklung von Produkten an einen Kunden unter Beteilung eines CRM-Systems und eines ERP-Systems beschrieben werden. Eine mögliche innerbetriebliche Kommunikation bei der Durchführung dieses Verkaufsprozesses ist in Abbildung 3-10 dargestellt.

Der Verkaufsprozess kann in einem CRM-System mit der Angebotsbearbeitung zu einer Anfrage eines Kunden beginnen. Mit dieser Aktivität soll einem Kunden die Zusage gegeben werden, dass eine bestimmte Menge an Produkten zu einer bestimmten Zeit und mit einem bestimmten Preis an diesen geliefert werden kann. Dabei wird zunächst zu einem gewünschten Produkt die Verfügbarkeit ermittelt. Diese ATP-Prüfung kann in einer ERP-MM-Komponente (siehe Abschnitt 3.1.3) oder in einem SCM-System erfolgen. Nach einer bestätigten Verfügbarkeit werden im CRM-System die Konditionen für den Kunden über eine Preisfindung ermittelt.

Danach kann das Angebot elektronisch oder als Ausdruck an den Kunden verschickt sowie der Angebotsstatus überwacht werden (SAP 2011).

Eine Kundenauftragsbearbeitung kann entweder ohne vorherige Angebotserstellung beginnen oder mit Bezug zu einem akzeptierten Angebot fortgesetzt werden. Dabei wird ein Kundenauftrag mit bzw. ohne Bezug zu einem Angebot angelegt. Zunächst wird zum Produkt und zur gewünschten Menge eine Verfügbarkeitsprüfung durchgeführt. Dies kann wiederum in einem SCM-System oder über die Materialdisposition des ERP-Systems erfolgen. Danach erfolgt eine aktuelle Berechnung der Konditionen zum Auftrag. Basierend auf dem Ergebnis der Preisfindung im CRM-System führt das ERP-System eine Kreditprüfung durch. Das Ergebnis der Kreditprüfung wird an das CRM-System gesendet. Nach vollständiger und fehlerfreier Anlage des Kundenauftrags wird dieser zur weiteren logistischen Bearbeitung in das ERP-System repliziert. Schließlich kann an den Kunden eine Auftragsbestätigung elektronisch oder als Ausdruck gesendet werden (SAP 2011).

Nach Kommissionierung, Verpackung und Verladen der Ware wird im ERP-System der Warenausgang gebucht, der Versand durchgeführt und ein Lieferavis an den Kunden gesendet (siehe Abschnitt 3.3.3). Über eine Statusabfrage kann im CRM-System ein Update auf den Lieferstatus des Kundenauftrags erfolgen. Nach erfolgter Warenausgangsbuchung, d.h. bei Status *Lieferung erfolgt*, kann die Fakturierung, d.h. die Erstellung der Rechnung zu einem Kundenauftrag erfolgen. Bei Anlage der Rechnung werden benötigte Informationen aus dem Verkaufsvorgang übernommen sowie eine Steuerberechnung durchgeführt. Dabei kann wiederum auf externe Systeme zugegriffen werden. Im CRM-System wird dann ein Rechnungswesenbeleg erstellt und an die Buchhaltung des ERP-Systems zur Buchung übertragen. Die Rechnung kann wiederum elektronisch oder durch Ausdruck an den Kunden gesendet werden (SAP 2011). Eine Rechnung zu einem Kundenauftrag kann aber auch nach der Warenausgangsbuchung und damit bei Status *Lieferung erfolgt* im ERP-System erzeugt werden. Generell kann eine Fakturierung vorgangsbezogen oder lieferbezogen durchgeführt werden. Die vorgangsbezogene Fakturierung bezieht sich z.B. auf eine nutzungsbasierte Abrechnung für den Stromverbrauch einer Anlage oder auf die Abrechnung von Dienstleistungen wie z.B. die Reparatur eines Druckers. Bei einer lieferbezogenen Fakturierung wird eine Rechnung mit Bezug zu einer erfolgten Lieferung erstellt (Katta 2009).

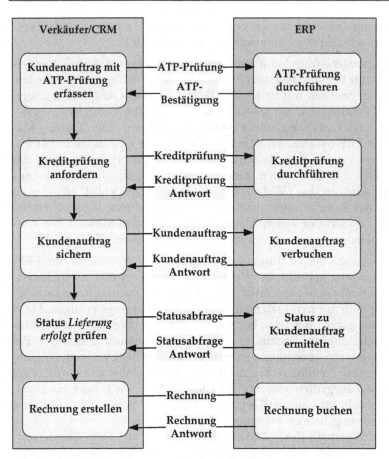

Abbildung 3-10: Kommunikation zwischen CRM und ERP bei einer Verkaufsabwicklung

4 Zwischenbetriebliche Geschäftsprozesse

4.1 Integrierte ERP Einkaufs- und Verkaufsabwicklung

Die in den Abschnitten 3.1.3 und 3.3.3 beschriebenen innerbetrieblichen Geschäftsprozesse der Einkaufsabwicklung und der Vertriebsabwicklung werden in folgender Abbildung 4-1 zu einem zwischenbetrieblichen Geschäftsprozess dargestellt.

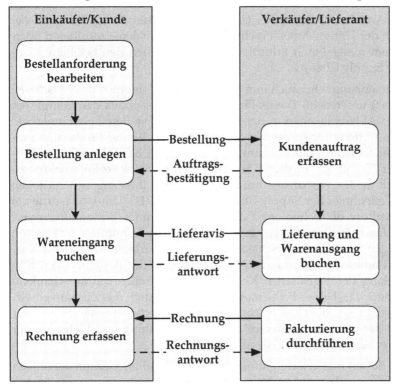

Abbildung 4-1: Zwischenbetrieblicher Geschäftsprozess im Einkauf und Vertrieb

Diese Zusammenfassung der Geschäftsprozesse der Einkaufsabwicklung und der Verkaufsabwicklung führt zu dem zwischenbetrieblichen Nachrichtenaustausch

- Bestellung versenden
- Auftragsbestätigung durchführen (optional)
- Lieferavis zu einer Lieferung versenden

- Lieferungsantwort versenden (optional)
- Rechnung versenden
- Rechnungsantwort versenden (optional)

Insbesondere dieser Nachrichtenaustausch kann über EAI-Systeme unter Verwendung von standardisierten XML-Schemata ausgeführt werden. Optional bedeutet hier, dass eine Vereinbarung zwischen den Geschäftspartnern vorliegen kann.

4.2 Collaborative SCM

4.2.1 Grundlagen Collaborative SCM

In Abschnitt 3.6.3 wurden Probleme der *Überbestände* und der *Out-of-Stock-Situationen* in den Lagern der Unternehmen beschrieben. Diese Probleme resultieren überwiegend aus einem mangelnden Informationsfluss zwischen den beteiligten Unternehmen in der Supply Chain.

In diesem Zusammenhang wird auch immer wieder das Phänomen des *Peitscheneffekts (bullwhip effect)* untersucht. Dieses Phänomen ergibt sich aus den komplexen und dynamischen Abhängigkeiten in der Supply Chain. Die Beteiligten innerhalb der Supply Chain treffen (lokal) scheinbare rationale Bestell- und Produktionsentscheidungen unter falschen Wahrnehmungen und durch Überreaktionen auf Veränderungen einer Nachfrage. In dieser Situation versagen lokale Entscheidungsträger gewöhnlich in der Vorhersage der Auswirkungen ihrer eigenen Aktionen auf die anderen Teilnehmer der Supply Chain (Bullwhip 2011). Um 1960 wurde am Massachusetts Institute of Technology (MIT) ein sogenanntes *Bierspiel (beergame)* entwickelt, das diese Problematik spielerisch aufgreift. Erkenntnisse aus diesen Simulationen zeigen, dass die unterschiedlichen Bedarfsverläufe bzw. kleine Veränderungen der Endkundennachfrage zu Schwankungen der Bestellmengen führen, die sich entlang der logistischen Kette wie ein Peitschenhieb aufschaukeln können (Beergame 2011). Dieser *Peitscheneffekt* lässt sich durch das Zusammenwirken *fehlender Informationen* über die Nachfrage auf den nachgelagerten Stufen der Logistikkette mit der zeitlichen Differenz zwischen Bestellung und Lieferung der bestellten Waren erklären (Wirtschaftslexikon 2011).

Als Reaktion auf diesen mangelnden Informationsfluss und als Gegenmaßnahmen zum Peitscheneffekt wurde von Handel und Konsumgüterindustrie vorgeschlagen, den Austausch von Informationen zu verbessern. Bedarfe der Kunden sollen schnell und effektiv sowohl den direkten Lieferanten als auch deren Lieferanten mittels Absatzprognosen und Lagerbestandsmeldungen zugänglich gemacht werden. Auch sollen Lieferanten Informationen über Verfügbarkeit, Auslastung und Lieferstatus den Kunden zur Verfügung stellen können (Scheckenbach 2003). Denkbar wäre hier eine unternehmensübergreifende und servicebasierte Verfügbarkeitsprüfung durch den Kunden beim Zulieferer.

Ziel aller dieser Maßnahmen ist, eine *Verschmelzung der Supply Chain* durch Vernetzung und Integration der beteiligten Unternehmen, d.h. der Lieferanten, Spediteure und Kunden in die logistische Wertschöpfungskette zu erzielen. Diese Initiative wird unter dem Begriff *Collaborative SCM* zusammengefasst. Collaborative SCM bedeutet, dass rechtlich und organisatorisch unabhängige Unternehmen ihre logistischen Aktivitäten gemeinsam bzw. aufeinander abgestimmt mittels eines verbesserten Informationsaustauschs durchführen. Insbesondere ist zu beachten, dass jedes Unternehmen Bestandteil nicht nur einer Supply Chain, sondern eines komplexen Netzwerks mehrerer Supply Chains ist. Aufgrund dieser hohen Komplexität bestehen hohe Anforderungen bezüglich der Koordination von Aktivitäten des SCM (Scheckenbach 2003).

Im Rahmen des Collaborative SCM wurden verschiedene Methoden und Modelle entwickelt. Stark verbreitet sind dabei die Prozessmodelle

- Collaborative Planning, Forecasting and Replenishment (CPFR)
- Vendor Managed Inventory (VMI)
- Co-Managed Inventory (CMI)
- Buyer Managed Inventory (BMI)

4.2.2 Collaborative Planning, Forecasting and Replenishment (CPFR)

Das Prozessmodell *Collaborative Planning, Forecasting and Replenishment (CPFR)* wurde 1997 in den USA durch die *Voluntary Interindustry Commerce Standards Association (VICS)* entwickelt[1]. Dabei wird ein 9-stufiges Prozessmodell definiert, das den Ablauf einer kooperativen Absatzplanung zwischen Handel und Konsumgüterindustrie in einem Leitfaden beschreibt[2]. Ziel des *CPFR-Prozessmodells* ist das Erreichen von Planungssicherheit durch einen *Prognosedatenaustausch* sowie durch eine gemeinschaftliche und verbindliche Abstimmung der Produktionsplanung. In einem *CPFR-Prozessmodell* wird der Ablauf einer Zusammenarbeit in neun Schritten und in den drei Phasen Planung (*Planning*), Prognose (*Forecasting*) und Nachbevorratung (*Replenishment*) definiert (Scheckenbach 2003).

In der Planungsphase wird zunächst die grundsätzliche Rahmenvereinbarung in zwei Schritten festgelegt. Zunächst erfolgen eine Erklärung der Geschäftspartner des gemeinsamen Willens, im Rahmen von CPFR zusammenzuarbeiten, sowie eine Definition der Bedingungen für die Kooperation, den Informationsaustausch und die Verantwortlichkeiten. Danach wird die Entwicklung eines gemeinsamen Geschäftsplans durchgeführt, der auf einer Zusammenführung der für CPFR relevanten Teilstrategien basiert. Bestandteil ist dabei die genaue Auswahl der Produkte, die für die definierten Ziele gelten.

---

[1]   http://www.vics.org/committees/cpfr/

[2]   http://www.cpfr.org

In der Phase der Prognose wird im 3. Schritt eine gemeinsame Bedarfsprognose der erwarteten Abverkaufsmengen auf der Grundlage vergangenheits- und zukunftsbezogener Informationen entwickelt. Im nächsten Schritt sollen Abweichungen in der Bedarfsprognose erkannt werden. Diese Abweichungen können z.B. bei einer Änderung der Einschätzung erwarteter Bedarfsmengen auftreten. Diese Aktivität erfolgt durch einen kontinuierlichen Abgleich der Abverkäufe und durch einen Vergleich mit den festgelegten Toleranzgrenzen. Im 5. Schritt wird die Möglichkeit zur Aktualisierung der Bedarfsprognose aufgrund ermittelter Abweichungen gegeben. In Abhängigkeit von der Art der Abweichung sind entsprechende Reaktionen, z.B. Ausweitung der Produktionskapazitäten, zwischen den Geschäftspartnern zu vereinbaren. Auf der Grundlage der verabschiedeten Bedarfsprognose wird im nächsten Schritt die Bestellprognose erzeugt. Dabei werden Bedarfsmengen mit weiteren Einflussfaktoren, wie z.B. Bestandsdaten oder offene Aufträge, zusammengeführt. Im 7. Schritt sollen Abweichungen in der Bestellprognose erkannt werden können. Diese Identifikation von Abweichungen erfolgt analog zu Schritt 4. Schließlich wird im letzten Schritt dieser Phase eine Aktualisierung der gemeinsamen Bestellprognose analog zu Schritt 5 durchgeführt.

In der 3. Phase der Nachbevorratung wird nur der Schritt zur Anlage einer Bestellung bzw. eines Auftrags durchgeführt. Durch diesen letzten Schritt des Prozessmodells werden schließlich erwartete Mengen zu einer Bestellung mit verbindlichen Mengen transformiert.

Der gesamte Ablauf des CPFR Prozessmodells ist in Abbildung 4-2 dargestellt.

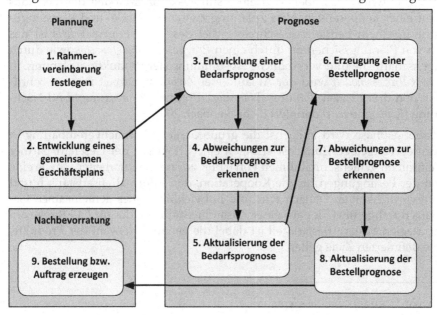

Abbildung 4-2: Prozessmodell CPFR

4.2.3 Continuous Replenishment Program

Mittels des Konzepts des *Continuous Replenishment Program (CRP)* soll eine kontinuierliche Warenversorgung entlang der gesamten Supply Chain erreicht werden. Der traditionelle Bestellprozess wird in einen partnerschaftlichen Prozess umgewandelt. CRP schließt sich logisch an CPFR an. Wie bei CPFR soll auf Basis von *Bestellprognosen* sowie *Bestands- und Abverkaufsinformationen* die *Nachbevorratung* für den Kunden durch den Lieferanten mitbestimmt werden. *Continuous Replenishment Program* basiert daher auf der Bereitschaft der beteiligten Unternehmen, sich enger abzustimmen, Informationsbeziehungen durch regelmäßigen Austausch strukturierter Informationen zu intensivieren und eine auf Vertrauen basierende Geschäftsbeziehung zu entwickeln (Vogell 2004). Durch Nutzung von Normen und Standards kann der Austausch von Informationen zwischen Lieferanten und Kunden automatisiert werden. Standards, die derzeit für den Austausch von Nachrichten im CRP eingesetzt werden, basieren auf EDI-EDIFACT. *Electronic Data Interchange (EDI)* wird seit den 70er Jahren zur integrierten, elektronischen Abwicklung von Geschäftstransaktionen zwischen Unternehmen international und branchenübergreifend eingesetzt. *Electronic Data Interchange for Administration, Commerce and Transport (EDIFACT)* ist ein 1987 verabschiedetes, international *normiertes Austauschformat* für Geschäftstransaktionen. *EDIFACT* stellt eine strukturierte, semantische Beschreibung von Geschäftsinformationen in einem Datenaustauschformat zur Verfügung[3]. Der Austausch von Geschäftsdaten erfolgt bei *EDIFACT* nachrichtenorientiert durch Nutzung von über 200 unterschiedlichen Nachrichtentypen. Die internationale und branchenübergreifende Abstimmung der Nachrichten erforderte einen langwierigen Standardisierungsprozess und führte zu komplexen Nachrichtenstrukturen. Zur Vereinfachung des komplexen Regelwerks wurden durch Branchen und Konzerne Subsets von EDIFACT gebildet, wie z.B. *ODETTE* bei Automotive oder *EANCOM* beim Handel. Diese EDIFACT-Subsets bilden die Basis zur Durchführung der Verfahren des CRP (Scheckenbach 2003). Zum Nachrichtenaustausch zwischen Lieferanten und Kunden können beim CRP z.B. folgende EDIFACT-Nachrichtentypen verwendet werden:

- ORDERS (Bestellung)
- ORDRSP (Bestellantwort/Order Response)
- DESADV (Liefermeldung)
- RECADV (Wareneingangsmeldung)
- INVRPT (Lagerbestandsbericht/Inventory Report)
- SLSFCT (Verkaufsprognose/Sales Forecast)

In Abhängigkeit davon, welcher Partner die Verantwortung, die Disposition und die Bestellung für die Lagerbestände beim Kunden übernimmt und welche Infor-

---

[3] Übersicht aller Nachrichtentypen siehe: http://www.unece.org/trade/untdid/directory

mationen ausgetauscht werden, werden folgende Verfahren des CRP unterschieden (Vogell 2004):

- Vendor Managed Inventory (VMI)
- Co-Managed Inventory (CMI)
- Buyer Managed Inventory (BMI)

Beim *Vendor Managed Inventory (VMI)* erhält ein Lieferant regelmäßig Einblick in die Lagerbestände, in die prognostizierten Verkaufsmengen und oftmals auch in die Bedarfplanung seines in der Supply Chain nachgelagerten Kunden. Auf Basis dieser Informationen ermittelt der Lieferant die Bestellmengen und erzeugt autonom Bestellungen für seinen Kunden. Er verwaltet daher eigenständig den Lagerbestand seines Kunden und ist somit verantwortlich für die Verfügbarkeit der Materialien. In Abbildung 4-3 ist der Nachrichtenaustausch beim VMI über das EANCOM-Subset dargestellt (Scheckenbach 2003). Dabei wird zunächst dem Lieferanten ein *Lagerbestandsbericht* zur Verfügung gestellt, falls dieser ein Distributionszentrum oder ein Zentrallager beliefert. Alternativ können *Filialbezogene Abverkaufsdaten* bzw. eine *Verkaufsprognose* bereitgestellt werden, falls eine direkte Filialbelieferung durch den Lieferanten erfolgt (Vogell 2004). Der Lieferant generiert dann für die ermittelten Bestellmengen *Bestellungen* und überträgt diese an den Kunden. Optional kann zwischen dem Lieferanten und dem Kunden vereinbart werden, dass der Kunde die Bestellungen prüft und dem Lieferanten eine Annahme, eine Änderung oder eine Ablehnung über eine *Bestellbestätigung* mitteilt. Schließlich versendet der Lieferant die Waren mit einer *Liefermeldung* und verbucht den Wareneingang über eine *Wareneingangsmeldung*.

Bei Einrichtung eines VMI können verschiedene Potentiale genutzt werden. Der Kunde profitiert von einer besseren Produktverfügbarkeit bei geringeren Lagerbeständen. Der Kunde kann jedoch auch vereinbaren, dass er die Ware erst bezahlt, falls diese in der Produktion verbraucht oder weiterverkauft wurde. Bei Einrichtung dieses sogenannten *Konsignationsbestands* kann dann ein Lieferant zu einer genauen Disposition motiviert werden (Scheckenbach 2003). Der Lieferant selbst kann eine genauere Bedarfsplanung durchführen und verhindert so das Problem der Lagerüberbestände bzw. der Out-of-Stock-Situationen (vgl. Abbildung 3-9). Beim *Co-Managed Inventory (CMI)* ist der Lieferant nur für einen Teil aller Bestellungen eines Kunden zuständig. Beispielsweise kann vereinbart werden, dass der Lieferant nur Bestellungen für *Normalware* generiert und der Kunde Bestellungen für seine *Aktionsware* selbst erzeugt. Außerdem kann der Kunde sich vorbehalten, jederzeit Bestellvorschläge des Lieferanten zu ändern oder auch abzulehnen (Vogell 2004). Das *Buyer Managed Inventory (BMI)* ist das traditionelle Verfahren der Nachbevorratung. Die Initiative zur Anlage von Bestellungen geht ausschließlich vom Kunden aus. Zwischen Lieferant und Kunde erfolgt eine gemeinsame Bedarfsprognose der erwarteten Abverkaufsmengen auf der Grundlage vergangenheits- und zukunftsbezogener Informationen. Diese Bedarfsprognose kann z.B. durch Einsatz von CPFR durchgeführt werden (Scheckenbach 2003).

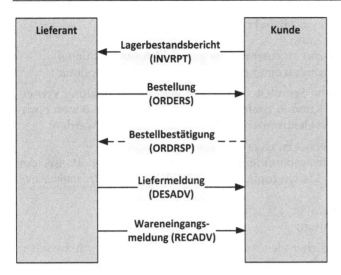

Abbildung 4-3: Nachrichtenaustausch beim Vendor Managed Inventory

Die Forderung, EDI durch neue Technologien wie XML oder Webservices abzulösen, wird oftmals kritisch bewertet. Bei einem Migrationsprozess von klassischem EDI zu EAI sollten verschiedene Aspekte betrachtet werden. Die Internationalisierung und die breite Akzeptanz von EDI, die über die Jahrzehnte gewachsen ist, sowie die massiven Investitionen und die voll funktionsfähigen Installationen sind bei einer Entscheidung zu beachten (Scheckenbach 2003). Dennoch existieren auch Argumente für den Einsatz eines EAI-Systems beim Nachrichtenaustausch innerhalb des Collaborative SCM. Im Vergleich zu EDI ist XML sehr flexibel, d.h. verschiedene XML-Schemata können über ein XSLT-Mapping Nachrichten austauschen. Eine Verwendung eines XSLT-Werkzeugs bietet daher eine sehr große Unabhängigkeit sowie eine hohe Flexibilität beim Nachrichtenaustausch über XML-Strukturen. Auch der Vorschlag XML/EDI-Konverter einzusetzen, und damit parallel beide Technologien einzusetzen, kann nur für eine begrenzte Menge von XML-Standards bzw. XML-Dialekten verwendet werden. Analog zum Nachrichtenaustausch aus Abbildung 4-3 können daher die verschiedenen Nachrichten auch durch Verwendung von XML-Standards elektronisch über ein EAI-System zwischen dem Lieferanten und dem Kunden versendet werden.

4.3 Integrierte SRM/CRM Einkaufs- und Verkaufsabwicklung

Wie bereits in Abschnitt 3.5.2 beschrieben existieren verschiedene Schnittstellen in der Einkaufsabwicklung über ein SRM-System zu einem Lieferanten. Dabei können verschiedene Nachrichten elektronisch über ein EAI-System an den Lieferanten gesendet werden:

- Versendung einer Anfrage, z.B. in Form einer eRFI
- Versendung einer Bestellung
- Versendung einer Antwort zu einer empfangenen Lieferung (optional)
- Versendung einer Antwort zu einer empfangenen Rechnung (optional)

Ebenso existieren verschiedene Schnittstellen in der Verkaufsabwicklung von einem CRM-System zu einem Kunden (siehe Abschnitt 3.7.2). Dabei können ebenfalls verschiedene Nachrichten elektronisch an den Kunden gesendet werden:

- Versendung eines Angebots zu einer Anfrage
- Versendung einer Auftragsbestätigung bzgl. der vereinbarten Preise, der Liefertermine und der Menge (optional), (siehe dazu *Lieferantenstammdaten* in Abschnitt 3.1.2)
- Versendung eines Lieferavis
- Versendung einer Rechnung

In Abbildung 4-4 ist ein möglicher elektronischer Nachrichtenaustausch zwischen einem SRM-System eines Kunden und einem CRM-System eines Lieferanten unter Verwendung der genannten Nachrichten dargestellt.

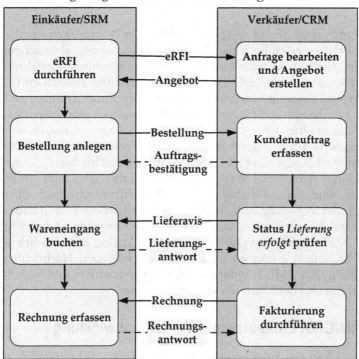

Abbildung 4-4: Zwischenbetriebliche Geschäftsprozesse zwischen SRM und CRM

Ausgehend von der Erstellung einer *Request for Information* (eRFI) (siehe Abschnitt 3.5.3) wird im CRM-System eine Anfrage bearbeitet und ein Angebot erstellt. Das Angebot wird schließlich als Bestellung übernommen, und die weiteren Schritte werden entsprechend ausgeführt. Zum Nachrichtenaustausch können wiederum Standardformate von RosettaNet oder ebXML verwendet werden.

4.4 Integration von Lieferanten im SRM

Über Bereitstellung eines externen Zugangs können Lieferanten bestimmte Aktivitäten direkt in einem SRM-System über die Komponente *Lieferantenintegration* ausführen. Diese Integration von Lieferanten wird auch als *Supplier Self-Services* bezeichnet (Hildebrand 2002). Insbesondere kann die Versendung der elektronischen Nachrichten des Lieferanten aus Abbildung 4-4 ersetzt werden durch die unmittelbare Erfassung im SRM-System. Mögliche Aktivitäten, die im Rahmen der *Supplier Self-Services* durchgeführt werden können, sind

– die Abgabe von Angeboten unmittelbar mit Bezug zu einem Ausschreibungsbeleg der verschiedenen Ausschreibungsformen (eRFI, eRFP, eRFQ)
– die Erfassung eines Wareneingangs oder Erfassung der Erbringung einer Leistung mit Bezug zu einer Bestellung durch den Lieferanten
– die Erfassung einer Rechnung mit Bezug zur Bestellung bzw. mit Bezug zum Wareneingang durch den Lieferanten
– die Verwaltung von Katalogdaten (Produkte anlegen, ändern und löschen, Preise ändern) durch den Lieferanten
– die Bereitstellung von zusätzlichen Dienstleistungen und Informationen für den Lieferanten

Die genannten Erfassungen und die Verwaltung von Katalogdaten können auch durch Verwendung eines Workflow-Management-Systems (Oberweis 1996) über ein Genehmigungsverfahren kontrolliert werden. Da ein externer Zugriff auf das SRM-System erfolgt, sind Risiken und Sicherheitsaspekte zu beachten. Risiken können minimiert werden durch Trennung der SRM-Komponenten *E-Procurement* und *E-Tendering* von der *Lieferantenintegration*. Die Kommunikation und der Datenaustausch zwischen diesen Komponenten erfolgt dann über eine Integrationsplattform, z.B. über ein EAI-System unter Beteiligung einer Firewall.

Über *Supplier Self-Services* können Lieferanten enger an ein Unternehmen gebunden und integriert werden. Ziel ist dabei, einen vollständigen elektronischen Geschäftsprozess durchführen zu können und durch Vermeidung von Medienbrüchen die Potentiale des E-Business nutzen zu können. Supplier Self-Services-Systeme werden mittlerweile sehr häufig in Unternehmensportale integriert, um den Lieferanten den Zugang zu erleichtern und den Zugriff zu standardisieren.

5 Fallstudie *Zentrale Bestellabwicklung*

Autor: Stefan Kellnar, Hochschule München

5.1 Einleitung

Die Geschäftswelt war in den letzten Jahren einem ständigen Wandel unterworfen, der die Unternehmen kontinuierlich vor geänderte und neue Herausforderungen stellt. Hier sind beispielsweise die Globalisierung und das Aufkommen der digitalen Informationsverarbeitung zu nennen, wodurch das Geschäftsleben immer schnelllebiger und komplexer wird. Dies zwingt die Unternehmen zu ständigen Veränderungen und Anpassungen, um weiterhin erfolgreich am Markt bestehen zu können. Die IT-Abteilungen, als Dienstleister des Business, müssen diesem Wandel folgen, um die Geschäftsprozesse inner- und außerhalb des Unternehmens, sowie die Beziehungen zu Partnern, Kunden und Lieferanten, zu koordinieren und optimieren (Meinhard und Popp 2002, S. 1).

Eine wichtige Rolle bei der Anpassung der IT-Systeme in einer heterogenen Systemlandschaft nimmt die Integration dieser Systeme ein. Dadurch können Plattform- und Architekturunterschiede überbrückt, fremde oder verteilte Dienste (z.B. von Geschäftspartnern) genutzt und schnelle Änderungen an der Systemlandschaft realisiert werden. Neue fachliche Anforderungen, neue Dienstleistungen oder Änderungen aufgrund wechselnder Prozesse und Strukturen sollen umgesetzt werden, ohne die bestehenden Systeme abzulösen, zu konvertieren oder zu reimplementieren (Nicolescu 2009, S. 28).

In diesem Beitrag soll auf Basis der Integrationsplattform SAP NetWeaver® Process Integration Release 7.1 (im Weiteren als *PI-System* bezeichnet) ein remotefähiger Funktionsbaustein zum Anlegen von Bestellungen als Webservice angesprochen werden. Der Aufruf des Webservices über einen SOAP-Adapter erfolgt dabei durch einen ABAP-Proxy, der auf einem anderen System abläuft. Das PI-System übernimmt eine Mittlerrolle, um die synchrone Kommunikation zwischen den beiden Systemen zu koordinieren und abzuwickeln.

In einer Erweiterung dieses Szenarios soll ferner ein Integrationsprozess ablaufen, der zeitlich nach der Erstellung der Bestellung abläuft, die Bestellungen protokolliert und eine Information per Email versendet. Der Integrationsprozess wird dabei über einen RFC-Funktionsbaustein aufgerufen und verwendet anschließend einen Mail-Adapter sowie einen File-Adapter.

5.2 Beschreibung der Szenarien

Ein länderübergreifend in Europa tätiger Elektronikkonzern hat seine Einkaufs-organisation umstrukturiert und einen Zentraleinkauf eingeführt. Dadurch soll mit einem geringeren Personalaufwand ein effizienterer Einkaufsprozess gewährleistet werden, um beispielsweise Mengenvorteile auszunutzen und Potentiale des Supp-lier Relationship Managements nutzen zu können.

Aufgrund von Performanceproblemen des zentralen SAP®-Systems sollen die Bestellungen zunächst nach wie vor dezentral in den Filialen erfasst und dann per Webservice an das zentrale Einkaufssystem übertragen werden.

Nachdem dieses Basisszenario erfolgreich durch die IT-Organisation umgesetzt wurde, wünscht der Einkauf eine genaue Übersicht und Auswertung, wann wel-ches System Bestellungen an das zentrale SAP®-System übermittelt hat. Hierzu soll auf Dateisystemebene ein Protokoll geführt werden, zudem soll als einfache Kontrolle eine Information per Email an einen Einkaufsmitarbeiter versendet wer-den, sofern eine Bestellung zu ungewöhnlichen Zeiten (d.h. in der Nacht) erfasst wurde.

Das Szenario wird in zwei Ausbaustufen realisiert. In Abschnitt 5.3 wird das Basis-szenario beschrieben, in dem eine Bestellung im System A erfasst und an das Sys-tem B übermittelt wird. Technisch wird im System A ein ABAP-Proxy aufgerufen, um über einen SOAP-Adapter einen Webservice auf dem System B aufzurufen. Dieser legt dort eine Bestellung mit den im ABAP-Proxy definierten Werten an (siehe Abbildung 5-1). Der Webservice basiert auf einem remotefähigen Funkti-onsbaustein bzw. Business Application Programming Interface (BAPI®), die tech-nisch seit dem SAP NetWeaver® Release 6.20 auch als Webservice angesprochen werden können.

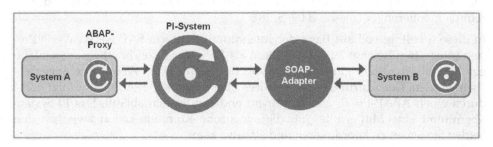

Abbildung 5-1: Übersicht über das Basisszenario ABAP-Proxy to SOAP

Dieses Szenario wird in Abschnitt 5.3 durch einen Integrationsprozess ergänzt, der das Protokoll der eingegangenen Bestellungen auf Dateisystemebene führt und in Abhängigkeit von der Erfassungszeit eine E-Mail an einen Einkaufsmitarbeiter versendet. Technisch wird die Bestellung mit einem eigens entwickelten RFC-Funktionsbaustein in System A an den Integrationsprozess im PI-System übertragen, der dann einen Mail-Adapter und einen File-Adapter aufruft (siehe Abbildung 5-2).

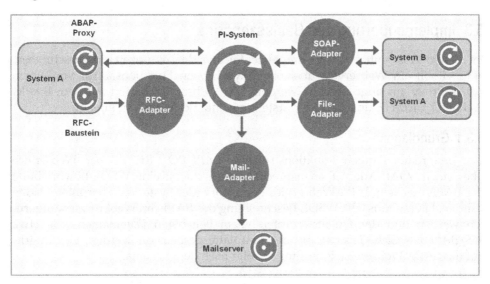

Abbildung 5-2: Übersicht über das erweiterte Szenario (mit Integrationsprozess)

Bevor mit der Implementierung begonnen wird, vorab einige Hinweise für die Leser (siehe auch (Nicolescu 2009)). Für dieses Szenario wird vorausgesetzt, dass das PI-System sowie die beiden beteiligten Business-Systeme (System A und System B) entsprechend den Ausführungen im Abschnitt 2.2.6 konfiguriert worden sind. Darunter fällt auch die Zuweisung der benötigten Berechtigungen für die Entwicklungen, die Konfiguration des System Landscape Directories (SLD) im PI-System, die Konfiguration der technischen Systeme und die Erstellung eines entsprechenden Softwareproduktes, einer Softwarekomponente und einer Softwarekomponentenversion. Alle Objekte, die im Rahmen dieses Beitrags angelegt werden, sollten einer einzelnen Softwarekomponente wie etwa *Z_PI_Training* und einem definierten Namensraum in der Form *http://www.sap.com/pi* zugeordnet werden. Ferner sollten zur Erhöhung der Übersichtlichkeit alle Objekte im Enterprise Services Builder und im Integration Directory einem einzelnen Ordner zugewiesen werden. Das Präfix Z steht dabei für den SAP® Kundennamensraum. Alle Objekte (ABAP-Reports und Funktionsbausteine), die später in der ABAP Development Workbench im System A entwickelt werden, sollten ebenfalls einem einzelnen Paket zugeordnet werden. Im Rahmen dieses Beitrags wurde beispielsweise das Paket *Z_PI* verwendet.

Hinweis: In den Abbildungen sind zum Teil die technischen Systemnamen zu erkennen. System A (Abk. SysA) entspricht dabei dem System G78, und System B (Abk. SysB) entspricht dem System G54.

5.3 Implementierung des Basisszenarios

In diesem Abschnitt wird die Implementierung des Basisszenarios beschrieben. Hierbei soll ein Webservice über einen synchronen Funktionsaufruf von einem ABAP-Proxy aus angesprochen werden. Der Webservice basiert auf dem BAPI® *BAPI_PO_CREATE* und dient der Erstellung einer Bestellung im Einkauf.

5.3.1 Grundlagen

Um den remotefähigen Funktionsbaustein *BAPI_PO_CREATE* per Webservice über einen SOAP-Adapter anzusprechen, muss zuerst eine WSDL-Beschreibung des BAPIs aus dem SAP® Webservice Repository (des Systems A) heruntergeladen werden. Hierzu muss die WSDL-Beschreibung des BAPIs im Webbrowser aufgerufen werden und der Quelltext unter einem beliebigen Dateinamen, wie etwa *WS_BAPI_PO_CREATE.wsdl*, auf der Festplatte gespeichert werden. Der Zugriff auf das SAP® Webservice Repository erfolgt nach dem Schema:

http://*host:port*/sap/bc/bsp/sap/webservicebrowser/search.html?sap-client=*mandant*

5.3.2 Design

Der erste Schritt der Entwicklung behandelt das Nachrichtendesign im Enterprise Services Builder. Hierbei müssen zwei Service-Interfaces, zwei Message-Mappings und ein Operation-Mapping angelegt werden (siehe Tabelle 5-1).

Tabelle 5-1: Designobjekte des Basisszenarios

Art des Objektes	Senderseite (System A)	Empfängerseite (System B)
Service-Interface	SI_ABAP_to_SOAP_PurchaseOrder_Sync_Out	SI_ABAP_to_SOAP_PurchaseOrder_Sync_In
Message-Mapping	MM_ABAP_to_SOAP_PurchaseOrder_Request	MM_SOAP_to_ABAP_PurchaseOrder_Response
Operation-Mapping	OM_ABAP_to_SOAP_PurchaseOrder_Create	

Zuvor sollte jedoch die WSDL-Beschreibung *WS_BAPI_PO_CREATE.wsdl* als External Definition in das PI-System importiert werden. Hierzu muss im Enterprise

Services Builder im Kontextmenü der External Definitions der Eintrag *Import* ausgewählt und die entsprechende Datei auf der Festplatte selektiert werden. Dadurch stehen die beiden External Messages *BAPI_PO_CREATE.Input* und *.Output* zur Verfügung.

Nun kann das synchrone Service-Interface *SI_ABAP_to_SOAP_PurchaseOrder_-Sync_In* für die Empfängerseite (System B) definiert werden. Dieses ist der Kategorie *Inbound* zuzuordnen, als Request Message dient die External Message *BAPI_PO_CREATE.Input*, als Response Message die External Message *BAPI_PO_CREATE.Output*.

Das Service-Interface auf der Gegenseite (für den Sender System A) ist von der Kategorie *Outbound*, ebenfalls synchron und bekommt die gleichen Messages zugewiesen. Als Request dient daher die External Message *BAPI_PO_CREATE.Input*, als Response die External Message *BAPI_PO_CREATE.Output*.

Die Nachrichten müssen auf ihrem Weg von der Sender- zu der Empfängerseite, trotz der identischen Nachrichten, gemappt werden. Daher müssen zwei Message-Mappings namens *MM_ABAP_to_SOAP_PurchaseOrder_Request* (für den Hinweg) und *MM_SOAP_to_ABAP_PurchaseOrder_Response* (für den Rückweg) erstellt werden. Das erste Mapping transformiert die Quellnachricht *BAPI_PO_CREATE.Input* auf die gleichnamige Zielnachricht, das zweite Mapping mappt die Quellnachricht *BAPI_PO_CREATE.Output* auf die gleichnamige Zielnachricht. Die Quell- und die Zielnachricht befinden sich im Auswahldialog (Find Design Objects) im Unterordner External Definitions → *WS_BAPI_PO_CREATE* der Softwarekomponente und des Namensraums.

Die Mappings sind relativ einfach zu erstellen, es müssen jeweils nur die Wurzelelemente der beiden Messages (*BAPI_PO_CREATE*) selektiert und dann der Button „Map Selected Fields and Substructures if Names Are Identical" angeklickt werden. Da die Nachrichten absolut identisch sind, sind keine weiteren Arbeitsschritte mehr erforderlich. Abbildung 5-3 zeigt das Ergebnis für das Mapping *MM_ABAP_-to_SOAP_PurchaseOrder_Request*.

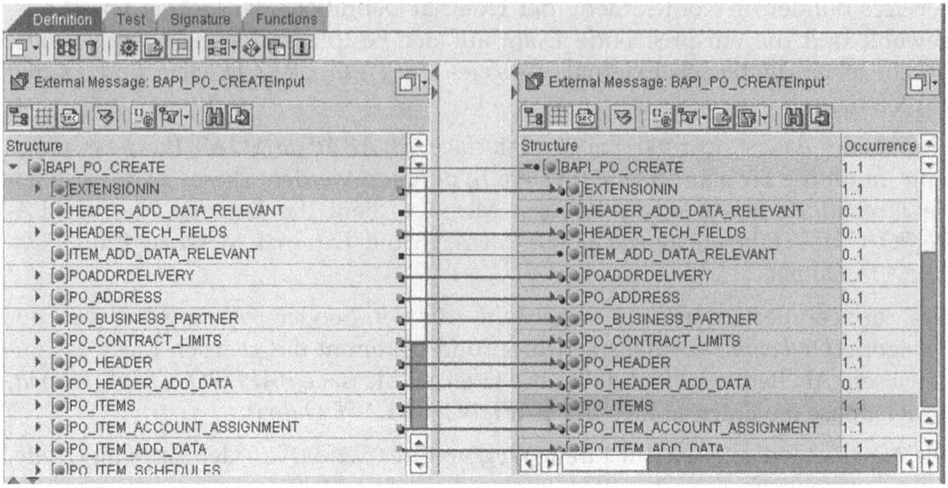

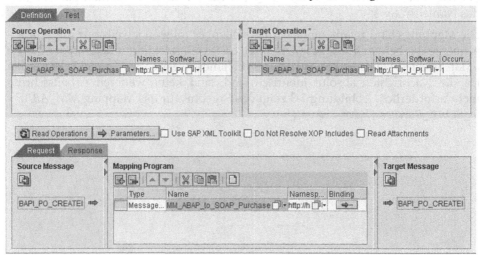

Abbildung 5-3: Message-Mapping MM_ABAP_to_SOAP_PurchaseOrder_Request

Im letzten Schritt muss das Operation-Mapping *OM_ABAP_to_SOAP_Purchase-Order_Create* angelegt werden. Hierzu müssen als Quelloperation das Service-Interface *SI_ABAP_to_SOAP_PurchaseOrder_Sync_Out* und als Zieloperation das Service-Interface *SI_ABAP_to_SOAP_PurchaseOrder_Sync_In* ausgewählt werden.

Abbildung 5-4: Operation-Mapping OM_ABAP_to_SOAP_PurchaseOrder_Create

Nach einem Klick auf den Button *Read Operations* werden die Quell- und Zielnachrichten *BAPI_PO_CREATE.Input* und *.Output* automatisch erkannt, so dass nur noch die beiden Message-Mappings *MM_ABAP_to_SOAP_PurchaseOrder_Request* für den Request und *MM_SOAP_to_ABAP_PurchaseOrder_Response* für den Response ausgewählt werden müssen. In Abbildung 5-4 ist das Operation-Mapping für den Request zu sehen.

Damit sind die Tätigkeiten im Enterprise Services Builder beendet und die Objekte können aktiviert werden.

5.3.3 Konfiguration

Nun müssen im Integration Builder die Konfigurationsdaten für die Laufzeit hinterlegt werden. Tabelle 5-2 gibt einen kurzen Überblick über die notwendigen Konfigurationsobjekte.

Tabelle 5-2: Konfigurationsdaten des Basisszenarios

Art des Objektes	Senderseite (System A)	Empfängerseite (System B)
Kommunikations-kanal		Z_SOAP_SysB_PO_Create_ ReceiverChannel
Empfänger-ermittlung	I SYSTEM A I SI_ABAP_to_SOAP_PurchaseOrder_Sync_Out	
Empfänger-vereinbarung		I SYSTEM A I I SYSTEM B I SI_ABAP_to_SOAP_Pur- chaseOrder_Sync_Out

Zunächst sollte jedoch ein Konfigurationsszenario in der Form *Z_IP_Configuration* angelegt werden, welchem alle Konfigurationsobjekte und alle Internal Communications zugeordnet werden. Außerdem sollten alle angelegten Objekte in einer Ordnerstruktur verwaltet werden. Zur Erhöhung der Übersichtlichkeit ist es ratsam, weitere Unterordner für jede einzelne Kommunikation (z.B. *Z_PI_Training\- Basisszenario*) anzulegen.

Nun wird ein Empfängerkommunikationskanal für die Kommunikationskomponente System B definiert (siehe Abbildung 5-5). Dieser ist vom Typ SOAP-Adapter und trägt den Namen *Z_SOAP_SysB_PO_Create_ReceiverChannel*. Als Ziel-URL für den Aufruf des Webservice muss die Adresse des Webservice auf dem Zielsystem (System B) hinterlegt werden. Ferner müssen ein Haken bei der Checkbox „Configure User Authentification" gesetzt und die entsprechenden Anmeldedaten für das System B eingetragen werden. Die Ziel-URL *http://Hostname_SystemB:Port/sap/- bc/soap/rfc/sap/BAPI_PO_CREATE?sap-client=Mandant* muss jedoch durch eine gültige Adresse in der Systemlandschaft des Lesers ersetzt werden.

Im nächsten Schritt wird im Configuration Wizard eine Internal Communication angelegt. Der Sender ist das Business-System System A über das Interface *SI_*

ABAP_to_SOAP_PurchaseOrder_Sync_Out. Der Adapter ist vom Typ XI. Der Empfänger ist das Business-System B über das Interface *SI_ABAP_to_SOAP_PurchaseOrder_Sync_In*, der Adapter ist diesmal vom Typ SOAP.

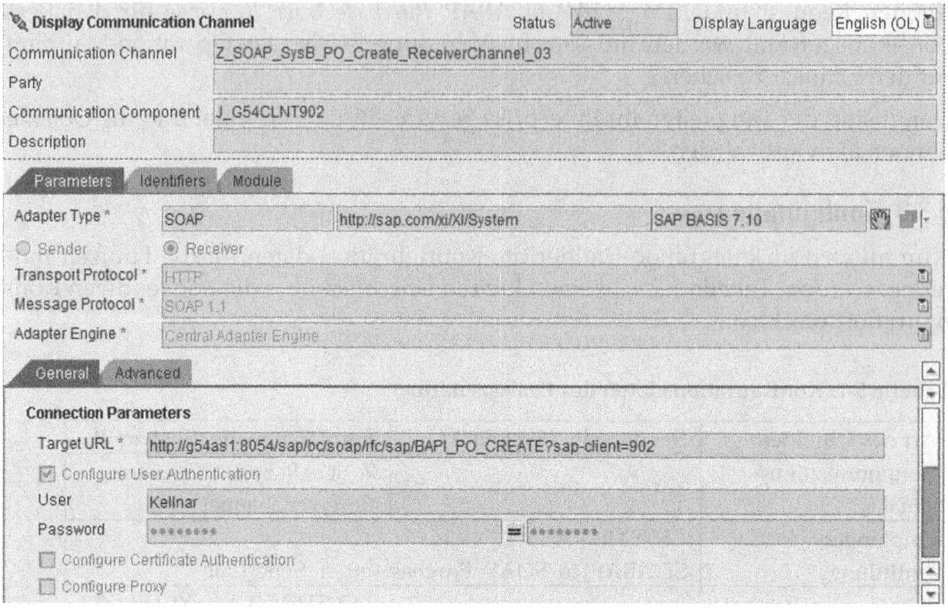

Abbildung 5-5: Kommunikationskanal Z_SOAP_SysB_ReceiverChannel

Eine Sendervereinbarung ist aufgrund der Kommunikation über den XI-Adapter nicht notwendig, die Empfängerermittlung wird vom Wizard automatisch angelegt. Erst beim nächsten Schritt, der Erstellung der Interface-Ermittlung, muss der Benutzer wieder aktiv werden. Hier sollte überprüft werden, ob der Wizard das richtige Empfänger-Interface *SI_ABAP_to_SOAP_PurchaseOrder_Sync_In* sowie das korrespondierende Mapping *OM_ABAP_to_SOAP_PO_Create* automatisch erkannt hat. Im abschließenden Schritt, der Erstellung der Empfängervereinbarung, muss nur der korrekte Kommunikationskanal *Z_SOAP_SysB_PO_Create_ReceiverChannel* ausgewählt werden.

Die durch den Wizard erstellten Komponenten sollten zur Verbesserung der Übersichtlichkeit dem vorher erstellten Konfigurationsszenario *Z_IP_Configuration* und einem Ordner, wie etwa *Z_PI_Training \ Basisszenario,* zugeordnet werden. Die erstellten Komponenten können innerhalb des Konfigurationsszenarios im Reiter *Configuration Overview* überprüft werden, indem im Kontextmenü des Sender-Interfaces *SI_ABAP_to_SOAP_PurchaseOrder_Sync_Out* die Option „Test Configuration" ausgewählt wird. Hierzu muss nur das Empfängersystem System B angegeben und auf den Button *Run* geklickt werden.

Nachdem alle Objekte gespeichert worden sind, müssen die Änderungen als abschließende Tätigkeit im Integration Dictionary aktiviert werden.

5.3.4 ABAP-Proxy

Im nächsten Schritt erfolgt die Generierung eines Proxys für das Service-Interface *SI_ABAP_to_SOAP_PurchaseOrder_Sync_Out*.

Zunächst muss jedoch ein Entwicklungspaket im System A in der Transaktion SE80 (Object Navigator) angelegt werden. Hierzu muss in dem leeren Textfeld unter der Combobox, in der „Paket" vorausgewählt ist, ein Paketname wie *Z_PI* eingegeben werden. In dem anschließenden Dialog muss nun die Frage bestätigt werden, ob das Objekt angelegt werden soll. Nun muss nur noch eine Kurzbeschreibung eingegeben und ein gültiger Transportauftrag für den Transport in das System ausgewählt werden.

Zur Generierung des Proxys muss im Business-System A die Transaktion SPROXY (ABAP-Proxy Generierung) aufgerufen werden. Im Unterordner „Message Interface (outbound)" des gewählten Namensraums der Softwarekomponentenversion befindet sich ein Eintrag für das Service-Interface *SI_ABAP_to_SOAP_PurchaseOrder_Sync_Out*. Im Kontextmenü des Interfaces muss nun der Eintrag *Anlegen* ausgewählt werden. Der Proxy sollte dann dem oben erstellten Paket (*Z_PI*) zugeordnet werden, als Präfix sollte Z vergeben werden.

Der anschließende Informationstext weist auf Namenskollisionen und Namensverkürzungen hin, die automatisch behoben worden sind. Die Ursache dafür ist, dass die ABAP-Namen aller Objekte (Klassen und Strukturen) nur maximal 30 Zeichen lang sein dürfen. Zur besseren Verständlichkeit sollten die wichtigsten Objekte im Reiter *Namensprobleme* nach dem Schema in Tabelle 5-3 umbenannt werden.

Bei den Objekten handelt es sich um die Export- und Import-Strukturen, die der ABAP-Proxy an das PI-System übermittelt und als Rückantwort empfängt, sowie eine Referenz auf eine Zeile der Returnstruktur, die als Tabelle innerhalb der Rückantwort empfangen wird. Alle anderen Objekte werden vom ABAP-Programm (siehe Abschnitt 5.6.2) zum Aufruf des Proxys nicht direkt referenziert und können daher die verkürzten, kryptischen Namen beibehalten.

Der ABAP-Proxy enthält eine Methode namens *EXECUTE_SYNCHRONOUS*, die den Aufruf des zugrunde liegenden Service-Interfaces übernimmt. Im nächsten Schritt muss ein ABAP-Programm entwickelt werden, welches diese Methode aufruft und die entsprechende Anwendungslogik bereitstellt, um Parameter an die Methode zu übergeben und die Rückantwort auszuwerten.

Tabelle 5-3: Behebung der Namenskonflikte des ABAP-Proxys

Ursprünglicher Name	Neuer Name	Name im Integration Builder
ZSI_ABAP_TO_SOAP_-PURCHASE_29	ZSI_ABAP_TO_SOAP_-PO_RETURN	BAPIRETURN
ZSI_ABAP_TO_SOAP_-PURCHASE_38	ZSI_ABAP_TO_SOAP_-PO_ITEMS	BAPIEKPOC
ZSI_ABAP_TO_SOAP_-PURCHASE_44	ZSI_ABAP_TO_SOAP_-PO_SCHEDULE	BAPIEKET
ZSI_ABAP_TO_SOAP_-PURCHASE_46	ZSI_ABAP_TO_SOAP_-PO_INPUT	BAPI_PO_CreateOutput
ZSI_ABAP_TO_SOAP_-PURCHASE_47	ZSI_ABAP_TO_SOAP_-PO_OUTPUT	BAPI_PO_CreateInput

Die Entwicklung dieses ABAP-Programms erfolgt nach der Speicherung und Aktivierung des Proxys in der Transaktion SE80 (Objekt Navigator). Hierzu muss im Kontextmenü des Paketes *Z_PI* ein neues Programm namens *Z_PI_ABAP_TO_-SOAP_PO_CREATE* angelegt werden. Dabei muss der Haken bei der Checkbox „Mit TOP-Include" deaktiviert und im nächsten Schritt der Status des Programms auf Testprogramm gesetzt werden. Anschließend kann der Objektkatalogeintrag mit den Vorschlagswerten angelegt und das Objekt mit einem gültigen Transportauftrag in das System transportiert werden.

Der Quelltext für dieses ABAP-Programm, sowie eine kurze Beschreibung, sind in Abschnitt 5.6.2 des Anhangs zu finden. Damit ist das Programm zum Aufruf des ABAP-Proxys fertig gestellt.

5.3.5 Ausführung

Um das Szenario auszuführen, muss das ABAP-Programm *Z_PI_ABAP_TO_-SOAP_PO_CREATE* in der Transaktion SE38 (ABAP Editor: Einstieg) im System A gestartet werden. Anschließend wird der Benutzer um die Eingabewerte für die Bestelldaten gebeten. Eine erfolgreiche Ausführung setzt das Vorhandensein der beiden Materialien und des Benutzernamens im Zielsystem (System B) voraus.

In Abbildung 5-6 sind einige Beispieleingaben für die erfolgreiche Ausführung des Reports und die entsprechende Rückantwort zu sehen.

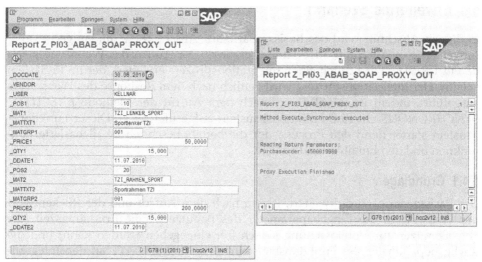

Abbildung 5-6: Aufruf und Antwort des ABAP-Proxys

Die korrekte Verarbeitung kann zusätzlich in der Transaktion SXMB_MONI (Integration Engine: Monitoring) im PI-System und der Transaktion SE16 (Data Browser) im System B überprüft werden. In der Transaktion SE16 können die Datenbankeinträge mittels geeigneter Selektionskriterien, wie etwa Bestellnummer, Benutzername oder Änderungsdatum, betrachtet werden (siehe Abbildung 5-7). Die zentralen Bestelldaten werden in den Tabellen EKKO (Einkaufsbelegkopf) und EKPO (Einkaufsbelegposition) gespeichert.

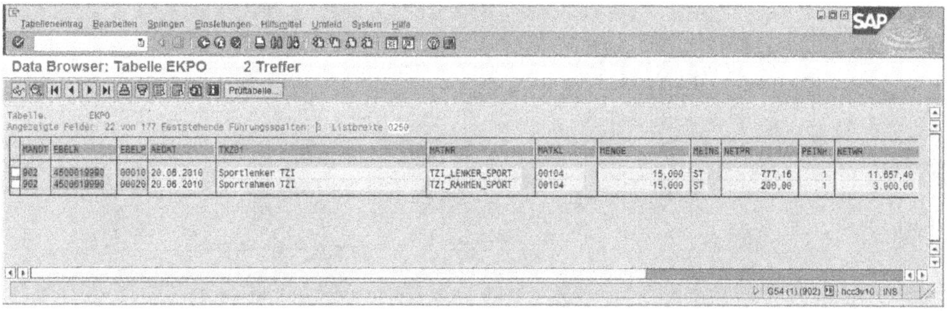

Abbildung 5-7: Betrachtung der Einkaufsbelegpositionen mit der Transaktion SE16

Eine weitere Möglichkeit der Überprüfung bzw. Fehleranalyse bietet das Kommunikationskanal-Monitoring in der Transaktion SXMB_IFR (Process Integration Tools) im PI-System.

5.4 Erweitertes Szenario

In diesem Abschnitt wird das Basisszenario aus Abschnitt 5.2 um einige Erweiterungen, wie in Abschnitt 5.1 erläutert, ergänzt. Der Aufruf des Webservices *BAPI_PO_CREATE* wird durch einen Integrationsprozess erweitert, der im PI-System abläuft. Der Integrationsprozess wird zeitlich nach dem Response des Webservers ausgeführt, indem im ABAP-Proxy nach dem Aufruf der Methode *EXECUTE_SYNCHRONOUS* ein RFC-Funktionsbaustein aufgerufen wird. Dieser Funktionsbaustein startet dann den Prozess, der die bereits beschriebene filebasierte Logfunktion und den Emailversand steuert.

5.4.1 Grundlagen

Das Basisszenario wird erweitert, indem nach dem Aufruf und der Rückantwort des Webservices die Eingabeparameter des Benutzers, eine Erfassungszeit (die vom Benutzer zur Vereinfachung jedoch frei eingegeben werden kann) und die Rückgabeparameter des Funktionsbausteins *BAPI_PO_CREATE* an den Integrationsprozess übergeben werden. Dies wird technisch über einen remotefähigen Funktionsbaustein abgewickelt, der hierzu entwickelt werden muss.

Die Entwicklung des Funktionsbausteins erfolgt in der Transaktion SE80 (Object Navigator) des Systems A. Hierbei wird im Entwicklungspaket (*Z_PI*) der Funktionsbaustein *Z_RFB_PO_CREATE_LOG* angelegt. Dieser bekommt die Import- und Tabellenparameter entsprechend Abbildung 5-8 zugewiesen, wird gesichert und aktiviert. Der Quelltext des Funktionsbausteins wird dabei automatisch angelegt und sollte mit dem Quelltext in Anhang 5.6.3 übereinstimmen.

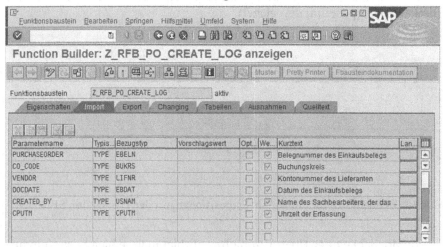

Abbildung 5-8: Parameter des Funktionsbausteins Z_RFB_PO_CREATE

Der Funktionsbaustein wird über eine TCP-Verbindung mit der Außenwelt kommunizieren, daher sollte eine solche Verbindung in der Transaktion SM59 (Konfiguration der RFC-Verbindungen) im System A angelegt sein. Hierzu muss der Ordner TCP-Verbindungen aufgeklappt und dann der Button Anlegen ausgewählt werden. Als Programm muss *J_PI_TRAINING* mit der Aktivierungsart "Registriertes Serverprogramm" und als RFC-Destination muss *J_PI_TRAINING* eingegeben werden. Die Beschreibung kann frei bestimmt werden. Als (CPIC-)Timeout empfiehlt sich ein definierter Wert von 10 Sekunden. Gateway-Host und Gateway-Service von System A müssen in der Form *g<Systemnummer>as1* und *sapgw<Systemnummer>* eingetragen werden. Alle anderen Optionen können mit den Standardwerten übernommen werden (Nicolescu 2009). Die TCP-Verbindung wird später im ABAP-Report mit der Anweisung „DESTINATION Z_PI_TRAINING" referenziert, das RFC-Serverprogramm wird im später zu erstellenden RFC-Senderkanal angegeben. Über die Verkettung DESTINATION (ABAP-Report im System A) → TCP-Verbindung (im System A) → RFC-Serverprogramm (Kommunikationskanal im PI-System) erfolgt dann die Identifizierung des sendenden Programms, um die Kommunikation zu ermöglichen und abzuwickeln (SAP 2011).

5.4.2 Design

Die Designphase ist in der Erweiterung des Basisszenarios recht umfangreich, da hier die Grundlage für drei später zu konfigurierende Kommunikationen gelegt und ein Integrationsprozess erstellt werden. Der RFC-Funktionsbaustein muss mit dem Integrationsprozess *Z_IP_PO_Create_Log* kommunizieren, der eine Email versendet und eine Logdatei (per File-Adapter) erzeugt (siehe Abbildung 5-9).

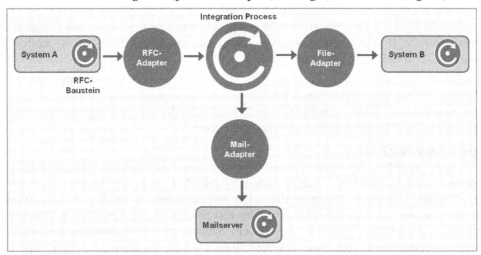

Abbildung 5-9: Kommunikationspartner des Integrationsprozesses Z_IP_PO_Create_Log

Tabelle 5-4: Designelemente für das erweiterte Szenario

Art des Objektes	Senderseite	Empfängerseite	Bereich
Service-Interface	Z_RFB_PO_CREATE_ LOG (RFC-Message)	SI_RFB_PO_Create_Log _Async_Abstract	RFC to Integration Process
Message-Typ	Mail (Import als externe Definition)		Integration Process to Mail
Service-Interface	SI_Mail_Async_Abstract		
Message- Mapping	MM_RFB_PO_Create_ Log_to_Mail	SI_Mail_Async_In	
Operation- Mapping	OM_RFB_PO_Create_Log_to_Mail		
Service-Interface	SI_RFB_PO_Create_Log_Async_Abstract		
Service-Interface		SI_RFB_PO_Create_ Log_Async_In	Integration Process to File
Datentyp	DT_PO_Create_Log DT_PO_Create_Log_Return		Integration Process (wird nur Prozess- intern verwendet)
Message-Typ	MT_RFB_PO_Create_Log		
Service-Interface	SI_MT_RFB_PO_Create_Log_Async_Abstract		
Message- Mapping	MM_RFB_PO_Create_Log_to_ MT_RFB_PO_Create_Log		
Operation- Mapping	OM_RFB_PO_Create_Log_to_ MT_RFB_PO_Create_Log		

Bevor alle anderen Designelemente angelegt werden, wird zunächst der Integrationsprozess Z_IP_PO_Create_Log ohne Inhalt im Enterprise Services Repository erstellt. Der Inhalt wird erst später eingefügt.

In Tabelle 5-4 sind alle Designelemente zu sehen, die neben dem Integrationsprozess für die Erweiterung des Basisszenarios verwendet werden. Die Designelemente werden dabei dem jeweiligen Bereich, für den sie benötigt werden, zugeordnet. Diese werden im Folgenden beschrieben.

RFC to Integration Process

Der erste Schritt ist der Import der RFC-Schnittstelle bzw. des RFC-Funktionsbausteins Z_RFB_PO_CREATE_LOG aus dem System A. Dies erfolgt im Kontextmenü des Ordners Imported Objects → RFCs. Der Import erfolgt unter Angabe des Application Servers und der System Number von System A. In dem Dialog „Import from SAP® System" ist häufig bereits ein System, von dem importiert werden kann, voreingestellt. Um diese Voreinstellung zu ändern, muss man den Import abbrechen und doppelt auf den Namen der Softwarekomponentenversion innerhalb des Ordners der Softwarekomponente klicken und die Einstellungen dort anpassen.

Der Integrationsprozess kann nur über abstrakte Service-Interfaces kommunizieren, daher muss das Service-Interface *SI_RFB_PO_Create_Log_Async_Abstract* angelegt werden. Dieses asynchrone und abstrakte Interface bekommt die eben importierte RFC-Schnittstelle *Z_RFB_PO_CREATE_LOG* zugewiesen. Da sowohl der Sender (der Funktionsbaustein im System A) als auch der Empfänger (Integrationsprozess) die gleiche Message verwenden, sind keine Message- und Operation-Mappings erforderlich.

Mit diesen Objekten sind alle Designobjekte für die Kommunikation zwischen dem RFC-Funktionsbaustein und dem Integrationsprozess erstellt.

Integration Process to Mail

Die zweite Kommunikation dient dem Versenden von Emails über einen Mail-Adapter aus dem PI-System. Bevor die Emails versendet werden können, muss zunächst eine externe Message für den Mail-Adapter importiert werden. Diese Message wird von SAP® als Datei mit dem Namen *ximail30.xsd* zum Download angeboten. Sie ist im SAP® Service Marketplace[1] unter dem Hinweis 748042 zu finden (Nicolescu 2009, S. 400). Nachdem die Datei auf der Festplatte gespeichert ist, kann diese, ähnlich wie die WSDL-Beschreibung des Webservices, als External Definition in das PI-System importiert werden. Dadurch steht eine neue External Message namens *Mail* zur Verfügung.

Der Integrationsprozess benötigt ein abstraktes und asynchrones Service-Interface zum Versenden der Nachricht. Daher wird nun ein asynchrones und abstraktes Service-Interface namens *SI_Mail_Async_Abstract* angelegt, das die eben importierte External Message *Mail* beinhaltet. Der empfangende Mail-Adapter benötigt ebenfalls ein Service-Interface mit dieser Message, daher wird ein zweites Interface namens *SI_Mail_Async_In* angelegt. Dieses ist ebenfalls asynchron, jedoch von der Kategorie Inbound.

Zum Versand der Email muss der Datentyp, welcher der External Message Mail zugrunde liegt, mit entsprechenden Daten gefüllt werden. Hierzu wird im Integrationsprozess mittels eines Message-Mapping und eines Operation-Mapping eine Transformation von der RFC-Message *Z_RFB_PO_CREATE_LOG* auf die External Message *Mail* durchgeführt.

Das Message-Mapping *MM_RFB_PO_Create_Log_to_Mail* wird anhand der Werte aus Tabelle 5-5 durchgeführt. Die Datenelemente der Message Mail, denen keine Konstanten bzw. keine Mappings zugeordnet sind, werden entweder nicht benötigt oder automatisch beim Versand der Nachricht vom Mailserver gesetzt.

---

[1]   http://service.sap.com

Tabelle 5-5: Message-Mapping MM_RFB_PO_Create_Log_to_Mail

Datenelement Z_RFB_PO_CREATE_LOG	Datenelement Mail
Konstante: Warning: Remotely created PO at a unusual Time	Subject
Konstante: „SAP PI" <xyz@googlemail.com>	From
Konstante: „Einkaufsmitarbeiter" <xyz@googlemail.com>	To
Konstante: „SAP PI" <xyz@googlemail.com>	Reply_To
Konstante: text/plain;charset=iso-8859-1	Content_Type
	Content_Description
	Content_Disposition
	Date
	Message_ID
	X_Mailer
Benutzerdefinierte Funktion createMailContent() mit folgendem Inhalt anlegen: String content = "Warning: " + "\nA new Purchase Order was created remotely in System A " +"at a unusual time (between 22:00 and 06:00): " + "\nPurchase Order: " + ponumber + "\nCompany: " + bukrs + "\nVendor: " + vendor + "\nDocument Date: " + docdate + "\nUser: " + user + "\nCreation Time: " + cputm; return content;	Content

Im Rahmen dieses Beitrags wurde eine private Google Mail-Adresse des Autors verwendet, die in untenstehender Tabelle mit "xyz@googlemail.com" pseudonymisiert worden ist. Diese wurde in diesem Beispiel sowohl als Sender- als auch als Empfängeradresse definiert.

Das Operation-Mapping *OM_RFB_PO_Create_Log_to_Mail* mappt die Quelloperation *SI_RFB_PO_Create_Log_Async_Abstract* mit dem Message-Schema *Z_RFB_PO-_CREATE_LOG* mittels obenstehendem Mapping auf die Zieloperation *SI_Mail_-Async_Abstract* mit der External Message *Mail*.

Integration Process to File
Nun müssen die Designelemente für die Kommunikation vom Integrationsprozess zum File-Adapter konfiguriert werden. Hierbei wird nur ein asynchrones Service-Interface namens *SI_RFB_PO_Create_Log_Async_In* benötigt, welches die Messages auf der Empfängerseite (über den File-Adapter) Inbound empfängt. Da dieses, wie das korrespondierende Sender-Interface, die Message *Z_RFB_PO_CREATE_LOG* enthält, werden keine Mapping-Objekte benötigt.

Integration Process
Der letzte Bereich, für den Designelemente angelegt werden müssen, ist der Integrationsprozess selbst. Dieser führt intern eine Datentransformation durch, bei der die Stunde aus der Erfassungsuhrzeit (im Format hh:mm:ss) extrahiert wird. Die Transformation wird in einem später zu erstellendem Message-Mapping mittels

der Funktion Substring(0...2) realisiert. Zunächst werden die Datentypen *DT_PO_-Create_Log* und *DT_PO_Create_Log_Return* angelegt, die bis auf das Element *Hour* zur Nachbildung der RFC-Message des Funktionsbausteins *Z_RFB_PO_CREATE_-LOG* dienen. Der Aufbau dieser beiden Datentypen ist in Abbildung 5-10 beschrieben. Der Datentyp *DT_PO_Create_Log* wird anschließend in den Message-Typ *MT_RFB_PO_Create_Log* integriert, welcher wiederum in dem asynchronen und abstrakten Service-Interface *SI_MT_RFB_PO_Create_Log_Async_Abstract* Verwendung findet.

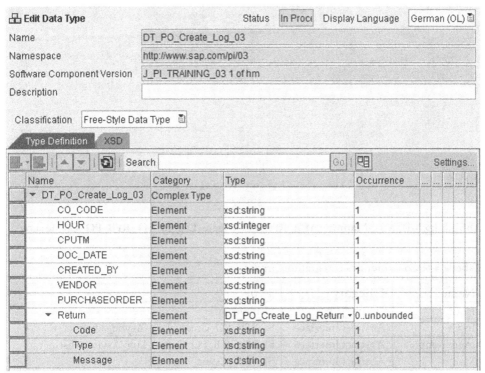

Abbildung 5-10: Datentypen DT_PO_Create_Log und DT_PO_Create_Log_Return

Anschließend wird das Message-Mapping *MM_RFB_PO_Create_Log_to_MT_RFB_-PO_Create_Log* angelegt, welches die RFC-Message *Z_RFB_PO_CREATE_LOG* auf den Message-Typen *MT_RFB_PO_Create_Log* mappt (siehe Abbildung 5-11). Das Message-Mapping wird nun im Operation-Mapping *OM_RFB_PO_Create_Log_-to_MT_RFB_PO_Create_Log* verwendet, welches die Quelloperation *SI_RFB_PO_-Create_Log_Async_Abstract* auf die Zieloperation *SI_MT_RFB_PO_Create_Log_-Async_Abstract* mappt.

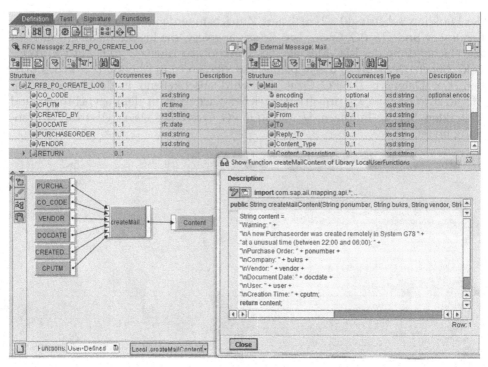

Abbildung 5-11: Msg-Mapping MM_RFB_PO_Create_Log_to_MT_RFB_PO_Create_Log

Tabelle 5-6: Container des Integrationsprozesses

Name	Category	Type
Hour	Simple Type	xsd:integer
Input	Abstract Interface	SI_RFB_PO_Create_Log_Async_Abstract
InputTemp	Abstract Interface	SI_MT_RFB_PO_Create_Log_Async_Abstract
Mail	Abstract Interface	SI_Mail_Async_Abstract
PurchaseOrder	Simple Type	xsd:String

Bei den Containerelementen handelt es sich um die Erfassungsstunde *Hour*, die Input Message, die über das Service-Interface *SI_RFB_PO_Create_Log_Async_- Abstract* in den Prozess gelangt, der transformierten Input Message *InputTemp* (bestehend aus den Daten der ursprünglichen Input-Message und der Erfassungsstunde) sowie der Message Mail, die über das Service-Interface *SI_Mail_Async_- Abstract* per Email versendet wird.

Tabelle 5-7: Beschreibung der Prozessschritte

1.	Receive: Receive PO Information • Mode: Asynchronous • Message: Input
2.	Transformation: Create InputTemp Message • Operation Mapping: OM_RFB_PO_Create_Log_to_MT_RFB_PO_-Create_Log • Source Message: Input • Target Message: InputTemp
3.	Container Operation: Ermittle PurchaseOrder • Target: PurchaseOrder • Operation: Assign • Expression: Im Expression Editor das ContainerElement *InputTemp* mit dem XPath *PurchaseOrder* auswählen
4.	Container Operation: Ermittle Zeit • Target: PurchaseOrder • Operation: Assign • Expression: Im Expression Editor das ContainerElement *InputTemp* mit dem XPath *Hour* auswählen
5.	Switch: Switch Time • Condition: (((Hour >= 22) | (Hour <= 05)) & (PurchaseOrder != ""))
6.	Transformation: Input to Mail Transformation • Operation Mapping: OM_RFB_PO_Create_Log_to_Mail • Source Message: Input • Target Message: Mail
7.	Send: Send Email • Mode: Asynchronous • Message: Mail • Acknowledgment: None • Receiver Form: Send Context
8.	Send: Erzeuge Logeintrag • Mode: Asynchronous • Message: Input • Acknowledgment: None • Receiver Form: Send Context

Der letzte Container, PurchaseOrder, speichert die Bestellnummer, die zusammen mit dem Container *Hour* in einem Switch ausgewertet wird. Der Integrationsprozess setzt sich schließlich aus den in Tabelle 5-7 beschriebenen und in Abbildung 5-12 dargestellten Prozessschritten zusammen.

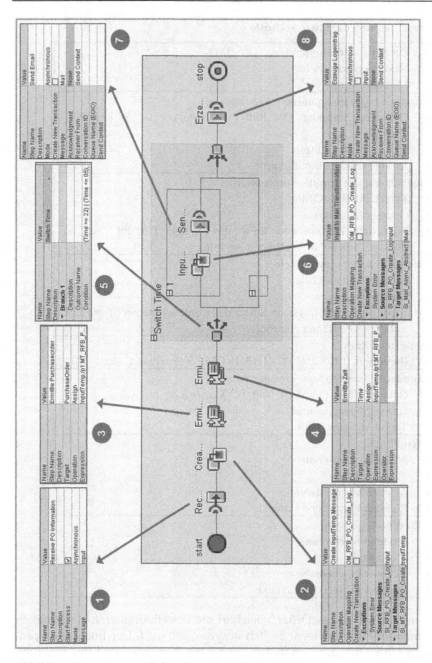

Abbildung 5-12: Prozessschritte des Integrationsprozesses

Der erste Schritt dient zum Empfang der Input Message. Im zweiten Prozessschritt wird die Message InputTemp über eine Transformation mit dem oben beschriebenen Operation-Mapping *OM_RFB_PO_Create_Log* erstellt. Aus dieser transformierten Message werden dann die Bestellnummer und die Erfassungsstunde mittels jeweils einer Container Operation in die Container PurchaseOrder und Hour kopiert. Diese Container werden dann in einem Switch basierend auf der Condition im Schritt 5 der Tabelle 5-7 analysiert. Wenn die Bedingung zutrifft, wird in einer weiteren Transformation mittels des Operation-Mapping *OM_RFB_PO_Create_-Log_to_Mail* die Message *Mail* erstellt, die anschließend über das Interface *SI_Mail_Async_Abstract* versendet wird. Wenn die Bedingung nicht erfüllt ist, wird sofort der letzte Schritt ausgeführt, der die Input-Message über das Interface *SI_RFB_PO_Create_Log_Async_Abstract* an den File-Adapter übermittelt. Die für den Integrationsprozess notwendigen Kommunikationen werden anschließend im Integration Directory gepflegt.

5.4.3 Konfiguration

Im Integrationsszenario müssen nun die Kommunikationskanäle und Internal Communications für die drei verschiedenen Kommunikationen definiert werden:

- RFC to Integration Process
- Integration Process to Mail
- Integration Process to File

RFC to Integration Process

Zuerst wird der Kommunikationskanal *Z_RFC_SysA_SenderChannel* (für die Kommunikationskomponente System A) angelegt. Dieser dient zum Senden der RFC-Message aus dem System A an den Integrationsprozess. Dabei muss unbedingt die Programm-ID *Z_PI_TRAINING* angegeben werden. Die systemspezifischen Daten (Application Server, Application Server Service und System Number) sind von einem Systemadministrator zu erfragen. Die restlichen Daten sind analog zur Abbildung 5-13 auszufüllen.

Anschließend muss über den Configuration Wizard die Internal Communication definiert werden. Der Sender ist das System A über die RFC-Message *Z_RFB_PO_-CREATE_LOG* (RFC-Adapter). Empfänger ist der Integration Process *Z_IP_PO_-CREATE_LOG* über das Interface *SI_RFB_PO_Create_Log_Async_Abstract* (Adaptertyp XI).

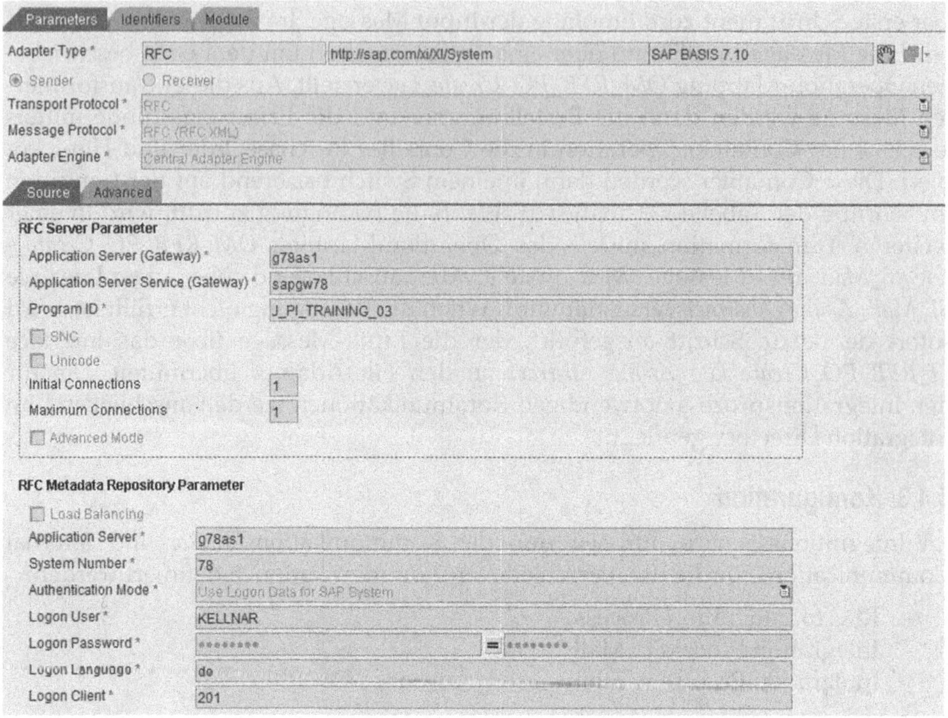

Parameters	Identifiers	Module			
Adapter Type *	RFC		http://sap.com/xi/XI/System	SAP BASIS 7.10	
● Sender	○ Receiver				
Transport Protocol *	RFC				
Message Protocol *	RFC (RFC XML)				
Adapter Engine *	Central Adapter Engine				

Source	Advanced

RFC Server Parameter

Application Server (Gateway) *	g78as1
Application Server Service (Gateway) *	sapgw78
Program ID *	J_PI_TRAINING_03
☐ SNC	
☐ Unicode	
Initial Connections	1
Maximum Connections	1
☐ Advanced Mode	

RFC Metadata Repository Parameter

☐ Load Balancing	
Application Server *	g78as1
System Number *	78
Authentication Mode *	Use Logon Data for SAP System
Logon User *	KELLNAR
Logon Password *	●●●●●●●● = ●●●●●●●●
Logon Language *	de
Logon Client *	201

Abbildung 5-13: Kommunikationskanal Z_RFC_SysA_SenderChannel

Bei der Sendervereinbarung muss sichergestellt werden, dass der eben erstellte Kommunikationskanal ausgewählt und der richtigen Softwarekomponentenversion zugeordnet wird. Die Empfängerermittlung wird automatisch erstellt, ebenso die Interface-Ermittlung. Da die Empfänger- und Sendernachricht absolut identisch sind und die Kommunikation einen Integrationsprozess betrifft, muss bei der Interface-Ermittlung kein Mapping angelegt bzw. ausgewählt werden. Eine Empfängervereinbarung ist nicht erforderlich, da der Empfänger ein Integrationsprozess ist und dieser die Daten über einen XI-Adapter erhält. Sender ist das System A über das Interface *Z_RFB_PO_CREATE_LOG*. Nach dem Anlegen ist in der Empfängerermittlung unter *Configured Receivers* eine Local Rule hinzuzufügen, welche an die Kommunikationskomponente *Z_IP_PO_Create_Log* (Integrationsprozess) sendet.

Integration Process to Mail

Da der Empfänger dieser Kommunikation diesmal kein konkretes Business-System ist, muss zuerst eine Kommunikationskomponente (vom Typ Business Component) mit dem Namen Z_Mail_Server_Logfile angelegt werden. Dieser wird nach der Erstellung das Service-Interface SI_Mail_Async_In zugewiesen, damit es über dieses Interface später die zu versendenden Emails entgegennehmen kann.

Für den Mailversand muss ein Kommunikationskanal namens Z_Mail_Receiver_-Logfile erstellt werden. Dieser ist vom Adaptertyp Mail und wird zum Empfang von Nachrichten verwendet. In der Konfiguration kann ein beliebiger Mailserver angegeben werden, in Abbildung 5-14 wurde ein Google Mail-Server mit den Authentifizierungsdaten einer privaten Emailadresse des Autors verwendet. Der bereits in Tabelle 5-5 pseudonymisierte Mailboxname wurde in dieser und der nachfolgenden Abbildung 5-14 ebenfalls unkenntlich gemacht.

Da es sich um einen SMTP-Server handelt, wurde dementsprechend SMTP als Message Protocol ausgewählt. Durch die Option XIPAYLOAD beim Message Protocol wird die über das Interface SI_Mail_Async_In eingehende Message als Payload der Email versendet und nicht etwa als gesonderter Dateianhang (Nicolescu 2009, S. 404). Unter Mail Attributes sollte der Haken bei der Checkbox „Use Mail Package" gesetzt werden, damit die Empfänger- und Senderdaten aus der Message Mail übernommen und nicht hartcodiert in der Definition des Kommunikationskanals erfolgen müssen. Die in Abbildung 5-14 dargestellte URL kann nur in Verbindung mit einer Google Mail-Adresse verwendet werden und muss gegebenenfalls durch einen anderen SMTP-Server ersetzt werden.

Nun muss eine interne Kommunikation erstellt werden. Sender ist der Integrationsprozess Z_IP_PO_Create_Log über das Service-Interface SI_Mail_Async_Abstract mit Adaptertyp XI. Empfänger ist die Business Component Z_Mail_Server_Logfile mit dem Service-Interface SI_Mail_Async_In und mit einem Adapter vom Typ Mail.

Eine Sendervereinbarung ist nicht erforderlich, eine Empfängerermittlung wird automatisch angelegt, ebenso wie die Interface-Ermittlung. Bei der Interface-Ermittlung ist auch diesmal, wie bereits oben beschrieben, kein Message-Mapping erforderlich. Bei der Empfängervereinbarung muss abschließend nur der richtige Empfängerkanal Z_Mail_Receiver_Logfile ausgewählt werden.

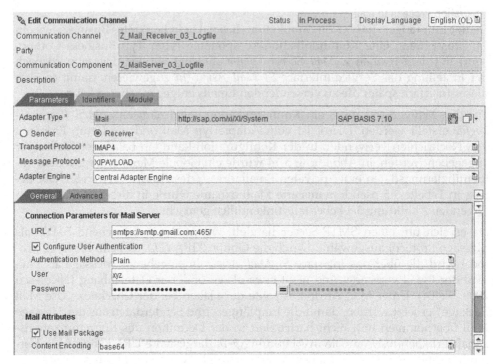

Abbildung 5-14: Kommunikationskanal Z_Mail_Receiver_Logfile

Integration Process to File

Die letzte Kommunikation betrifft die Erstellung des Logfiles auf Dateisystem-ebene. Hierzu muss zunächst ein File-Receiver namens *Z_File_SysA_Log_-ReceiverChannel* (für Communication Component System A) angelegt werden. Dieser File-Adapter nutzt das File System (NFS) als Transfer Protocol und schreibt beispielsweise in den Ordner "/tmp/Z/pi_training" Dateien mit dem Namens-schema "xi_output.dat". Die anderen Einstellungen können ohne Änderungen übernommen werden.

Bei der Erstellung der Kommunikation ist als Sender der Integrationsprozess *Z_IP_PO_Create_Log* über das Interface *SI_RFB_PO_Create_Log_Async_Abstract* auszuwählen (Adaptertyp XI). Als Empfänger wird über einen File-Adapter das System A mit dem Interface *SI_RFB_PO_Create_Log_Async_In* ausgewählt.

Eine Sendervereinbarung ist nicht erforderlich. Die Empfängerermittlung und die Interface-Ermittlung werden automatisch angelegt, wobei wiederum kein Map-ping bei der Interface-Ermittlung notwendig ist. Bei der Empfängervereinbarung sollte der Empfängerkanal *Z_File_SysA_Log_ReceiverChannel* ausgewählt worden sein. Damit sind alle Konfigurationsobjekte angelegt (siehe Tabelle 5-8) und die Konfigurationsphase ist beendet.

Tabelle 5-8: Konfigurationsobjekte für das erweiterte Szenario

Art des Objektes	Senderseite	Empfängerseite	Bereich
Kommunikations-kanal	Z_RFC_SysA_Sender Channel		RFC to Integration Process
Sender-vereinbarung	| SYSTEM A | Z_RFB_PO_CREATE_ LOG | |		
Empfänger-ermittlung	| SYSTEM A | Z_RFB_PO_CREATE_LOG		
Interface-ermittlung	| SYSTEM A | Z_RFB_PO_CREATE_LOG | | Z_IP_PO_Create_Log		
Kommunikations-kanal		Z_Mail_Receiver_ Logfile	Integration Process to Mail
Empfänger-vereinbarung		| Z_IP_PO_Create_Log | SI_Mail_Async_Abstract	
Interface-ermittlung		| Z_IP_PO_Create_Log | SI_Mail_Async_Abstract | | SI_Mail_Async_In	
Empfänger-vereinbarung		| Z_IP_PO_Create_Log | SI_Mail_Async_Abstract | | Z_Mail_Server_Logfile	
Kommunikations-kanal		Z_File_SysA_Log_Receiver-Channel	Integration Process to File
Empfänger-vereinbarung		| Z_IP_PO_Create_Log | | SYSTEM A | SI_RFB_PO_Create_Log_Async_In	
Interface-ermittlung		| Z_IP_PO_Create_Log | SI_RFB_PO_Create_Log_Async_Abstract | | SYSTEM A	
Empfänger-vereinbarung		| Z_IP_PO_Create_Log | SI_RFB_PO_Create_Log_Async_Abstract	

5.4.4 ABAP-Proxy

Zur Ausführung des Szenarios kann im Wesentlichen der in Abschnitt 5.3.4 generierte ABAP-Report *Z_PI_ABAP_TO_SOAP_PO_CREATE* wiederverwendet werden. Er wird lediglich um den Aufruf des Funktionsbausteins *Z_RFB_PO_-CREATE_LOG* und dem Eingabeparameter _time erweitert. Die Erweiterung zum Quelltext ist im Anhang 5.6.4 zu finden.

Damit das Basisszenario und das erweiterte Szenario beide getrennt voneinander lauffähig sind, wird für den geänderten ABAP-Report des erweiterten Szenarios in der Transaktion SE80 (Object Navigator) des System A eine neue Klasse namens *Z_PI_ABAP_TO_SOAP_PO_LOG* angelegt.

Im Anhang 5.6.3 wird zusätzlich ein Quelltext angegeben, um nur den Funktionsbaustein *Z_RFB_PO_CREATE_LOG* (ohne Aufruf des ABAP-Proxys) auszuführen. Dieser Report wird in der Klasse *Z_PI_PO_LOG_FILE* gespeichert und kann verwendet werden, um den Integrationsprozess getrennt von der Bestellerzeugung aufzurufen und zu testen.

5.4.5 Ausführung

Die Ausführung des erweiterten Szenarios erfolgt analog zu den Ausführungen in Abschnitt 5.3.5 durch Aufruf des ABAP-Reports *Z_PI_ABAP_TO_SOAP_PO_LOG* in System A. Der einzige Unterschied ist, dass der Benutzer zusätzlich eine Erfassungszeit eingeben muss.

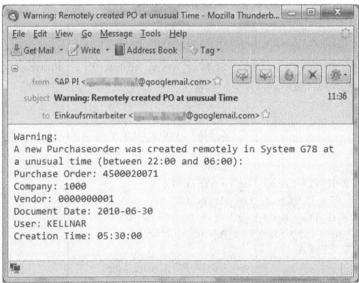

Abbildung 5-15: Benachrichtigung per Email

Als Ergebnis der Ausführung sieht der Benutzer eine Programmausgabe ähnlich dem Aufruf des Basisszenarios (siehe Abbildung 5-6). Zusätzlich wird für den Anwender ein Protokoll über alle angelegten Bestellungen in Form von XML-Dateien mit dem Namen "xi_output<timestamp>.dat" geführt. Logisch ist das Logfile dem System A zugeordnet, die physikalische Speicherung erfolgt jedoch im

Dateisystem des PI-Systems und kann dort mit der Transaktion AL11 (Nachrichtenverarbeitung) im Ordner "/tmp/Z/pi_training" eingesehen werden.

Falls der Benutzer eine Erfassungszeit zwischen 22:00 Uhr und 06:00 Uhr angegeben hat, wird ferner eine Email an die oben angegebene Google Mail-Adresse versendet (siehe Abbildung 5-15).

Zur Überprüfung der Verarbeitung sei auf die in Abschnitt 5.3.5 genannten Transaktionen verwiesen.

5.5 Fazit

Die Integration von betrieblichen ERP-Systemen hat in der Praxis aufgrund komplexer heterogener Systemlandschaften und ständig wechselnden Anforderungen eine große Bedeutung erlangt. Die hier vorgestellten Szenarien stellen zwei Beispiele dar, um Geschäftsprozesse über verschiedene Anwendungssysteme hinweg zu integrieren. Dabei wurde über den Aufruf eines ABAP-Reports ein externer Webservice angesprochen, um eine Bestellung anzulegen. Dieser Vorgang wurde durch einen Integrationsprozess ergänzt, der ein Protokoll über alle angelegten Bestellungen auf Dateisystemebene führt und die erfassten Bestellungen auswertet, um einem Benutzer im Falle einer Auffälligkeit eine E-Mail zuzusenden. Durch die Erstellung des oben beschriebenen Szenarios ist zu ersehen, wie vielfältig die Möglichkeiten von SAP NetWeaver® PI 7.1 sind. Innerhalb kurzer Zeit können umfangreiche Integrationsszenarien entwickelt und in der Praxis eingesetzt werden. Die Erfahrungen zeigen aber auch, wie kleine und triviale Fehler schwerwiegende Konsequenzen haben können, die nur schwer zu entdecken sind. Die Integrationsszenarien sind aufgrund der Komplexität der dahinterliegenden Technologie nur schwer zu überprüfen oder zu „debuggen". Ein Werkzeug für das Monitoring des Nachrichtenaustauschs ist daher unverzichtbar.

5.6 Anhang

5.6.1 Parameter des Funktionsbausteins BAPI_PO_CREATE

In den nachfolgenden Tabellen sind alle notwendigen Parameter für den Aufruf des Funktionsbausteins BAPI_PO_CREATE samt möglicher, beispielhafter Eingabewerten aufgelistet. Diese Parameter wurden mit Hilfe der Transaktion *Bestellung anzeigen* sowie einem Einblick in die Datenbanktabellen EKKO und EKPO ermittelt. Die Daten der Tabelle PO_ITEM_ACCOUNT_ASSIGNMENT werden nur benötigt, sofern ein kontierungspflichtiges Material verwendet wird. Wenn ein solches Material angegeben wird, muss der Parameter ACCTASSCAT in der Tabelle PO_ITEMS auf den Wert „F" gesetzt werden. Bei der Verwendung eines nicht kontierungspflichtigen Materials muss der Parameter leer bleiben und die Tabelle PO_ITEM_ACCOUNT_ASSIGNMENT (mit den Parametern aus

Tabelle 5-10) kann ignoriert werden. Die in Tabelle 5-9 und in

Tabelle 5-10 fett und kursiv markierten Werte müssen vom Anwender des ABAP-Proxys manuell in einer Eingabemaske eingegeben werden. Dabei handelt es sich um die Kopfdaten

- Vendor (Lieferantennummer)
- Doc_Date (Bestelldatum)
- Created_By (Benutzernamen)

sowie um die Positionsdaten

- PO_Item (Position)
- Material / Pur_Mat (Materialnummer)
- Short_Text (Materialkurztext)
- Mat_Grp (Materialgruppe)
- Net_Price (Nettopreis der Bestellposition)
- Quantity / Disp_Quan (Bestellmenge)
- Deliv_Date (Lieferdatum)

Alle anderen Parameter werden im ABAP-Quelltext als Konstanten definiert, könnten als Alternative aber auch in einem Message-Mapping im Enterprise Services Builder vorgegeben werden. Die Kopfdaten gelten dabei für alle Bestellpositionen, also die komplette Bestellung, während die Positionsdaten für jede Position gesondert zu erfassen sind. Im ABAP-Report wird die Bestellung zur Vereinfachung auf zwei Positionen limitiert.

Tabelle 5-9: Notwendige Parameter zum Aufruf des BAPIs BAPI_PO_CREATE

Komponente	Komponententyp	Beschreibung	Wert
Tabelle PO_HEADER (Bestellkopfdaten)			
DOC_DATE	EBDAT	Datum des Einkaufsbelegs	*30.06.2010*
DOC_TYPE	ESART	Einkaufsbelegart	NB
DOC_CAT	EBSTYP	Typ des Einkaufsbelegs	F
CO_CODE	BUKRS	Buchungskreis	1000
PURCH_ORG	EKORG	Einkaufsorganisation	1000
PUR_GROUP	BKGRP	Einkäufergruppe	007
VENDOR	ELIFN	Lieferantennummer	*0000000001*
CREATED_BY	ERNAM	Benutzername	*KELLNAR*
Tabelle PO_ITEMS (Bestellpositionen)			
PO_ITEM	EBELP	Positionsnummer	*00010*
MATERIAL	MATNR	Materialnummer	*TZI_LENKER_ SPORT*
PUR_MAT	EMATNR	Materialnummer	*TZI_LENKER_ SPORT*
ACCTASSCAT	KNTTP	Kontierungstyp	
AGMT_ITEM	KTPNR	Positionsnr. übergeordneter Vertrag	00000
MAT_GRP	MATKL	Warengruppe	*001*
SHORT_TEXT	TXZ01	Kurztext	*Sportlenker*
PLANT	EWERK	Werk	1000
AT_ITEM	ABELP	Positionsnummer Aufteiler	0000
UNIT	BSTME	Bestellmengeneinheit	ST
NET_PRICE	BPREIBAPI	Nettopreis in Belegwährung	*100,000*
PRICE_UNIT	EPEIN	Preiseinheit	0
CONV_NUM1	BPUMZ	Zähler: Umrechnung Mengen	0
CONV_DEN1	BPUMN	Nenner: Umrechnung Mengen	0
PCKG_NO	PACKNO	Paketnummer	0000000000
PLAN_DEL	EPLIF	Planlieferzeit in Tagen	0
DISP_QUAN	BSTMG_DISP	Bestellmenge zu Anzeigezwecken	*2,000*
Tabelle PO_ITEM_SCHEDULES (Einteilungen)			
PO_ITEM	EBELP	Positionsnummer	*00010*
SERIAL_NO	EETEN	Einteilungszähler	0000
DELIV_DATE	EINDT	Lieferdatum der Position	*11.07.2010*
DELIV_TIME	LZEIT	Uhrzeit zum Liefertermin	00:00:00
QUANTITY	ETMEN	Menge	*2,000*
PREQ_ITEM	BNFPO	Positionsnummer der BANF	00000
QUOTA_ITEM	QUPOS	Quotierungsposition	000
RESERV_NO	RSNUM	Nummer der Reservierung	0000000000

Tabelle 5-10: Optionale Parameter

Komponente	Komponententyp	Beschreibung	Wert
Tabelle PO_ITEM_ACCOUNT_ASSIGNMENT (Kontierungen) [Optional]			
PO_ITEM	EBELP	Positionsnummer	*00010*
SERIAL_NO	DZEKKN	Laufende Nummer der Kontierung	00
QUANTITY	ENGE_D	Menge	*2,000*
DISTR_PERC	VPROZ	Verteilungs-% bei Mehrfachkontierung	0,0
G_L_ACCT	SAKNR	Nummer des Sachkontos	400000
COST_CTR	KOSTL	Kostenstelle	4220
SDOC_ITEM	VBELN	Vertriebsbelegnummer	000000
SCHED_LINE	ETENR	Einteilungsnummer	0000
PROF_SEGM	RKEOBJNR	Nummer für Ergebnisobjekte	0000000000
ROUTING_NO	CO_AUFPL	Plannummer zu Vorgängen	0000000000
COUNTER	CIM_COUNT	Interner Zähler	00000000
RES_ITEM	KBLPOS	Belegposition Mittelvormerkung	000

Der Funktionsbaustein *BAPI_PO_CREATE* liefert nach dem Aufruf neben den Eingabeparametern die Bestellnummer der angelegten Bestellung sowie eine Returnstruktur zurück. Die wichtigsten Elemente der Returnstruktur sind die Komponenten Type, Code und Message (siehe Tabelle 5-11).

Tabelle 5-11: Wichtigste Rückgabeparameter des BAPIs BAPI_PO_CREATE

Komponente	Komponententyp	Beschreibung
PURCHASEORDER	PO_NUMBER	Bestellnummer
Tabelle RETURN (Returnparameter)		
TYPE	BAPI_MTYPE	Mldgstyp.: S Success, E Error, W Warning, I Info, A Abort
CODE	BAPI_RCODE	Meldungs-Code
MESSAGE	BAPI_MSG	Meldungstext

5.6.2 ABAP-Quelltext: Aufruf des Basisszenarios

Nachfolgender Quelltext ruft die Methode EXECUTE_SYNCHRONOUS des ABAP-Proxys *ZCO_SI_ABAP_TO_SOAP_PURCHASE* auf. Durch den Aufruf des Reports, bei dem der Benutzer einige Parameter eingeben muss, wird das Basisszenario gestartet.

```
REPORT Z_PI_ABAP_TO_SOAP_PO_CREATE.

* Eingabemaske
PARAMETERS: _docdate         TYPE ERDAT,
            _vendor          TYPE ELIFN,
            _user            TYPE ERNAM,
            _pos1            TYPE EBELP,
            _mat1            TYPE MATNR,
            _mattxt1         TYPE TXZ01,
            _matgrp1         TYPE MATKL,
            _price1          TYPE BPREIBAPI,
            _qty1            TYPE BSTMG_DISP,
            _ddate1          TYPE ERDAT,
            _pos2            TYPE EBELP,
            _mat2            TYPE MATNR,
            _mattxt2         TYPE TXZ01,
            _matgrp2         TYPE MATKL,
            _price2          TYPE BPREIBAPI,
            _qty2            TYPE BSTMG_DISP,
            _ddate2          TYPE ERDAT.
*Datendefinitionen
DATA :  lo_fault_sys  TYPE REF TO CX_AI_SYSTEM_FAULT,
        lo_fault_app  TYPE REF TO CX_AI_APPLICATION_FAULT,
        obj_ref       TYPE REF TO ZCO_SI_ABAP_TO_SOAP_PURCHASE,
        wa_output     TYPE ZSI_ABAP_TO_SOAP_PO_OUTPUT,
        wa_input      TYPE ZSI_ABAP_TO_SOAP_PO_INPUT,
        ls_item       TYPE ZSI_ABAP_TO_SOAP_PO_ITEMS,
        ls_schedule   TYPE ZSI_ABAP_TO_SOAP_PO_SCHEDULE,
        ls_result     TYPE ZSI_ABAP_TO_SOAP_PO_RETURN.

START-OF-SELECTION.
* Erzeuge Proxy
CREATE OBJECT obj_ref.
* Übergebe Werte
wa_output-PO_HEADER-Vendor     = _vendor.
wa_output-PO_HEADER-Doc_Date   = _docdate.
wa_output-PO_HEADER-Created_By = _user.
wa_output-PO_HEADER-DOC_TYPE = 'NB'.
wa_output-PO_HEADER-DOC_CAT = 'F'.
wa_output-PO_HEADER-CO_CODE = '1000'.
wa_output-PO_HEADER-PURCH_ORG = '1000'.
wa_output-PO_HEADER-PUR_GROUP = '007'.
CLEAR: ls_item.
ls_item-po_item = _pos1.
ls_item-material = _mat1.
ls_item-PUR_MAT = _mat1.
ls_item-mat_grp = _matgrp1.
ls_item-short_text = _mattxt1.
ls_item-net_price = _price1.
ls_item-disp_quan = _qty1.
ls_item-acctasscat = ''.
ls_item-agmt_item = '00000'.
```

```
ls_item-plant = '1000'.
ls_item-at_item = '0000'.
ls_item-unit = 'ST'.
ls_item-price_unit = '0'.
ls_item-conv_num1 = '0'.
ls_item-conv_den1 = '0'.
ls_item-pckg_no = '0000000000'.
ls_item-plan_del = '0'.
INSERT ls_item INTO TABLE wa_output-PO_ITEMS-Item.
ls_item-po_item = _pos2.
ls_item-material = _mat2.
ls_item-PUR_MAT = _mat2.
ls_item-mat_grp = _matgrp2.
ls_item-short_text = _mattxt2.
ls_item-net_price = _price2.
ls_item-disp_quan = _qty2.
INSERT ls_item INTO TABLE wa_output-PO_ITEMS-Item.
CLEAR: ls_schedule.
ls_schedule-po_item = _pos1.
ls_schedule-deliv_date = _ddate1.
ls_schedule-quantity = _qty1.
ls_schedule-serial_no = '0000'.
ls_schedule-deliv_time = '00:00:00'.
ls_schedule-preq_item = '00000'.
ls_schedule-quota_item = '000'.
ls_schedule-reserv_no = '0000000000'.
INSERT ls_schedule INTO TABLE wa_output-PO_ITEM_SCHEDULES-Item.
ls_schedule-po_item = _pos2.
ls_schedule-deliv_date = _ddate2.
ls_schedule-quantity = _qty2.
INSERT ls_schedule INTO TABLE wa_output-PO_ITEM_SCHEDULES-Item.
TRY.
* Methodenaufruf
    CALL METHOD obj_ref->execute_synchronous
      EXPORTING
        output = wa_output
      IMPORTING
        input  = wa_input.

* Exception Handling
    CATCH CX_AI_SYSTEM_FAULT INTO lo_fault_sys.
      WRITE: / 'System fault'.
      WRITE: / 'Code:', lo_fault_sys->code.
      WRITE: / 'Text:', lo_fault_sys->errortext.
    EXIT.
    CATCH CX_AI_APPLICATION_FAULT INTO lo_fault_app.
      WRITE: / 'Application fault'.
      WRITE: / 'Text:', lo_fault_app->CX_AI_APPLICATION_FAULT.
    EXIT.
ENDTRY.

* Programmausgaben
```

```
WRITE: / 'Method Execute_Synchronous executed'.
WRITE: /, /, /, 'Reading Return Parameters:'.
WRITE: / 'Purchaseorder:',wa_input-PURCHASEORDER.
* Lese Returnstruktur
LOOP AT WA_INPUT-RETURN-ITEM INTO LS_RESULT.
  IF SY-SUBRC EQ 0.
    WRITE: / 'Type:', LS_RESULT-TYPE.
    WRITE: / 'Code:', LS_RESULT-CODE.
    WRITE: / 'Message:', LS_RESULT-MESSAGE.
  ENDIF.
ENDLOOP.
WRITE: /, /, / 'Proxy Execution Finished'.

* Ende
```

5.6.3 ABAP-Quelltext: Definition und Aufruf des Funktionsbausteins

Bei der Erstellung des Funktionsbausteins *Z_RFB_PO_CREATE_LOG* (siehe Abschnitt 5.4) werden automatisch der zugehörige Quelltext sowie die Parameter generiert. Zur Überprüfung der korrekten Definition des Funktionsbausteins wird die Schnittstelle des Funktionsbausteins hier aufgeführt.

```
FUNCTION Z_RFB_PO_CREATE_LOG.
*"----------------------------------------------------------------
*"*"Lokale Schnittstelle:
*"  IMPORTING
*"     VALUE(PURCHASEORDER) TYPE  EBELN
*"     VALUE(CO_CODE) TYPE  BUKRS
*"     VALUE(VENDOR) TYPE  LIFNR
*"     VALUE(DOCDATE) TYPE  EBDAT
*"     VALUE(CREATED_BY) TYPE  USNAM
*"     VALUE(CPUTM) TYPE  CPUTM
*"  TABLES
*"      RETURN STRUCTURE  BAPIRETURN OPTIONAL
*"----------------------------------------------------------------
ENDFUNCTION.
```

Nachfolgender Quelltext ruft den in Abschnitt 5.4 entwickelten Funktionsbaustein *Z_RFB_PO_CREATE_LOG* auf. Der Quelltext unterscheidet sich von dem Quelltext im Anhang 5.6.2 dadurch, dass vorher keine Bestellung angelegt wird, sondern direkt der Integrationsprozess gestartet wird. Dabei werden im Quelltext bis auf zwei Eingabeparameter beliebige Dummywerte vorgegeben, um dadurch den Integrationsprozess zu testen.

```
REPORT  Z_PI_PO_LOG_FILE.

DATA:   T_BAPIRETURN LIKE BAPIRETURN occurs 0 with header line.
PARAMETERS: _docdate          TYPE ERDAT.
            _time             TYPE CPUTM.

* Fülle Returnstruktur mit Dummywerten
T_BAPIRETURN-code = 'Code1'.
T_BAPIRETURN-type = 'Type1'.
T_BAPIRETURN-message = 'Message1'.
append T_BAPIRETURN.
T_BAPIRETURN-code = 'Code2'.
T_BAPIRETURN-type = 'Type2'.
T_BAPIRETURN-message = 'Message2'.
append T_BAPIRETURN.
START-OF-SELECTION.
  CALL FUNCTION 'Z_RFB_PO_CREATE_LOG'
    IN BACKGROUND TASK
    DESTINATION 'Z_PI_TRAINING'
    EXPORTING
      PURCHASEORDER     = '4500020000'
      CO_CODE           = '1000'
      VENDOR            = '1'
      DOCDATE           = _docdate
      CREATED_BY        = 'KELLNAR'
      CPUTM             = _time
      TABLES
        RETURN          = T_BAPIRETURN.
  COMMIT WORK.

IF sy-subrc = 0.
  WRITE 'Benachrichtigung versendet und Logeintrag erstellt.'.
ELSE.
  WRITE 'Fehler bei Versand der Benachrichtigung und Erstellung des Logeintrags.'.
ENDIF.
```

5.6.4 ABAP-Quelltext: Aufruf des erweiterten Szenarios

Nachfolgender ABAP-Quelltext beschreibt die Ergänzungen zum Quelltext aus Anhang 5.6.2 für das erweiterte Szenario. Das erweiterte Szenario kombiniert die Quelltexte aus dem Anhang 0 und 0, d.h. es werden erst der ABAP-Proxy und dann der Funktionsbaustein *Z_RFB_PO_CREATE_LOG* aufgerufen.

```
REPORT Z_PI_ABAP_TO_SOAP_PO_LOG.

* Eingabemaske
PARAMETERS: _docdate          TYPE ERDAT,
            _vendor           TYPE ELIFN,
            _user             TYPE ERNAM,
            _time             TYPE CPUTM,
...
* Lese Returnstruktur
LOOP AT WA_INPUT-RETURN-ITEM INTO LS_RESULT.
  IF SY-SUBRC EQ 0.
    WRITE: / 'Type:', LS_RESULT-TYPE.
    WRITE: / 'Code:', LS_RESULT-CODE.
    WRITE: / 'Message:', LS_RESULT-MESSAGE.
    t_bapireturn-type = LS_RESULT-TYPE.
    t_bapireturn-code = LS_RESULT-CODE.
    t_bapireturn-message = LS_RESULT-MESSAGE.
    append t_bapireturn.
  ENDIF.
ENDLOOP.
...
  CALL FUNCTION 'Z_RFB_PO_CREATE_LOG'
    IN BACKGROUND TASK
    DESTINATION 'Z_PI_TRAINING'
    EXPORTING
      PURCHASEORDER     = wa_input-PURCHASEORDER
      CO_CODE           = wa_output-PO_HEADER-CO_CODE
      VENDOR            = wa_output-PO_HEADER-Vendor
      DOCDATE           = wa_output-PO_HEADER-DOC_DATE
      CREATED_BY        = wa_output-PO_HEADER-CREATED_BY
      CPUTM             = _time
      TABLES
        RETURN          = T_BAPIRETURN.
  COMMIT WORK.

IF sy-subrc = 0.
  WRITE 'Benachrichtigung versendet und Logeintrag erstellt.'.
ELSE.
  WRITE 'Fehler bei Versand der Benachrichtigung und Erstellung des Logeintrags.'.
ENDIF.

*Ende
```

6 Fallstudie *Roh- und Hilfsstoffbestellung*

Autor: Bernhard Kern, Hochschule München

6.1 Motivation

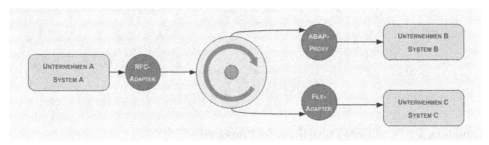

Abbildung 6-1: Das fiktive Integrationsszenario *Roh- und Hilfsstoffbestellung*

Das fiktive B2B-Szenario *Roh- und Hilfsstoffbestellung* besteht aus den drei Unternehmen A, B und C (siehe Abbildung 6-1). Unternehmen A ist ein großes Produktionsunternehmen. Die für die Fertigung benötigten Rohstoffe werden von Unternehmen B geliefert, das – wie auch Unternehmen A – ein SAP®-System einsetzt. Da die Rohstoffe eine sehr kurze Lebensdauer haben, werden von Unternehmen A nur Kleinstbestellungen aufgegeben. Die Anzahl dieser Bestellungen ist sehr hoch. Die bisherige Abwicklung mittels SAP®-Rahmenverträgen reicht deshalb nicht mehr aus. Das Bestellverfahren soll komplett und unternehmensübergreifend automatisiert werden.

Alle Hilfsstoffe werden von Unternehmen C bezogen. Für die Bestellverwaltung wird ein Fremdsystem verwendet, das einen XML-Dateiimport ermöglicht. Da diese XML-Dateien nicht vorliegen, werden alle Bestelldaten manuell in das System eingegeben. Dabei treten häufig Fehler auf, und die manuelle Bestellabwicklung verursacht hohen personellen Aufwand.

Damit die zahlreichen Bestellungen nicht mehr manuell abgewickelt werden müssen, schließen Unternehmen A, B und C einen neuen Rahmenvertrag ab. Unternehmen A soll in Zukunft alle Rohstoffbestellungen an Unternehmen B in eine SAP®-Datenbanktabelle eintragen. Am Ende des Monats werden diese Daten in einer Sammelbestellung zusammengefasst.

Auch mit Unternehmen C wird ein Vertrag abgeschlossen. Alle Hilfsstoffbestellungen sollen in Zukunft per XML-Export/Import vorgenommen werden. Dazu muss Unternehmen A pro Hilfsstoffbestellung eine Datei im Dateisystem von Unternehmen C ablegen. Diese wird dann automatisch von einer Bestellanwendung von Unternehmen C importiert. So müssen nicht alle Bestellungen manuell in das System von Unternehmen C eingetippt werden.

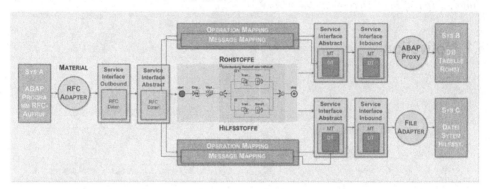

Abbildung 6-2: Detaillierte Darstellung des Prozesses[1]

Für die Realisierung soll, wie in Abbildung 6-2 dargestellt, ein Integrationsprozess verwendet werden, der im sog. „Business Process Modeller" von SAP NetWeaver® Process Integration 7.1 (im Weiteren als *PI-System* bezeichnet) erstellt wird. Die Systeme von Unternehmen A, B und C werden passend zu der Unternehmensbenennung auch als System A, B und C bezeichnet. Für die Kommunikation zwischen den Systemen A, B, C und PI werden folgende Adapter oder Proxys verwendet (siehe Tabelle 6-1):

Tabelle 6-1: Schnittstellen zwischen den Systemen

Von System zu System	Adapter / Proxy	Ansatztyp
Von A zu PI	RFC-Adapter	Inside-Out
Von PI zu B	Kein Adapter, sondern ABAP-Proxy (SAP® interne Kommunikation mit SAP® Integration Engine)	Outside-In
Von PI zu C	File-Adapter	-

---

[1] Eine vergrößerte Darstellung des Integrationsszenarios befindet sich in Abbildung 6-40 des Abschnitts 6.4

6.2 Schrittweise Implementierung und Testen des Szenarios

Das im letzten Abschnitt beschriebene Integrationsszenario soll nun umgesetzt werden. Dazu werden alle nötigen Maßnahmen genau und mit Hilfe von zahlreichen Abbildungen beschrieben. Die Umsetzung ist wie folgt gegliedert[2]:

- Anpassungen, die in **System A (SAP® Logistik)** durchgeführt werden.
- Designphase im **Enterprise Services Repository (SAP NetWeaver® PI 7.1)**
  - o Definition aller Designelemente vor dem Integrationsprozess
  - o Definition aller Designelemente nach dem Integrationsprozess[3]
  - o Definition des Integrationsprozesses
- Konfigurationsphase im **Integration Builder (SAP NetWeaver® PI 7.1)**:
  - o Prozess aus ESR in den Integration Builder importieren
  - o Kommunikation von System A zum Business Process
  - o Kommunikation vom Business Process zu System B
  - o Kommunikation vom Business Process zu System C
- Anpassungen im **System B (SAP® Logistik)**[4]
- Testen des Szenarios

6.2.1 Funktionsbaustein und Programm in System A

Als erster Schritt wird in System A ein neuer Funktionsbaustein erstellt (siehe Abbildung 6-3). Er hält fest, welche Daten bei der RFC-Kommunikation zwischen System A und PI-System übertragen werden sollen. Der Baustein kann im ABAP-Workbench (Transaktion SE80) erstellt werden. Im Reiter „Import" eines neuen Funktionsbausteins werden alle Datenfelder festgelegt und je Feld ein Haken im Bereich „Wertübergabe" gesetzt, damit die definierten Parameter für die RFC-Übertragung verwendet werden können.

---

[2]   Zur Vereinfachung wird davon ausgegangen, dass bereits alle Technischen und Business-Systeme im System Landscape Directory konfiguriert sind.

[3]   Hinweis: Es wurden Screenshots zu jeder Bildschirmmaske angefertigt. Die Daten werden im Fließtext daher nicht immer wiederholt und können den Bildern entnommen werden. Aufgrund der Vielzahl der Abbildungen wird nicht immer ein direkter Verweis zu den Abbildungen erstellt.

[4]   In System C werden keine Anpassungen vorgenommen, da aufgrund der Konfiguration der Testsysteme die erzeugten Dateien im Filesystem des PI-Systems gespeichert werden.

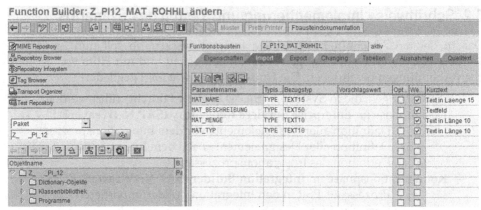

Abbildung 6-3: Erstellung eines neuen Funktionsbausteins zur RFC-Übertragung

Mithilfe des in Abbildung 6-4 dargestellten Programms werden die Eingabeparameter Materialname, Materialbeschreibung, Materialmenge und Materialtyp entgegengenommen.

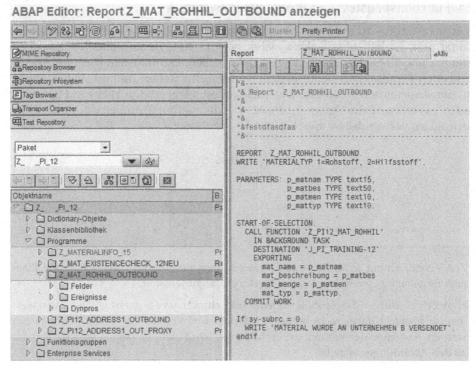

Abbildung 6-4: ABAP Programm Z_MAT_ROHHIL_OUTBOUND zum RFC-Aufruf

Diese Daten werden zum Aufruf des zuvor erstellten Funktionsbausteins verwendet, der für die RFC-Übertragung zum PI-System genutzt wird. Im Anschluss an die Implementierung müssen alle Elemente aktiviert werden. Nach der Erstellung des Programms sind alle notwendigen Schritte in System A abgeschlossen.

6.2.2 Designphase

In der Designphase werden alle logischen Elemente spezifiziert, die für das Szenario gebraucht werden. Wichtig ist, dass alle Designobjekte unabhängig von einer rein technischen Konfiguration sind und deshalb gut wiederverwendet werden können. Die Phase Design umfasst die Erstellung von Service-Interfaces, Daten- und Message-Typen, Mappings und die Implementierung des Integrationsprozesses. Alle Schritte dieser Phase werden im Enterprise Services Repository des PI-Systems vorgenommen.

Von der importierten RFC-Schnittstelle zum Integrationsprozess

Zu Beginn der Designphase muss der Funktionsbaustein aus dem System A in das Enterprise Services Repository des PI-Systems importiert werden. Alle Schnittstelleninformationen werden von System A gehalten und nicht von PI-System. Daher wird dieser Ansatz als Inside-Out bezeichnet. Die RFC-Schnittstelle enthält die für den Integrationsprozess benötigten Daten und kann für das abstrakte Prozess-Eingangsinterface verwendet werden.

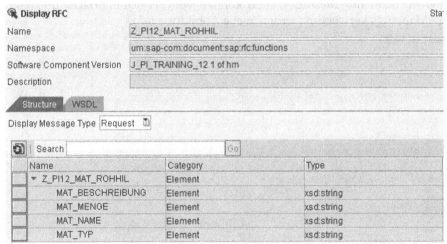

Abbildung 6-5: Importierte RFC-Schnittstelle aus System A

Als nächster Schritt muss ein neuer Datentyp erstellt werden, der die Daten aus der RFC-Schnittstelle aufnehmen kann und an die später definierten Inbound-Interfaces übergeben wird (siehe Abbildung 6-6).

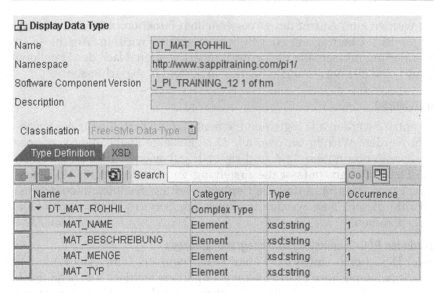

Abbildung 6-6: Datentyp zur Weitergabe eines Materials

Der Datentyp *DT_MAT_ROHHIL* wird von dem Message-Typ *MT_MAT_ROHHIL* umschlossen, denn nur Message Typen können von Service-Interfaces und von Message-Mappings verwendet werden (siehe Abbildung 6-7).

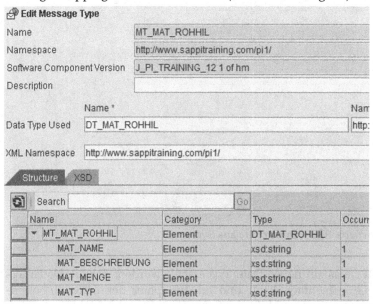

Abbildung 6-7: Message-Typ zur Weitergabe eines Materials an die Endsysteme

Das Service-Interface *SI_RFC_MAT_ROHHIL_12_Async_Abstract* ist die Schnittstelle zwischen dem importierten RFC-Baustein *Z_PI12_MAT_ROHHIL* und dem Integrationsprozess, der in diesem Abschnitt erstellt wird (siehe Abbildung 6-8). Es handelt sich um ein abstraktes Interface, da nur diese von Integrationsprozessen verwendet werden können. Abstrakte Interfaces haben die Besonderheit, richtungslos zu sein. D.h. sie sind weder eine reine Inbound- noch eine Outbound-Schnittstelle. Des Weiteren ist zu erwähnen, dass es sich um ein asynchrones Interface handelt; es erwartet daher keine Response Message. Das Interface dient im Integrationsprozess als Eingangsschnittstelle. Mit der Erstellung dieser Komponente sind alle Designschritte von System A zum Integrationsprozess abgeschlossen. Nun müssen alle logischen Elemente erstellt werden, die als Schnittstelle vom Prozess zu den Systemen B und C dienen.

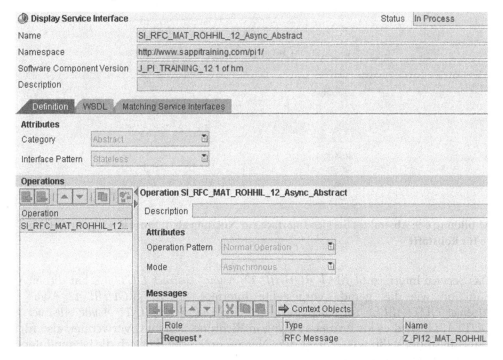

Abbildung 6-8: Abstraktes Service-Interface zur Nutzung als Prozess-Eingangsinterface

Vom Integrationsprozess zu den Ausgangssystemen B und C

Das Service-Interface *SI_MAT_ROHHIL_12_Async_Abstract_OUTTABLE* (siehe Abbildung 6-9) ist das Ausgangsinterface des Prozesses in Richtung System B (wobei hierfür auch noch ein Inbound Interface benötigt wird). Da auch dieses Interface direkt im Prozess verwendet wird, wird die Kategorie „Abstract" gewählt. Über dieses Interface werden alle Materialien vom Typ *Rohstoff* weitergegeben. Es enthält im Vergleich zum Prozess-Eingangsinterface nicht mehr den RFC-Baustein *Z_PI12_MAT_ROHHIL*, sondern den vorher definierten Message-Typ *MT_MAT_-ROHHIL* als Request Message.

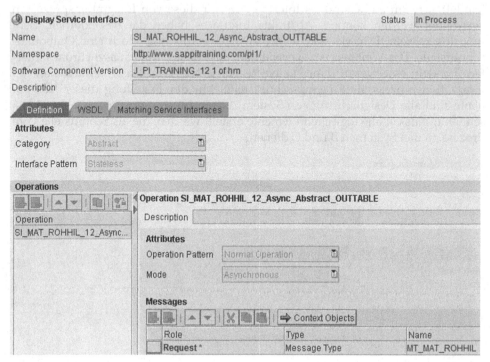

Abbildung 6-9: Abstraktes Service-Interface zur Nutzung als 1. Prozess Ausgangsinterface für Rohstoffe

Das Service-Interface *SI_MAT_ROHHIL_12_Async_Abstract_OUTFILE* hat dieselbe Funktion wie das gerade vorgestellte Interface *SI_MAT_ROHHIL_12_Async_-Abstract_OUTTABLE*. Im Gegensatz zu *SI_MAT_ROHHIL_12_Async_Abstract_-OUTTABLE* wird es als Prozessausgang in Richtung System C verwendet, also für alle Hilfsstoffbestellungen. Außer dem Namen unterscheiden sich die beiden Interfaces nicht, deshalb wird keine eigene Abbildung verwendet.

Im Anschluss an die abstrakten Interfaces werden die Inbound Interfaces als direkte Empfänger-Schnittstelle zu den Systemen B und C implementiert. Sie können aufgrund der Kategorie „Inbound" nicht im Prozess verwendet werden. Da alle Ausgangs-Interfaces (abstrakt oder Inbound) den gleichen Message-Typen *MT_-MAT_ROHIL* verwenden, wird zwischen ihnen kein Operation-Mapping benötigt.

Die Schnittstelle *SI_Async_In_MAT_ROHHIL_to_Table* wird für System B verwendet (siehe Abbildung 6-10). Mit Hilfe dieses Service-Interfaces kann in System B ein

ABAP-Proxy generiert werden. Bei jeder Verwendung der Schnittstelle wird in System B die Methode „Execute Asynchronous" der Schnittstelle ausgeführt. Die Methode kann im ABAP-Workbench ausprogrammiert werden.

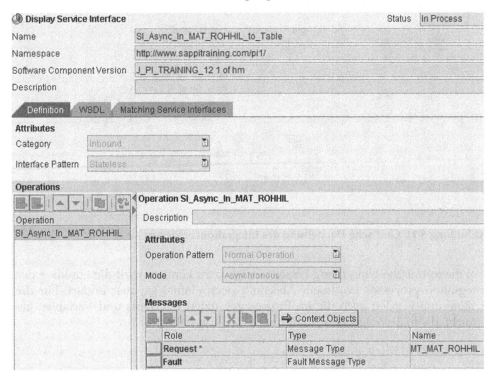

Abbildung 6-10: Inbound-Interface für System B (Datenbanktabelle für Rohstoffe)

Das zweite Inbound-Interface *SI_Async_In_MAT_ROHHIL_to_File* ist die Empfänger-Schnittstelle zu System C. Über dieses Service-Interface werden alle Hilfsstoff-dateien übertragen. Es nutzt – wie auch alle anderen Ausgangsinterfaces – den Message-Typ *MT_MAT_ROHHIL*. Da es sich bis auf den Namen nicht von dem Interface *SI_Async_In_MAT_ROHHIL_to_Table* unterscheidet, wird auch hier keine eigene Abbildung verwendet. Nach dem Speichern dieses Service-Interfaces sind alle Designelemente vom Prozess zu den beiden Ausgangssystemen B und C definiert. Der eigentliche Integrationsprozess wird im folgenden Abschnitt implementiert.

Der Integrationsprozess
Wie man in Abbildung 6-11 erkennen kann, teilt sich der Integrationsprozess in zwei unterschiedliche Pfade. Der obere Pfad dient zur Übermittlung aller Materialien vom Typ „Rohstoff" zu dem System B, um sie anschließend in einer SAP®-

Datenbanktabelle zu speichern. Der zweite Pfad sendet die Hilfsstoff-Dateien an System C. Die Pfade werden im Folgenden als Pfad 1 (Rohstoff) und Pfad 2 (Hilfsstoff) bezeichnet. Eine deutlich ausführlichere Darstellung des Integrationsprozesses finden Sie in Abbildung 6-41 des Abschnitts 6.4.

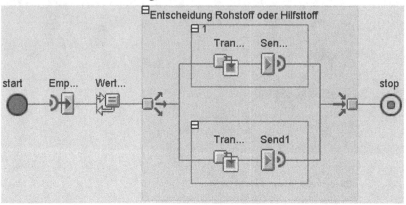

Abbildung 6-11: Grafische Darstellung des Integrationsprozesses

Um die technische Umsetzung besser verstehen zu können, wird die Funktion des Integrationsprozesses in diesem Abschnitt noch einmal genauer erklärt. Für die Erläuterung werden auch die im Prozess genutzten Interfaces und Variablen gebraucht, die in der folgenden Abbildung 6-12 dargestellt sind.

Display Integration Process					Status	In Process
Name	J_IP_MAT_ROHHIL_SPLIT					
Namespace	http://www.sappitraining.com/pi1/					
Software Component Version	J_PI_TRAINING_12 1 of hm					
Description						

Container

Name	Category	Type	Multiline	Description	Scope
MATERIAL	Abstract Interface	SI_RFC_MAT_ROHHIL_12_Async_Abstract	☐	MATERIAL	Process
MATERIAL_OU...	Abstract Interface	SI_MAT_ROHHIL_12_Async_Abstract_OUTFILE	☐	MATERIAL VOM TYP HILFSSTOFF	Process
MATERIAL_OU...	Abstract Interface	SI_MAT_ROHHIL_12_Async_Abstract_OUTTABLE	☐	MATERIAL VOM TYP ROHSTOFF	Process
rohoderhil	Simple Type	xsd:string	☐	Roh oder Hilfsstoff	Process

Abbildung 6-12: Im Prozess genutzte Container (simple Variablen und Service-Interfaces)

Beim Start des Integrationsprozesses wird ein Material empfangen, das aus System A per RFC-Aufruf übertragen wurde. Die Daten stammen aus dem abstrakten Service-Interface aus Abbildung 6-8 (bzw. aus dem RFC-Baustein, der im abstrakten Interface verwendet wird). In die Variable *rohoderhil* wird daraufhin der Typ des Materials aus dem Feld *MAT_TYP* des RFC-Funktionsbausteins *Z_P12_MAT_-ROHHIL* gespeichert. *rohoderhil* wird für die Entscheidungsfindung im darauf folgenden „Switch-Step" benötigt. Handelt es sich bei dem gesendeten Material um einen Rohstoff, wird Pfad 1 gewählt, bei Hilfsstoffen dementsprechend Pfad 2. In jedem der beiden Pfade muss anschließend eine Transformation vorgenommen werden. Diese Transformationen dienen dazu, den RFC-Baustein in den Message-Typ *MT_MAT_ROHHIL* umzuwandeln, der für die Ausgangsschnittstellen benötigt wird.

Damit die Transformation reibungslos funktioniert, wurde ein Message-Mapping *MM_Z_RFC_MATROHHIL_12_to_MT_MAT_ROHHIL erstellt*, das indirekt für beide Transformationen (innerhalb der beiden Pfade) benutzt wird. Es wird in der folgenden Abbildung 6-13 dargestellt.

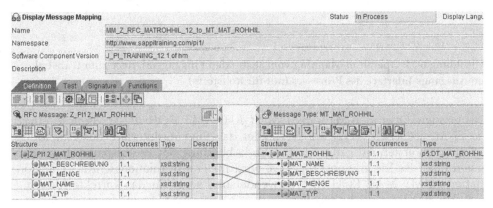

Abbildung 6-13: Message-Mapping RFC-Daten zu Message-Typ MAT_ROHHIL

Mithilfe der Auswahlbox „Dependencies" können alle Mappings zwischen den einzelnen Variablen als Linien dargestellt werden. Diese Darstellung erleichtert es, vergessene oder fehlerhafte Verbindungen zu entdecken. Im Reiter „Test" kann auch die Übertragung von Beispieldaten zum Message-Typ überprüft werden. Besonders bei komplexen Mappings sollte dieser Testschritt nicht übersprungen werden, um eine später komplizierte Fehlerfindung zu vermeiden.

Das gezeigte Message-Mapping wird in den folgenden zwei Operation-Mappings (siehe Abbildung 6-14 und Abbildung 6-15) verwendet, die jeweils das abstrakte Eingangsinterface mit einem der beiden abstrakten Ausgangsinterfaces verbinden.

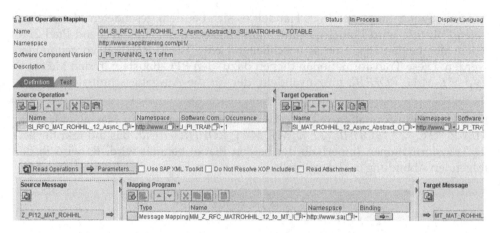

Abbildung 6-14: Operation-Mapping vom abstrakten Eingangsinterface zum 1. abstrakten Ausgangs-Interface des Prozesses (nur für Rohstoffe)

Das gezeigte Operation-Mapping *OM_SI_RFC_MAT_ROHHIL_12_Async_Abstract_to_SI_MATROHHIL_TOTABLE* verbindet das Eingangsinterface aus Abbildung 6-8 mit dem ersten Ausgangsinterface aus Abbildung 6-9. Es umspannt damit den ersten Pfad des Integrationsprozesses, wird im Transformationsschritt „Transformation zu MT_MAT_ROHHIL" verwendet und sorgt für das korrekte Mapping zwischen den beiden Schnittstellen.

Hinweis: Message-Mappings verbinden zwei Message-Typen miteinander und dienen zur korrekten Übertragung oder Umwandlung der Daten. Operation-Mappings arbeiten auf einer höheren Ebene. Sie verwenden ein Message-Mapping, um zwei Service-Interfaces miteinander zu verbinden, die die aus den Message-Mapping bekannten Message-Typen verwenden.

Wie auch das eben vorgestellte Operation-Mapping wird *OM_SI_RFC_MAT_ROHHIL_12_Async_Abstract_to_SI_MATROHHIL_TOFILE* (siehe Abbildung 6-15) in einem Transformationsschritt im Prozess verwendet. Es führt das Mapping zwischen dem Eingangsinterface und dem zweiten Ausgangsinterface durch.

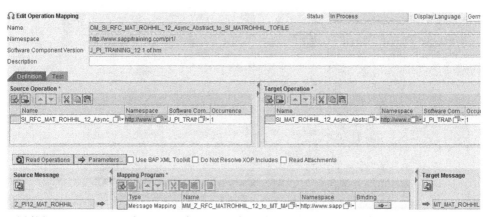

Abbildung 6-15: Operation-Mapping vom abstrakten Eingangsinterface zum 2. abstrakten Ausgangs-Interface des Prozesses (nur für Hilfsstoffe)

Nach der Transformation innerhalb des Integrationsprozesses werden die Materialien an das jeweilige Ausgangssystem gesendet. Die Übertragung der Daten an die Ausgangssysteme erfolgt in zwei Schritten:

1. Über das entsprechende abstrakte Service-Interface aus dem Integrationsprozess hinaus
2. Über ein Inbound-Interface in das jeweilige Zielsystem hinein

Alle logischen Designschritte sind nach der Fertigstellung des Integrationsprozesses abgeschlossen. Nun müssen noch alle erstellten Designelemente aktiviert werden, damit sie später verwendet werden können. Alle folgenden Konfigurationsschritte werden im Integration Builder des PI-Systems vorgenommen.

6.2.3 Konfigurationsphase

Für die Konfiguration des Szenarios sind zahlreiche Konfigurationselemente zu erstellen (siehe Abbildung 6-16). Aufgrund der drei Schnittstellen zu Fremdsystemen wird auch die Konfiguration in folgende Bereiche gegliedert:

– Konfiguration von System A zum Integrationsprozess
– Konfiguration vom Integrationsprozess zum Zielsystem B (zu Tabelle)
– Konfiguration vom Integrationsprozess zum Zielsystem C (zu Datei)

```
▼ 🗁 SAP_PI_TRAINING_ViewegTeubner
   ▼ 🗁 J_PI_MAT_ROHHIL3_ZUMPROZESS
      🐾 | J_IP_MAT_ROHHIL_SPLIT3
      🐾 |                          | J_RFC_SenderChannel_MAT_ROHHIL3
      🗟 |                          | Z_PI12_MAT_ROHHIL
      🔒 |                          | Z_PI12_MAT_ROHHIL | | J_IP_MAT_ROHHIL_SPLIT3
      🗐 |                          | Z_PI12_MAT_ROHHIL | |
      🖾 J_PI_MAT_ROHHIL3
   ▼ 🗁 J_PI_MAT_ROHHIL3_ZUTABELLE
      🐾 * |                         | J_PI_ReceiverChannel_MAT_ROHHIL_TABELLE
      🗟 | J_IP_MAT_ROHHIL_SPLIT3 | SI_MAT_ROHHIL_12_Async_Abstract_OUTTABLE
      🔒 | J_IP_MAT_ROHHIL_SPLIT3 | SI_MAT_ROHHIL_12_Async_Abstract_OUTTABLE | |
      🗐 | J_IP_MAT_ROHHIL_SPLIT3 | |              | SI_Async_In_MAT_ROHHIL
      🖾 J_PI_MAT_ROHHIL3_ZUTABELLE
   ▼ 🗁 J_PI_MAT_ROHIL3_ZUDATEI
      🐾 |                         | J_File_ReceiverChannel_MAT_ROHHIL_12
      🗟 | J_IP_MAT_ROHHIL_SPLIT3 | SI_MAT_ROHHIL_12_Async_Abstract_OUTFILE
      🔒 | J_IP_MAT_ROHHIL_SPLIT3 | SI_MAT_ROHHIL_12_Async_Abstract_OUTFILE | |
      🗐 | J_IP_MAT_ROHHIL_SPLIT3 | |              | | SI_Async_In_MAT_ROHHIL_to_File
      🖾 J_PI_MAT_ROHHIL3_ZUDATEI
```

Abbildung 6-16: Übersicht aller Konfigurationselemente

Es muss beachtet werden, dass der im Enterprise Services Repository erstellte Integrationsprozess erst nach einem Import im Integration Builder verwendet werden kann. In diesem Beispiel wird der Prozess unter dem Namen *J_IP_MAT_ROHHIL_SPLIT3* im Integration Builder bekannt gemacht. Aus urheberrechtlichen Gründen werden die Systemnamen auf den Abbildungen ausgeblendet. In den Feldern „Communication Component" muss, je nach Abschnitt, das jeweilige Ein- oder Ausgangssystem (System A, System B oder System C) eingetragen werden.

Von System A zum Integrationsprozess

Type	Object	
🗐 Business System		
🐾 Communication Channel			J_RFC_SenderChannel_MAT_ROHHIL3
🗟 Receiver Determination			Z_PI12_MAT_ROHHIL
🔒 Interface Determination			Z_PI12_MAT_ROHHIL		J_IP_MAT_ROHHIL_SPLIT3
🗐 Sender Agreement			Z_PI12_MAT_ROHHIL		

Abbildung 6-17: Zusammenfassung des Konfigurationsszenarios "RFC zum Integrationsprozess"

Zur Konfiguration des ersten Kommunikationswegs wurde, wie auch für die folgenden Wege, ein eigenes Konfigurationsszenario angelegt, das in Abbildung 6-17 dargestellt ist. Dieses Vorgehen wird dringend empfohlen, denn ein Szenario erhöht zum einen die Übersicht über alle Kommunikationskomponenten und stellt zum anderen Funktionen bereit, die es erleichtern, fehlende Komponenten teilweise automatisch anzulegen. Für jeden Kommunikationsweg wird ein Kommunikationskanal benötigt. Der erste Kanal wird in folgender Abbildung 6-18 gezeigt.

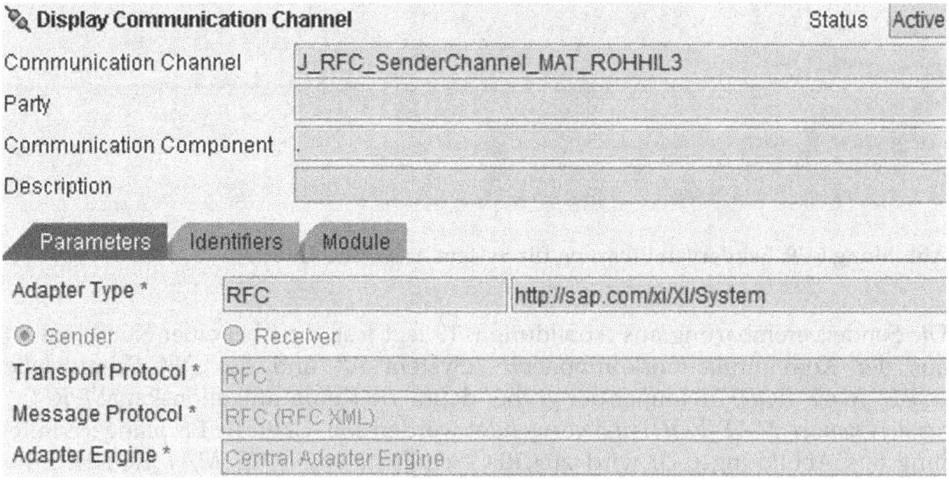

Abbildung 6-18: RFC Kommunikationskanal von System A zum Prozess

Der Kommunikationskanal definiert alle technischen Parameter, die zur Kommunikation zwischen zwei Systemen notwendig sind. Dazu zählen die Art der Kommunikation, alle Parameter für diese Art von Kommunikation und die nötigen Login-Daten für das sendende oder empfangende System. In diesem Fall handelt es sich um eine RFC-Übertragung zwischen System A und dem PI-System, in dessen Business Process Engine der Integrationsprozess ablaufen wird.

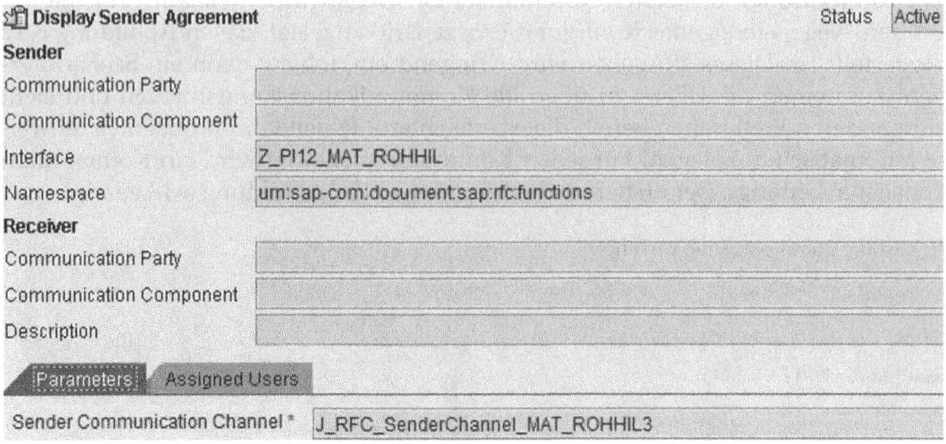

🗐 Display Sender Agreement		Status	Active
Sender			
Communication Party			
Communication Component			
Interface	Z_PI12_MAT_ROHHIL		
Namespace	urn:sap-com:document:sap:rfc:functions		
Receiver			
Communication Party			
Communication Component			
Description			

Parameters	Assigned Users
Sender Communication Channel *	J_RFC_SenderChannel_MAT_ROHHIL3

Abbildung 6-19: Sendervereinbarung für System A via RFC Interface

Die Sendervereinbarung aus Abbildung 6-19 legt fest, dass bei einer Kombination aus der Kommunikationskomponente „System A" und der RFC-Schnittstelle Z_PI12_MAT_ROHHIL immer der vorher definierte Kommunikationskanal J_RFC_ SenderChannel_MAT_ROHHIL3 verwendet werden soll. Über die Empfängerermittlung aus Abbildung 6-20 wird zur RFC-Schnittstelle Z_PI12_MAT_ROHHIL die Kommunikationskomponente J_IP_MAT_ROHHIL_SPLIT3 ermittelt.

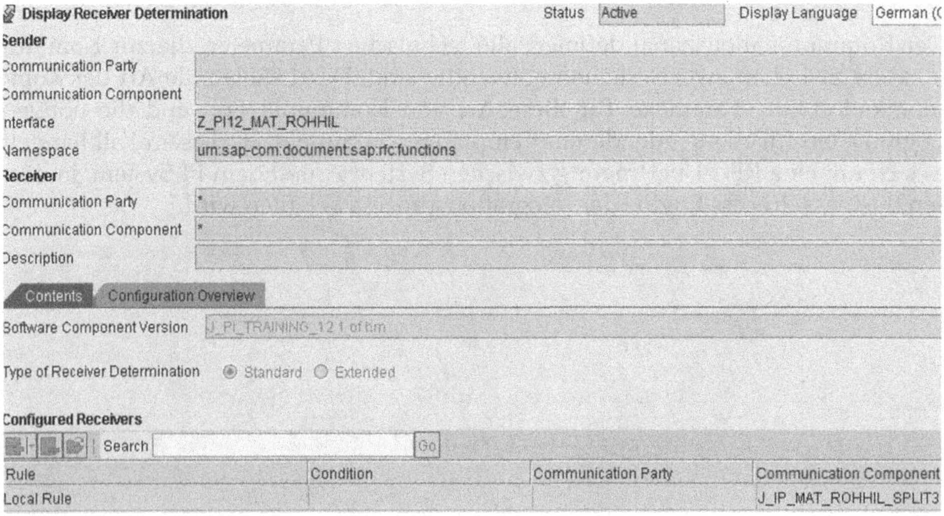

🗐 Display Receiver Determination		Status	Active	Display Language	German ((C
Sender					
Communication Party					
Communication Component					
Interface	Z_PI12_MAT_ROHHIL				
Namespace	urn:sap-com:document:sap:rfc:functions				
Receiver					
Communication Party	*				
Communication Component	*				
Description					

Contents	Configuration Overview
Software Component Version	J_PI_TRAINING_12.1 of tim

Type of Receiver Determination ⦿ Standard ○ Extended

Configured Receivers

Search [_____] Go

Rule	Condition	Communication Party	Communication Component
Local Rule			J_IP_MAT_ROHHIL_SPLIT3

Abbildung 6-20: Empfängerermittlung für den Integrationsprozess

Bei der Kombination von Kommunikationskomponente (System A) und Interface *Z_PI12_MAT_ROHHIL* (siehe Abbildung 6-21), wird der Integrationsprozess *J_IP_- MAT_ROHHIL_SPLIT3* als Empfänger verwendet, der über das abstrakte Service-Interface *SI_RFC_MAT_ROHHIL_12_Async_Abstract* angesprochen wird.

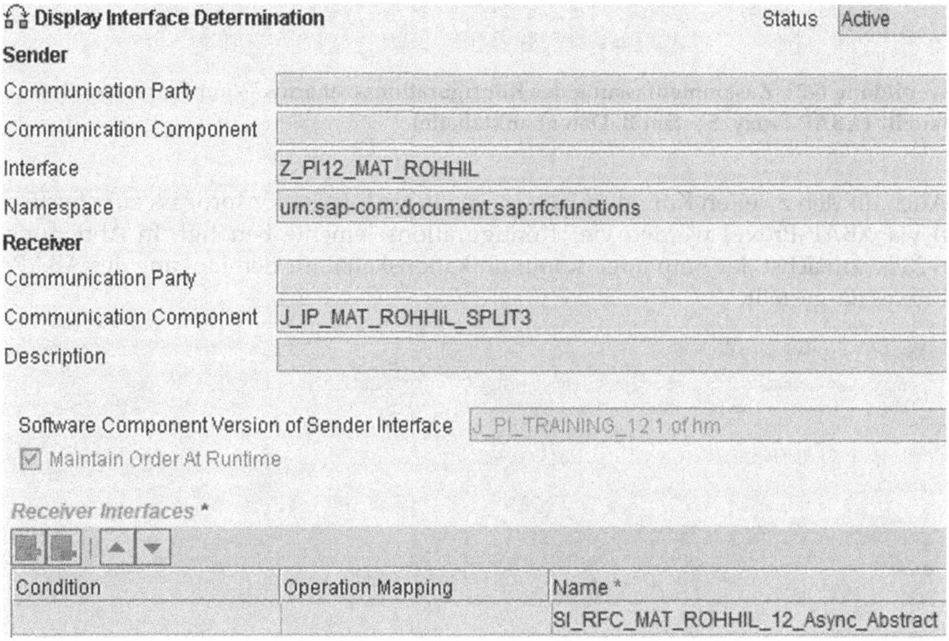

🔒 Display Interface Determination		Status	Active
Sender			
Communication Party			
Communication Component			
Interface	Z_PI12_MAT_ROHHIL		
Namespace	urn:sap-com:document:sap:rfc:functions		
Receiver			
Communication Party			
Communication Component	J_IP_MAT_ROHHIL_SPLIT3		
Description			

Software Component Version of Sender Interface J_PI_TRAINING_12.1 of hm
☑ Maintain Order At Runtime

Receiver Interfaces *

Condition	Operation Mapping	Name *
		SI_RFC_MAT_ROHHIL_12_Async_Abstract

Abbildung 6-21: Interface-Ermittlung für das abstrakte Eingangsinterface des Integrationsprozesses

Diese Daten werden in den entsprechenden Empfänger- und Interface-Ermittlungen festgehalten, die in Abbildung 6-20 bzw. in Abbildung 6-21 dargestellt sind. Alle Konfigurationsschritte von System A zum Integrationsprozess sind nach dem Speichern dieser Konfigurationselemente abgeschlossen. Anschließend werden die beiden Ausgangs-Kommunikationswege konfiguriert.

Vom Integrationsprozess zu System B (DB-Tabelle & ABAP-Proxy)
In Abbildung 6-22 werden zunächst die zu erzeugenden Konfigurationselemente des Konfigurationsszenarios *Vom Integrationsprozess zu System B* (ABAP-Proxy, System B, Datenbanktabelle) dargestellt.

Type	Object
Communication Channel	* | | J_PI_ReceiverChannel_MAT_ROHHIL_TABELLE
Receiver Determination	| J_IP_MAT_ROHHIL_SPLIT3 | SI_MAT_ROHHIL_12_Async_Abstract_OUTTABLE
Receiver Determination	| J_IP_MAT_ROHHIL_SPLIT3 | SI_RFC_MAT_ROHHIL_12_Async_Abstract
Interface Determination	| J_IP_MAT_ROHHIL_SPLIT3 | SI_MAT_ROHHIL_12_Async_Abstract_OUTTABLE | |
Interface Determination	| J_IP_MAT_ROHHIL_SPLIT3 | SI_RFC_MAT_ROHHIL_12_Async_Abstract | |
Receiver Agreement	| J_IP_MAT_ROHHIL_SPLIT3 | | | SI_Async_In_MAT_ROHHIL

Abbildung 6-22: Zusammenfassung des Konfigurationsszenarios "Vom Prozess zu System B" (ABAP-Proxy, System B, Datenbanktabelle)

Auch für den zweiten Kommunikationsweg (vom Integrationsprozess zum System B via ABAP-Proxy) werden vier Konfigurationselemente benötigt. In Abbildung 6-23 ist zunächst der Empfängerkommunikationskanal für den Eingang des ABAP-Proxys dargestellt.

Display Communication Channel		Status	Active		Display
Communication Channel	J_PI_ReceiverChannel_MAT_ROHHIL_TABELLE				
Party	*				
Communication Component					
Description					

Parameters	Identifiers	Module

Adapter Type *	XI	http://sap.com/xi/XI/System	SAP BASIS 7.10
Sender	Receiver		
Transport Protocol *	HTTP 1.0		
Message Protocol *	XI 3.0		
Adapter Engine *	Integration Server		
Addressing Type *	URL Address		
Target Host *			
Service Number *	8078		
Path Prefix *	/sap/xi/engine/?type=entry		

Abbildung 6-23: Empfängerkommunikationskanal für ABAP-Proxy

Der dafür notwendige Kommunikationskanal ist vom Typ XI. Dies hat zur Folge, dass für die Kommunikation zwischen den beiden SAP®-Systemen keine Adapter Engine verwendet wird. Diese Kommunikation wird über einen ABAP-Proxy abgewickelt, mit dessen EXECUTE-Methode alle Daten in eine SAP®-Datenbanktabelle geschrieben werden. Diese Kommunikationsform wird häufig verwendet, wenn als Partner ein SAP®-System zur Verfügung steht, für Fremdsysteme kann sie nicht genutzt werden.

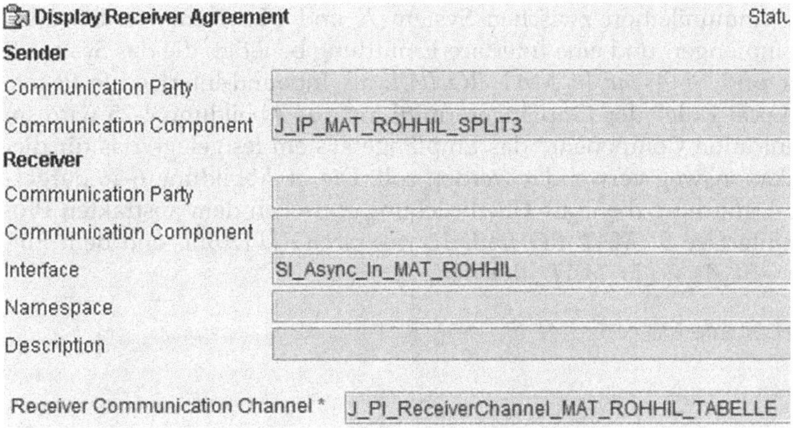

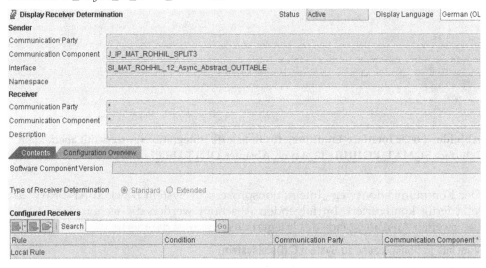

Abbildung 6-24: Empfängervereinbarung für System B

Mithilfe einer Empfängervereinbarung wird festgehalten, dass für den Kommuni-
kationsweg „Integrationsprozess (*J_IP_MAT_ROHHIL_SPLIT3*) zu System B via
ABAP-Proxy" immer der Kommunikationskanal *J_PI_ReceiverChannel_MAT_ROH-
HIL_TABELLE* verwendet wird. Die Kommunikation verläuft über das Inbound
Interface *SI_Async_In_MAT_ROHHIL*.

**Abbildung 6-25: Empfängerermittlung für Rohstoffe (Integrationsprozess mit abstraktem
Interface SI_MAT_ROHHIL_12_Async_Abstract_OUTTABLE)**

Wie bei der Kommunikation zwischen System A und PI-System werden auch diesmal eine Empfänger- und eine Interface-Ermittlung benötigt, die das System B als Empfänger und *SI_Async_In_MAT_ROHHIL* als Inbound-Interface festlegen. Mithilfe der „Local Rule" der Empfängerermittlung aus Abbildung 6-25 wird im Feld „Communication Component" das Empfängersystem festgelegt, das für diesen Kommunikationsweg verwendet werden soll. Die in Abbildung 6-26 dargestellte Interface-Ermittlung dient als Überbrückung zwischen dem abstrakten Prozess-Ausgangsinterface *SI_MAT_ROHHIL_12_Abstract_OUTTABLE* und dem Empfängerinterface *SI_Async_In_MAT_ ROHHIL*.

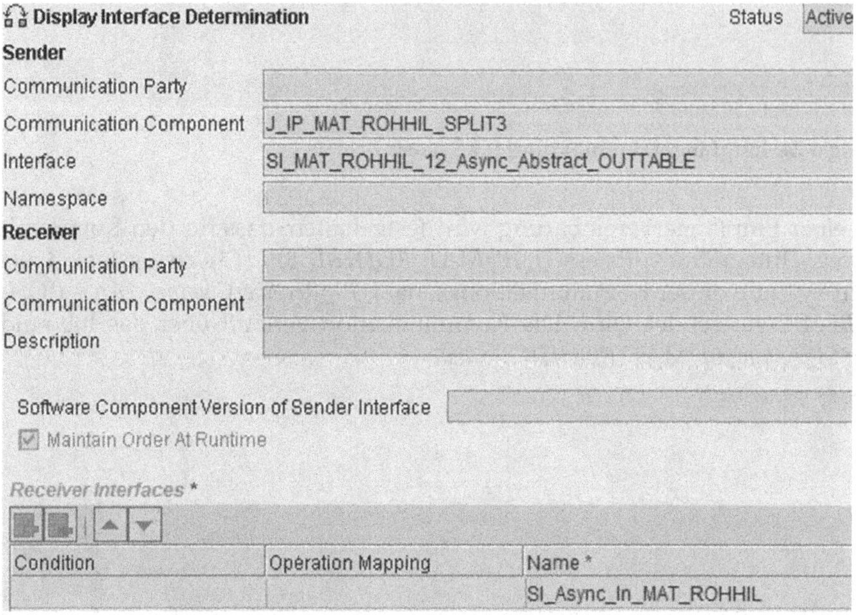

Display Interface Determination	Status: Active

Sender

Communication Party

Communication Component: J_IP_MAT_ROHHIL_SPLIT3

Interface: SI_MAT_ROHHIL_12_Async_Abstract_OUTTABLE

Namespace

Receiver

Communication Party

Communication Component

Description

Software Component Version of Sender Interface

☑ Maintain Order At Runtime

Receiver Interfaces *

Condition	Operation Mapping	Name *
		SI_Async_In_MAT_ROHHIL

Abbildung 6-26: Interface-Ermittlung für Rohstoffe (Integrationsprozess mit abstraktem Interface SI_MAT_ROHHIL_12_Async_Abstract_OUTTABLE)

Der Kommunikationsweg „Integrationsprozess zu System B via ABAP-Proxy" ist jetzt fertig konfiguriert. Im folgenden Abschnitt werden die technischen Details des zweiten Ausgangspfads des Integrationsprozesses definiert.

Vom Integrationsprozess zu System C (Dateisystem)
Das letzte Konfigurationsszenario wird für den Kommunikationsweg „Integrationsprozess zu System C via File-Adapter" angelegt. Es umfasst die gleichen Konfigurationselemente wie der letzte beschriebene Kommunikationsweg.

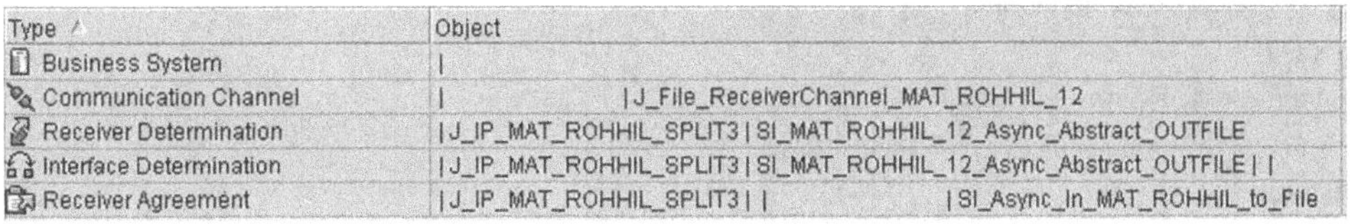

Type /	Object		
Business System	I		
Communication Channel	I		J_File_ReceiverChannel_MAT_ROHHIL_12
Receiver Determination	I J_IP_MAT_ROHHIL_SPLIT3 I SI_MAT_ROHHIL_12_Async_Abstract_OUTFILE		
Interface Determination	I J_IP_MAT_ROHHIL_SPLIT3 I SI_MAT_ROHHIL_12_Async_Abstract_OUTFILE I I		
Receiver Agreement	I J_IP_MAT_ROHHIL_SPLIT3 I I		I SI_Async_In_MAT_ROHHIL_to_File

Abbildung 6-27: Zusammenfassung des Konfigurationsszenarios "Vom Prozess zu System C (Filesystem)"

Für die Übermittlung der Dateien wird ein Empfängerkommunikationskanal vom Typ „File" verwendet (siehe Abbildung 6-28). Dieser legt fest, in welchem Ordner die Dateien abgelegt und wie sie benannt werden. In diesem Beispiel werden alle Hilfsstoff-Bestelldateien im Verzeichnis „/DIR_TEMP/J/viewegteubner/sappitraining" mit dem Namen „12_pi_output_hilfsstoffe.dat" abgelegt. Die Empfängervereinbarung für System B aus Abbildung 6-29 nutzt diesen Kommunikationskanal.

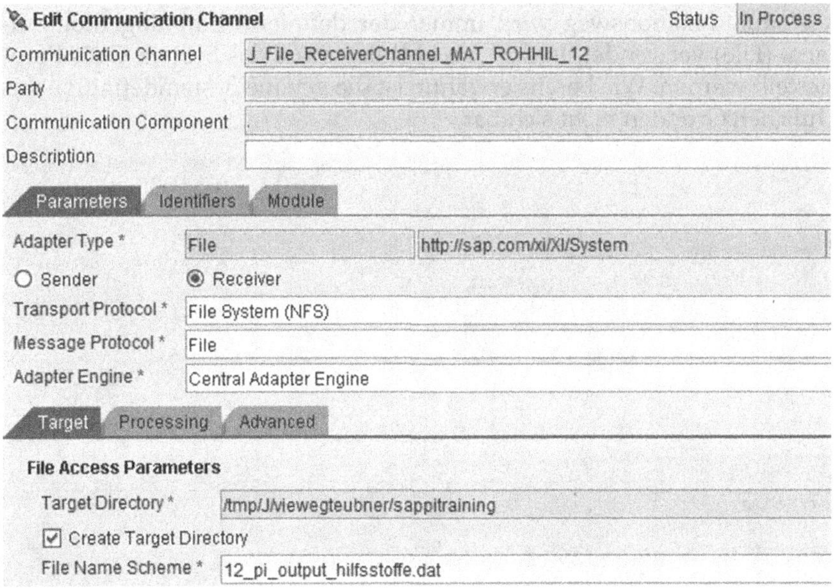

Edit Communication Channel		Status	In Process
Communication Channel	J_File_ReceiverChannel_MAT_ROHHIL_12		
Party			
Communication Component			
Description			

Parameters | Identifiers | Module

Adapter Type *	File	http://sap.com/xi/XI/System
O Sender	◉ Receiver	
Transport Protocol *	File System (NFS)	
Message Protocol *	File	
Adapter Engine *	Central Adapter Engine	

Target | Processing | Advanced

File Access Parameters

Target Directory *	/tmp/J/viewegteubner/sappitraining
☑ Create Target Directory	
File Name Scheme *	12_pi_output_hilfsstoffe.dat

Abbildung 6-28: Empfängerkommunikationskanal für Hilfsstoffe (System C)

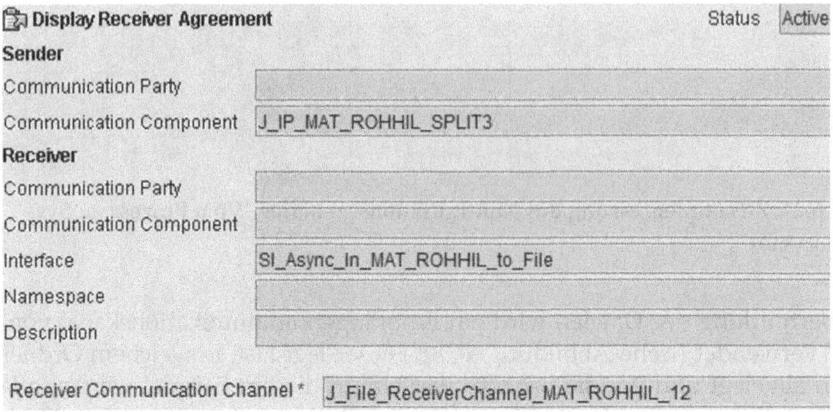

Abbildung 6-29: Empfängervereinbarung für System B

Für den 3. Kommunikationsweg wird immer der definierte Empfängerkommu-nikationskanal (File) verwendet. In der „Local Rule" muss das System C als Emp-fänger eingestellt werden. Wie bereits erwähnt, ist die genaue Systemdefinition aus urheberrechtlichen Gründen nicht sichtbar.

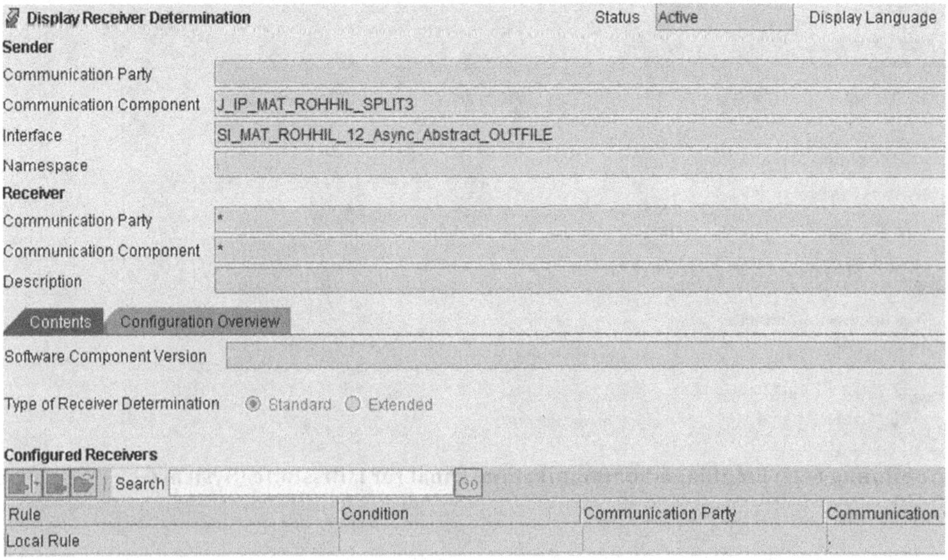

Abbildung 6-30: Empfängerermittlung für Rohstoffe (Integrationsprozess mit abstraktem Interface SI_MAT_ROHHIL_12_Async_Abstract_OUTFILE)

Als Empfänger dient das System C, das über das Interface *SI_Async_In_MAT_-ROHHIL_to_File* angesprochen wird (siehe Abbildung 6-31).

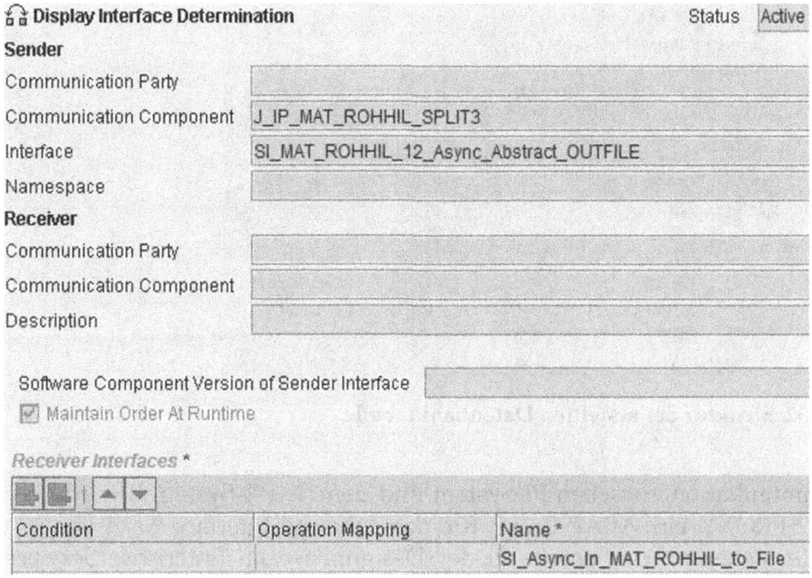

Abbildung 6-31: Interface-Ermittlung für Rohstoffe (Integrationsprozess mit abstraktem Interface SI_MAT_ROHHIL_12_Async_Abstract_OUTFILE)

Nachdem alle Konfigurationskomponenten aktiviert wurden, sind die für das Szenario notwendigen Schritte im PI-System abgeschlossen.

6.2.4 Erstellung der DB-Tabelle und Proxy-Generierung in System B

Zuletzt muss nur noch System B angepasst werden, damit die Rohstoff-Datensätze in einer dafür vorgesehenen Tabelle gespeichert werden. Aus diesem Grund wird im ABAP-Workbench (SE80) des Systems B eine Datenbanktabelle im Bereich Dictionary angelegt. Diese enthält neben den Materialdaten auch Informationen zum aktuellen Benutzer und zum Speicherzeitpunkt. Auch die Tabelle muss aktiviert werden, um sie später verwenden zu können. Im Beispiel heißt die Tabelle *PI_MAT_ROH* und diese ist in Abbildung 6-32 dargestellt.

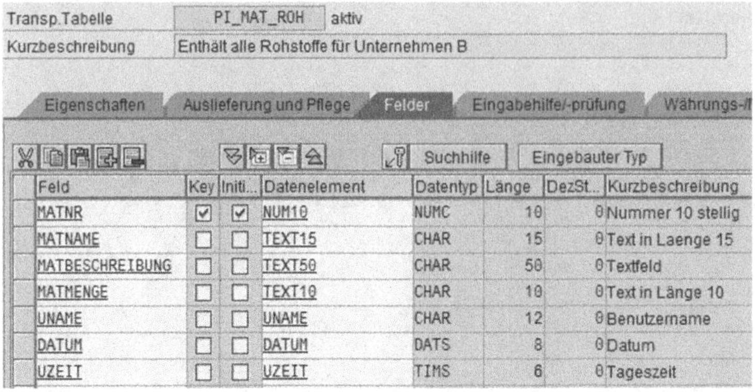

Transp.Tabelle	PI_MAT_ROH	aktiv				
Kurzbeschreibung	Enthält alle Rohstoffe für Unternehmen B					

Eigenschaften | Auslieferung und Pflege | Felder | Eingabehilfe/-prüfung | Währungs-

Feld	Key	Initi...	Datenelement	Datentyp	Länge	DezSt...	Kurzbeschreibung
MATNR	☑	☑	NUM10	NUMC	10	0	Nummer 10 stellig
MATNAME	☐	☐	TEXT15	CHAR	15	0	Text in Laenge 15
MATBESCHREIBUNG	☐	☐	TEXT50	CHAR	50	0	Textfeld
MATMENGE	☐	☐	TEXT10	CHAR	10	0	Text in Länge 10
UNAME	☐	☐	UNAME	CHAR	12	0	Benutzername
DATUM	☐	☐	DATUM	DATS	8	0	Datum
UZEIT	☐	☐	UZEIT	TIMS	6	0	Tageszeit

Abbildung 6-32: Struktur der erstellten Datenbanktabelle

Für die Kommunikation zwischen PI-System und dem SAP®-System B wird über Transaktion SPROXY ein ABAP-Proxy für das Inbound-Interface *SI_Async_in_-MAT_ROHHIL* generiert, das bereits in der Designphase im Enterprise Services Repository erstellt wurde.

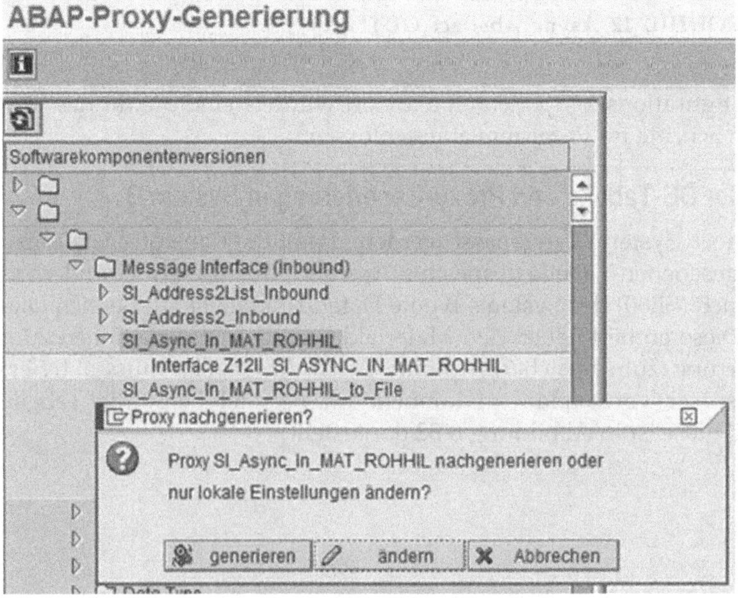

ABAP-Proxy-Generierung

Softwarekomponentenversionen

▷ ☐
▽ ☐
  ▽ ☐
    ▽ ☐ Message Interface (Inbound)
      ▷ SI_Address2List_Inbound
      ▷ SI_Address2_Inbound
      ▽ SI_Async_In_MAT_ROHHIL
          Interface Z12II_SI_ASYNC_IN_MAT_ROHHIL
          SI_Async_In_MAT_ROHHIL_to_File

  ☞ Proxy nachgenerieren?   ☒

   ❓ Proxy SI_Async_In_MAT_ROHHIL nachgenerieren oder
       nur lokale Einstellungen ändern?

▷
▷   [🛠 generieren] [✎ ändern] [✖ Abbrechen]
▷

Abbildung 6-33: Generierung eines ABAP-Proxys, Schritt 1

| Message Interface (inbound) | SI_Async_In_MAT_ROHHIL | aktiv |

Eigenschaften | Generierung | Struktur

Liste aller generierten Proxy-Objekte

Typ	ABAP Name	Kurztext
Interface	Z12II_SI_ASYNC_IN_MAT_ROHHIL	Proxy Interface (generiert)
Struktur	Z12DT_MAT_ROHHIL	Proxy Struktur (generiert)
Struktur	Z12MT_MAT_ROHHIL	Proxy Struktur (generiert)

Abbildung 6-34: Generierung eines ABAP-Proxys, Schritt 2

Bei der Generierung werden ein Interface, sowie ein Datentyp und ein Message-Typ erzeugt, die im ABAP-Workbench (SE80) angezeigt und verwendet werden können. Die Liste aller erzeugten Objekte ist in Abbildung 6-34 gezeigt.

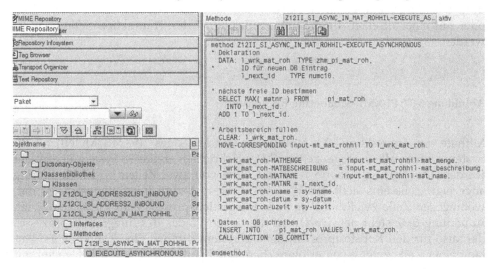

Abbildung 6-35: Methode "Execute Asynchronous" des ABAP-Proxys

Die Methode *EXECUTE_ASYNCHRONOUS* ist eine ABAP-Methode des vorher generierten Proxys. Sie wird bei jeder Kommunikation über das Interface *SI_Async_in_MAT_ROHHIL* aufgerufen und dient dazu, die Daten aus dem Message-Typ *(Z12)MT_MAT_ROHHIL* in die Datenbanktabelle *PI_MAT_ROH* zu schreiben.

Nach der Aktivierung der Datenbanktabelle, des Proxys und der Methode *EXE-CUTE_ASYNCHRONOUS* ist das Integrationsszenario fertig implementiert und kann getestet werden. Wie bereits erwähnt, finden Sie in Abschnitt 6.4 eine grafische Zusammenfassung des Szenarios.

6.2.5 Testen des Szenarios

Zum Abschluss dieses Kapitels soll das umgesetzte Integrationsszenario getestet werden. Für den Rohstoffpfad des Integrationsprozesses soll ein Testlauf durchgeführt werden. Als Materialtyp muss dafür „ROH" eingegeben werden.

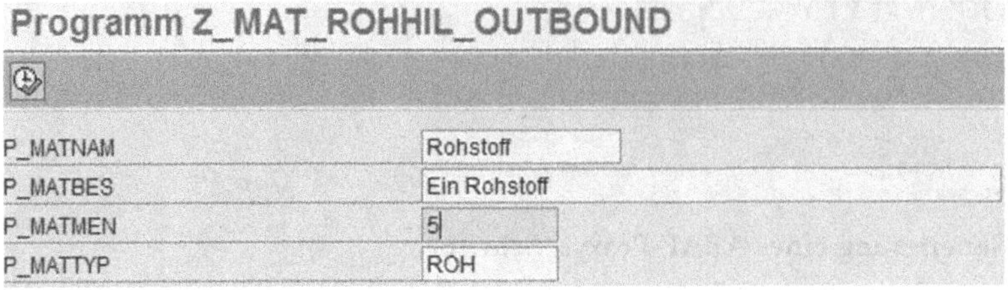

Programm Z_MAT_ROHHIL_OUTBOUND

P_MATNAM	Rohstoff
P_MATBES	Ein Rohstoff
P_MATMEN	5
P_MATTYP	ROH

Abbildung 6-36: Programmausführung für einen Rohstoff

Die Programmausführungen für Rohstoffe und Hilfsstoffe werden, wie in Abbildung 6-36 dargestellt, gestartet. Die Eingabemaske kann über die Transaktion SE38 oder mit einer direkten Programmausführung in der Transaktion SE80 geöffnet werden.

15:18:17	15:18:17		urn:sap-com:document:sap:i Z_PI12_MAT_ROHHIL	J_IP_MAT_ROHHIL_SPLIT3 http://w	SI_RFC_MAT_ROHHIL_12_Async_Abstract
15:18:18	15:18:19	J_IP_MAT_ROHHIL_SPLIT3	SI_MAT_ROHHIL_12_Async_Abstract_OUTTABLE		http://w| SI_Async_In_MAT_ROHHIL

Abbildung 6-37: PI-XML-Monitoring für Rohstoff

Mithilfe der Transaktion „XI: Monitoring von Messages" (SXMB_MONI) im PI-System können alle eingegangenen XML-Nachrichten an das PI-System überwacht werden. Das Beispielszenario wird mit Hilfe von zwei Zeilen im XI-Monitoring angezeigt. Zeile eins stellt den Weg von System A zum Integrationsprozess dar, wohingegen Zeile zwei den Weg vom Integrationsprozess zum Zielsystem zeigt. Abbildung 6-37 stellt den Durchlauf des ersten Pfades des Integrationsprozesses dar, also für den Rohstoffprozess, der zu System B führt. Eine Zielfahne am Anfang einer Zeile zeigt einen erfolgreichen Durchlauf, Fehler werden dagegen mit einem roten Punkt gekennzeichnet.

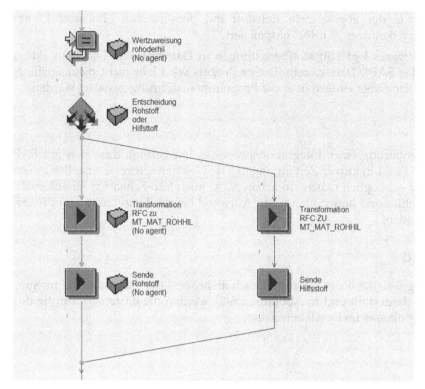

Tabelle: PI_MAT_ROH
Angezeigte Felder: 7 von 7   Feststehende Führungsspalten: 1   Listbreite 0250

MATNR	MATNAME	MATBESCHREIBUNG	MATMENGE	UNAME	DATUM	UZEIT
0000000026	Rohstoff 1	Ein Rohstoff	5	KERN	09.02.2011	15:18:21

Abbildung 6-38: Grafischer Prozessdurchlauf für Rohstoffe

Eine anschauliche Darstellung des durchgeführten Szenarios, die automatisch von der Business Process Engine erstellt wurde, liefert die Transaktion „Process Engine - Monitoring" des PI-Systems (SXMB_MONI_BPE). Per Doppelklick auf einen der in Abbildung 6-38 dargestellten Icons wird gezeigt, was bei dem entsprechenden Prozessschritt ausgeführt wurde. Der Pfeil im Ablaufdiagramm stellt dar, welche Prozessschritte durchlaufen wurden, um zum Ziel des Prozesses zu gelangen.

Data Browser: Tabelle   PI_MAT_ROH   21 Treffer

Abbildung 6-39: Beispielrohstoff liegt in Datenbanktabelle in System B (Unternehmen B)

Mithilfe der Transaktion SE16 im Zielsystem B kann betrachtet werden, ob der gesendete Rohstoff in der SAP®-Datenbanktabelle gespeichert wurde. Im Beispielszenario wurde der abgesendete Rohstoff mit dem Namen „Rohstoff 1" am 09.02.2011 vom Benutzer „KERN" gespeichert.

Der zweite Prozess legt Hilfsstoffbestellungen in Dateiform an. Die Transaktion AL11 zeigt das SAP®-Dateisystem. Dieser Prozess wird hier nicht mehr ausführlich getestet, kann aber einfach über die Programmausführung gestartet werden.

6.3 Fazit

Die Implementierung eines Integrationsprozesses hat gezeigt, dass sich mit SAP NetWeaver® PI 7.1 in kurzer Zeit automatisierte Geschäftsprozesse erstellen lassen. Zusätzlich ist es möglich neben einfachen A2A- auch B2B-Szenarien zu automatisieren, um Fehler und hohen manuellen Aufwand bei der Umsetzung von Prozessen zu vermeiden.

6.4 Anhang

In Abbildung 6-40 wird der gesamte Geschäftsprozess der Fallstudie als Integrationsprozess dargestellt und in Abbildung 6-41 werden die einzelnen Schritte des Integrationsprozesses im Detail betrachtet.

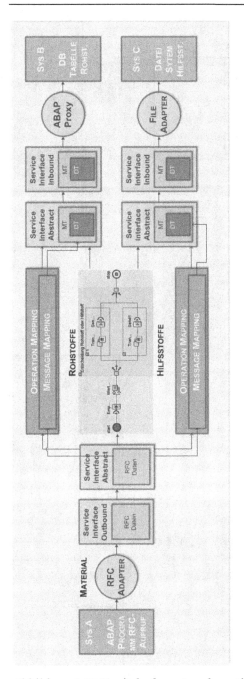

Abbildung 6-40: Kapitelanhang 1 - schematische Darstellung des Geschäftsprozesses

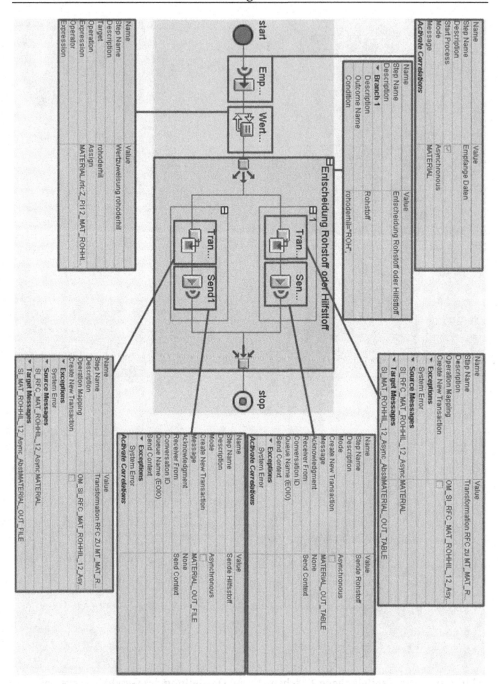

Abbildung 6-41: Kapitelanhang 2 - Schritte im Integrationsprozess

7 Fallstudie *Bestellung über .NET Anbindung*

Autor: Daniel Kailer, Hochschule München

Das nachfolgende Integrationsszenario demonstriert die Kommunikation einer .NET Komponente mit SAP NetWeaver® PI 7.1 (im Weiteren als *PI-System* bezeichnet). Als beispielhafter Integrationsprozess wird dabei eine Bestellung herangezogen, welche aus einer .NET Anwendung (System A) initiiert und per Webservice-Aufruf an das PI-System übertragen wird. Das Zielsystem des Integrationsszenarios ist ein SAP® ERP-System (System B), welches die Bestellung verarbeitet. Die beteiligten Systeme des Integrationsszenarios sind in Abbildung 7-1 dargestellt.

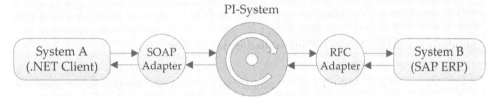

Abbildung 7-1: Integrationsszenario des Bestellprozesses

Bevor die Details des Integrationsszenarios näher beschrieben werden, wird im nachfolgenden Abschnitt zunächst aufgezeigt, welches Potenzial diese Form der Integration für einen Bestellprozess bietet.

7.1 Motivation

Die Integration von zwei oder mehreren Informationssystemen bietet viele Möglichkeiten zur Prozessverbesserung und -automatisierung, vor allem dann, wenn es sich um eine vollautomatische Integration der beteiligten Systeme handelt. Mit vollautomatischer Integration ist eine Maschine-zu-Maschine-Kommunikation gemeint, in der die Interaktion der einzelnen Informationssysteme ohne einen menschlichen Auslöser stattfindet (Nicolescu 2009). Vor allem maschinenlesbare Formate wie XML und Webservices sind laut (Fleisch 2005) ein Anzeichen dafür, dass die autonome Kommunikation zwischen Maschinen weiter ansteigen und sich sogar zu einer „Ding-zu-Ding"-Kommunikation entwickeln wird („Internet der Dinge").

Eine solche vollautomatische Integration ist ebenfalls auf einen Bestellprozess übertragbar. So wäre es durchaus vorstellbar, dass bei der Unterschreitung eines definierten Sicherheitsbestandes automatisch eine Bestellung ausgelöst wird. Die an eine Fertigungsmaschine angebundene Maschinendatenerfassungssoftware (MDE-Software) würde bei der Feststellung einer Unterschreitung einen Webservice des PI-Systems aufrufen, woraufhin das PI-System die Bestellung an ein entsprechendes ERP-System weiterleitet. Abbildung 7-2 zeigt den möglichen Aufbau einer solchen vollautomatischen Integration.

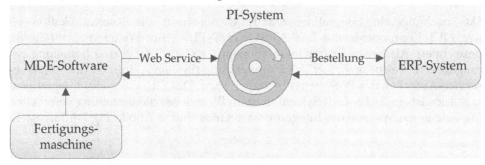

Abbildung 7-2: Beispiel einer vollautomatischen Integration

Wie das Beispiel aus Abbildung 7-2 zeigt, steckt in dieser Art der Integration ein großes Potenzial. Die nachfolgenden Beschreibungen werden zeigen, dass es mit Hilfe eines PI-Systems und .NET relativ einfach ist, die Grundlagen für ein solches Szenario zu schaffen.

7.2 Technische Prozessbeschreibung

Die beteiligten Komponenten des Prozesses wurden bereits in Abbildung 7-1 dargestellt. Bei dem System A handelt es sich um eine oberflächengestützte Anwendung auf Basis der *Windows Presentation Foundation (WPF)*. Über die Oberfläche der Anwendung werden die Daten für die Bestellung erfasst, z.B. die einzelnen Bestellpositionen. Mit Hilfe der *Windows Communication Foundation (WCF)* wird aus den Bestelldaten eine SOAP-Nachricht generiert und an das PI-System gesendet.

Diese SOAP-Nachricht wird in der Adapter Engine von einem entsprechenden SOAP-Adapter verarbeitet. Anhand des definierten Operation- und Message-Mappings wird diese SOAP-Nachricht in einem ersten Schritt in das PI-interne Format transformiert. In der weiteren Verarbeitung wird diese Nachricht von einem RFC-Adapter transformiert und an den RFC-Baustein *BAPI_PO_CREATE* des SAP®-Zielsystems (System B) weitergeleitet. In einer Antwortnachricht wird das Ergebnis aus System B zurück an das PI-System gesendet und von dort an das aufrufende System (System A) weitergeleitet. Die empfangene Nachricht wird dann von dem .NET Client auf dem Bildschirm dargestellt.

Die Einzelheiten dieser Prozessverarbeitung sowie die dafür notwendigen Einstellungen werden in den nachfolgenden Abschnitten näher erläutert.

7.3 Entwurf

Bevor mit dem Entwurf begonnen werden kann, müssen zuerst die notwendigen Objekte im *System Landscape Directory (SLD)* erzeugt werden. Hierzu zählen das SAP®-Zielsystem (System B) sowie die für das Szenario verwendete Softwarekomponente mit dem Namen *J_PI_TRAINING_DK*. Als Namensraum wird für diese Komponente *http://www.hm.edu/pi/DK* verwendet. Danach kann mit dem Entwurf der für das Szenario notwendigen Datentypen, Message-Typen, Schnittstellen und Mappings begonnen werden. Hierzu muss der *Enterprise Services Builder* des PI-Systems gestartet werden.

Zunächst wird die Kommunikation mit der Empfängerseite eingerichtet. Hierzu müssen in der Softwarekomponentenversion die Einstellungen für den Import aus dem SAP®-Zielsystem hinterlegt werden. Danach kann die für die Bestellung benötigte RFC-Message BAPI_PO_CREATE über den Unterknoten „Imported Objects" der Softwarekomponentenversion importiert werden. Da diese RFC-Message ohne weiteres für das spätere Mapping verwendet werden kann, ist der Entwurf der Empfängerseite hiermit bereits abgeschlossen.

Der Entwurf auf Senderseite ist hingegen etwas aufwändiger. Zunächst müssen die Datentypen *DT_PurchaseOrder* (für die Übermittlung der Bestelldaten) und *DT_PurchaseOrderResponse* (für die Übermittlung der Antwortdaten) erzeugt werden. Beide Datentypen sind aus Demonstrationszwecken sehr einfach gehalten. Der Datentyp DT_PurchaseOrder umfasst den Namen des Lieferanten und eine Auflistung der Bestellpositionen (siehe Abbildung 7-3). Der Datentyp DT_PurchaseOrderResponse enthält eine Auflistung von Feldern, um die Antwortnachrichten des SAP®-Zielsystems zu speichern (siehe Abbildung 7-4).

Name	Category	Type	Occurrence
▼ DT_PurchaseOrder	Complex Type		
Vendor	Element	xsd:string	1
▼ Items	Element		1
▼ Item	Element		1..unbounded
Material	Element	xsd:string	1
Quantity	Element	xsd:decimal	1
ItemNumber	Element	xsd:string	1
DeliveryDate	Element	xsd:date	1

Abbildung 7-3: Ansicht des Datentyps DT_PurchaseOrder

Name	Category	Type	Occurrence
▼ DT_PurchaseOrderResponse	Complex Type		
▼ Item	Element		0..unbounded
Message	Element	xsd:string	1

Abbildung 7-4: Ansicht des Datentyps DT_PurchaseOrderResponse

Wie aus dem Datentypen DT_PurchaseOrder aus Abbildung 7-3 zu erkennen ist, wird für das Feld *Item* eine Häufigkeit von *1..unbounded* angegeben. Dadurch wird es später möglich sein, mehrere Bestellpositionen zu übermitteln. Ein ähnliches Verhalten gilt für den Datentypen DT_PurchaseOrderResponse, dessen *Item*-Feld ebenfalls die Zuweisung von mehreren Werten erlaubt (siehe Abbildung 7-4).

Da für das spätere Mapping sowie für das Service-Interface ein Message-Typ benötigt wird, müssen im nächsten Schritt die erstellten Datentypen in Message-Typen verpackt werden. Hierzu werden die Message-Typen *MT_PurchaseOrder* (für den Datentyp DT_PurchaseOrder) und *MT_PurchaseOrderResponse* (für den Datentyp DT_PurchaseOrderResponse) erstellt. Nach der Zuweisung der Datentypen zu den jeweiligen Message-Typen kann mit dem Entwurf des Service-Interfaces fortgefahren werden.

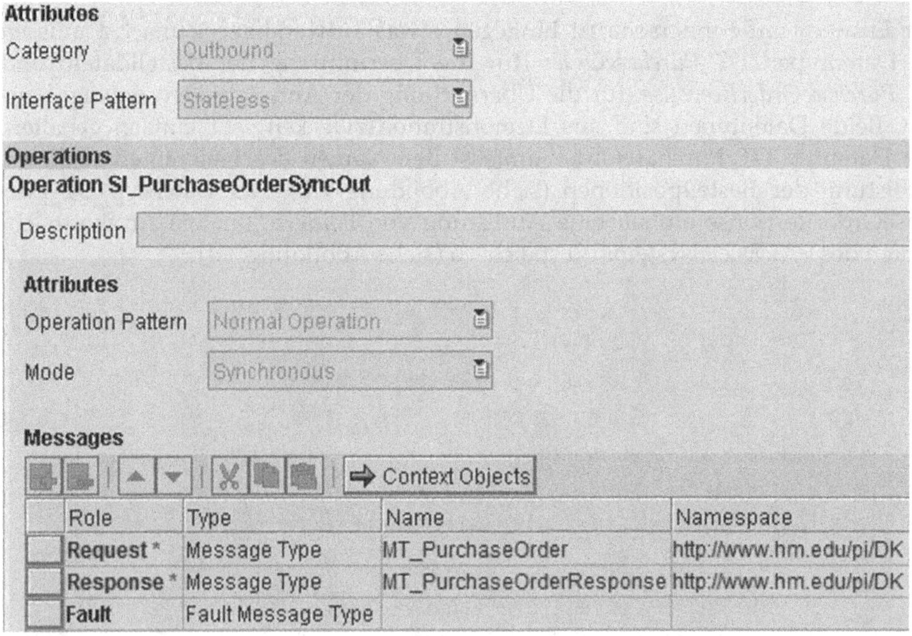

Attributes

Category	Outbound
Interface Pattern	Stateless

Operations

Operation SI_PurchaseOrderSyncOut

Description	

Attributes

Operation Pattern	Normal Operation
Mode	Synchronous

Messages

⟶ Context Objects

	Role	Type	Name	Namespace
	Request *	Message Type	MT_PurchaseOrder	http://www.hm.edu/pi/DK
	Response *	Message Type	MT_PurchaseOrderResponse	http://www.hm.edu/pi/DK
	Fault	Fault Message Type		

Abbildung 7-5: Ansicht des Service-Interfaces SI_PurchaseOrderSyncOut

Für das Szenario wird ein Service-Interface mit dem Namen *SI_Purchase-OrderSyncOut* erstellt. Da für die spätere Bestellung neben der eigentlichen Anfrage (Request) auch eine Antwort (Response) benötigt wird, muss ein synchroner Übertragungsmodus gewählt werden. Als Kategorie wird *Outbound* gewählt, da es sich aus Sicht der Senderseite um eine ausgehende Kommunikation handelt. Danach kann für den Request der Message-Typ MT_PurchaseOrder sowie für die Response der Message-Typ MT_PurchaseOrderResponse gewählt werden. Die Einstellungen des Service-Interfaces sind ebenfalls in Abbildung 7-5 dargestellt.

Der nächste Schritt der Entwurfsphase ist die Erzeugung von Message-Mapping-Objekten. Insgesamt werden zwei Message-Mapping-Objekte benötigt. Eines für den Request und das andere für die Response. Beim Message-Mapping für den Request werden die Daten des Message-Typen MT_PurchaseOrder in die Struktur der RFC-Message BAPI_PO_CREATE transformiert. Dieses Mapping hat den Namen *MM_PurchaseOrder*. Das Message-Mapping für die Response wandelt die Daten aus der importierten RFC-Message *BAPI_PO_CREATE.Response* in den Message-Typen MT_PurchaseOrderResponse um. Die Bezeichnung dieses Mappings lautet *MM_PurchaseOrderResponse*. Eine grafische Übersicht der genannten Mappings ist in Abbildung 7-6 dargestellt.

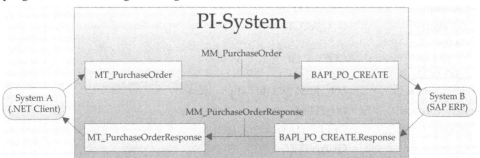

Abbildung 7-6: Überblick der Message-Mappings

Bei der RFC-Message BAPI_PO_CREATE handelt es sich um eine sehr umfangreiche Struktur mit einigen obligatorischen Feldern. Damit später nicht alle diese Pflichtfelder über den .NET Proxy versorgt werden müssen, werden im Message-Mapping für einige dieser Felder konstante Werte vergeben. Ein Beispiel hierfür ist das Feld *DOC_TYPE*, für welches die Konstante *NB* (für Normalbestellung) verwendet wird. Das komplette Message-Mapping für das Objekt MM_Purchase-Order ist in Tabelle 7-1 dargestellt. Die schattierten Zeilen stehen dabei jeweils für den Beginn eines neuen Unterpunktes.

Das Message-Mapping *MM_PurchaseOrderResponse* gestaltet sich wesentlich einfacher. Hier werden lediglich die Ergebnisnachrichten der einzelnen Bestellpositionen verwendet.

Tabelle 7-1: Details zum Message-Mapping MM_PurchaseOrder

MT_PurchaseOrder	BAPI_PO_CREATE
	PO_HEADER
Vendor	VENDOR
Konstante: NB	DOC_TYPE
Konstante: 1000	CO_CODE
Konstante: 1000	PURCH_ORG
Konstante: 100	PUR_GROUP
Items - Item	PO_ITEMS - item
ItemNumber	PO_ITEM
Material	PUR_MAT; SHORT_TEXT
Konstante: F	ACCTASSCAT
Quantity	DISP_QUAN
Items - Item	PO_ITEM_ACCOUNT_ASSIGNMENT-item
ItemNumber	PO_ITEM
Quantity	QUANTITY
Konstante: 0000400000	G_L_ACCT
Konstante: 0000004220	COST_CTR
Items - Item	PO_ITEM_SCHEDULES - item
ItemNumber	PO_ITEM
DeliveryDate	DELIV_DATE
Quantity	QUANTITY

Die Quelle für dieses Mapping ist diesmal die RFC-Message BAPI_PO_CREATE.-Response, während als Zielnachricht der Message-Typ MT_PurchaseOrder-Response gewählt wird. Die Einzelheiten zu diesem Mapping sind in Tabelle 7-2 dargestellt.

Tabelle 7-2: Details zum Message-Mapping MM_PurchaseOrderResponse

BAPI_PO_CREATE.Response	MT_PurchaseOrderResponse
RETURN – item	Item
MESSAGE	Message

Die abschließende Tätigkeit der Entwurfsphase ist die Erstellung eines Operation-Mappings mit dem Namen *OM_PurchaseOrder* (siehe auch Abbildung 7-7). Dazu wird jeweils das Quell- und Ziel-Interface für die Verarbeitung spezifiziert. Für das

Szenario müssen also das Quell-Interface *SI_PurchaseOrderSyncOut* sowie das Ziel-Interface BAPI_PO_CREATE verwendet werden. Aus diesen Schnittstellen ergeben sich die Operationen für das Mapping. Danach kann für den Request und die Response das entsprechende Message-Mapping angegeben werden, also *MM_PurchaseOrder* und *MM_PurchaseOrderResponse*. Nach einer Aktivierung der erstellten Objekte kann mit der Konfiguration im *Integration Builder* fortgefahren werden.

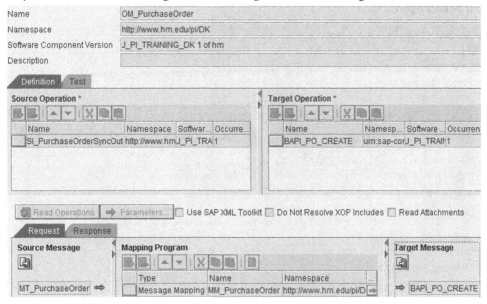

Abbildung 7-7: Ansicht des Operation-Mappings OM_PurchaseOrder

7.4 Konfiguration

Nachdem die benötigten Objekte im Integration Repository erstellt wurden, kann im Integration Directory die Kommunikation zwischen den beteiligten Systemen konfiguriert werden. Ausgangspunkt ist das zu erstellende Konfigurationsszenario *J_PI_TRAINING_DK*. Das Zielsystem für die Bestellung (System B) muss dem Szenario zunächst als Business-System zugeordnet werden. Für die Senderseite wird eine Kommunikationskomponente (Business Component) mit dem Namen *DotNetProxyPurchaseOrder* erstellt. Basierend auf diesen beiden Komponenten, werden im Nachfolgenden die benötigten Kommunikationskanäle, die Interface- und Empfängerermittlungen sowie die Sender- und Empfängervereinbarungen erzeugt. Es ist zu beachten, dass die in einigen Abbildungen dargestellte Komponente *J_G54CLNT902* dem System B entspricht.

Zunächst soll die Erstellung der Kommunikationskanäle aufgezeigt werden. Für die Senderseite wird ein SOAP-Senderkanal benötigt, da der Webservice-Aufruf des .NET Clients später über SOAP stattfinden wird. Bei der Erzeugung des Senderkanals wird als Name *J_SOAP_SenderChannel_DK* und als Kommunikationskomponente DotNetProxyPurchaseOrder gewählt. Die weiteren Einstellungen sind der Abbildung 7-8 zu entnehmen. Wie aus dieser Abbildung ersichtlich ist, wurde für dieses Szenario eine HTTP-Verbindung konfiguriert. Im praktischen Einsatz ist aus Sicherheitsgründen jedoch eine verschlüsselte HTTPS-Verbindung zu bevorzugen.

Abbildung 7-8: Ansicht des SOAP-Senderkanals J_SOAP_SenderChannel_DK

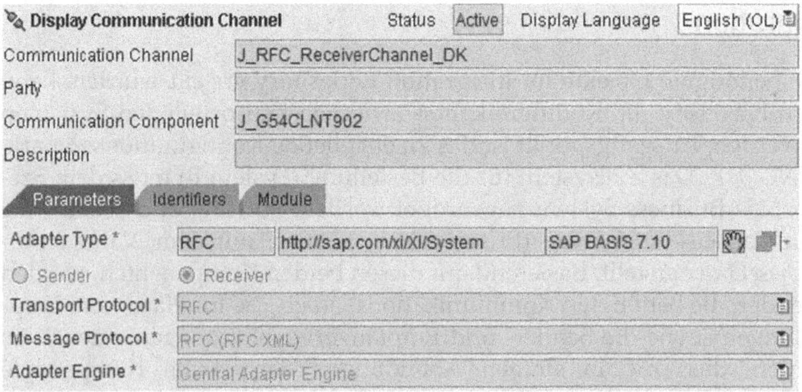

Abbildung 7-9: Ansicht des RFC-Empfängerkanals J_RFC_ReceiverChannel_DK

Auf der Empfängerseite wird ein RFC-Empfängerkanal mit dem Namen *J_RFC_-ReceiverChannel_DK* erzeugt. Die Kommunikationskomponente für diesen Empfängerkanal ist das System B, welches den RFC-Baustein BAPI_PO_CREATE für die Bestellung bereitstellt. Die Parameter des Kommunikationskanals können der Abbildung 7-9 entnommen werden. Zusätzlich zu diesen Daten sind die RFC-Parameter für das System B anzugeben. Hierzu zählen unter anderem Daten wie Systemnummer, Benutzername und Kennwort.

Als nächstes kann die Konfiguration der Empfänger- und Interface-Ermittlung durchgeführt werden. Bei der Erzeugung der Empfängerermittlung muss für den Sender die Kommunikationskomponente *DotNetProxyPurchaseOrder* und als Interface das Service-Interface *SI_PurchaseOrderSyncOut* gewählt werden. Als Kommunikationskomponente des Empfängers wird das System B angegeben. Bei der Interface-Ermittlung sind die gleichen Einstellungen wie bei der Empfängerermittlung vorzunehmen. Zusätzlich muss hier noch das Empfänger-Interface (BAPI_-PO_CREATE) sowie das Operation-Mapping (OM_PurchaseOrder) angegeben werden. Eine Übersicht der Empfänger- und Interface-Ermittlung ist in Abbildung 7-10 und Abbildung 7-11 zu finden.

Display Receiver Determination		Status	Active	Display Language	English (OL)
Sender					
Communication Party					
Communication Component	DotNetProxyPurchaseOrder				
Interface	SI_PurchaseOrderSyncOut				
Namespace	http://www.hm.edu/pi/DK				
Receiver					
Communication Party	*				
Communication Component	*				
Description					

Contents	Configuration Overview
Software Component Version	J_PI_TRAINING_DK 1 of hm
Type of Receiver Determination	⦿ Standard ○ Extended

Configured Receivers

Search [   ] Go

Rule	Condition	Communication Party	Communication Component *
Local Rule			J_G54CLNT902

Abbildung 7-10: Ansicht der Empfängerermittlung

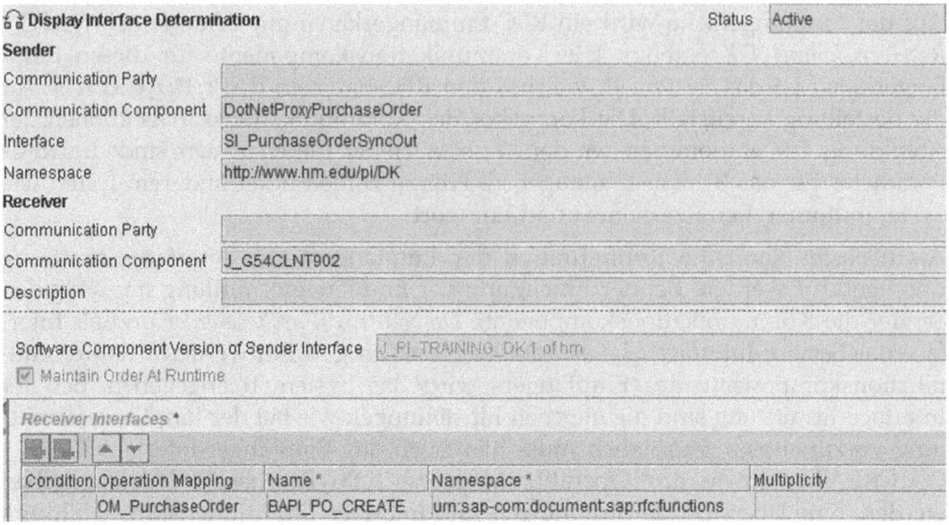

Abbildung 7-11: Ansicht der Interface-Ermittlung

Im letzten Schritt der Konfigurationsphase müssen die Sender- und Empfänger-vereinbarungen definiert werden. Für die Sendervereinbarung werden die bereits o. g. Objekte *DotNetProxyPurchaseOrder* und *SI_PurchaseOrderSyncOut* verwendet. Zusätzlich wird als Senderkanal das zuvor erzeugte Objekt *J_SOAP_SenderChannel_DK* genutzt. Die Einzelheiten der Sendervereinbarung sind in Abbildung 7-12 dargestellt.

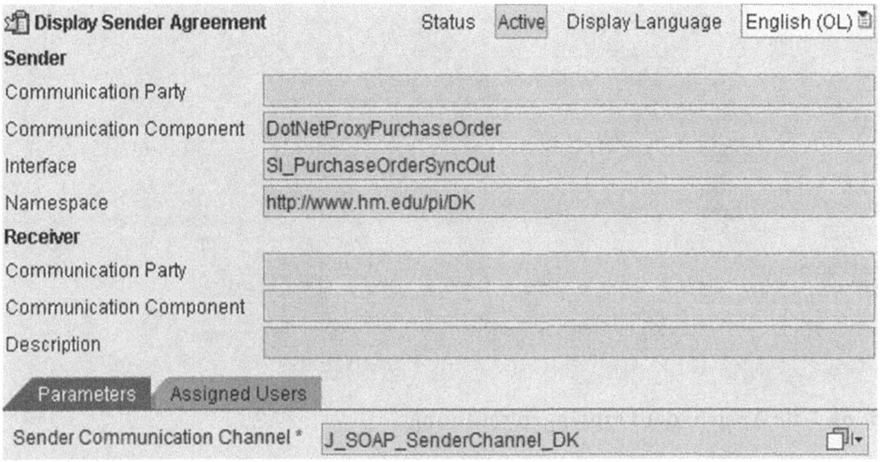

Abbildung 7-12: Ansicht der Sendervereinbarung

Für die Empfängervereinbarung muss als Senderkomponente das Objekt *DotNetP-roxyPurchaseOrder* konfiguriert werden. Als Empfänger wird System B sowie dessen Interface BAPI_PO_CREATE verwendet. Das Objekt für den Empfängerkanal ist J_RFC_ReceiverChannel_DK (siehe Abbildung 7-13).

🗐 Display Receiver Agreement	Status Active Display Language English (OL) 🗐
Sender	
Communication Party	
Communication Component	DotNetProxyPurchaseOrder
Receiver	
Communication Party	
Communication Component	J_G54CLNT902
Interface	BAPI_PO_CREATE
Namespace	urn:sap-com:document:sap:rfc:functions
Description	
Receiver Communication Channel *	J_RFC_ReceiverChannel_DK

Abbildung 7-13: Ansicht der Empfängervereinbarung

Type ⋏	Object
🗊 Business System	| J_G54CLNT902
⊙ Business Component	| DotNetProxyPurchaseOrder
🕵 Communication Channel	| DotNetProxyPurchaseOrder | J_SOAP_SenderChannel_DK
🕵 Communication Channel	| J_G54CLNT902 | J_RFC_ReceiverChannel_DK
🕮 Receiver Determination	| DotNetProxyPurchaseOrder | SI_PurchaseOrderSyncOut
🕮 Interface Determination	| DotNetProxyPurchaseOrder | SI_PurchaseOrderSyncOut | | J_G54CLNT902
📑 Sender Agreement	| DotNetProxyPurchaseOrder | SI_PurchaseOrderSyncOut | |
🗐 Receiver Agreement	| DotNetProxyPurchaseOrder | | J_G54CLNT902 | BAPI_PO_CREATE

Abbildung 7-14: Überblick der Objekte des Konfigurationsszenarios

Damit ist die Konfiguration im Integration Builder beendet. Die Abbildung 7-14 zeigt abschließend einen Überblick über die gesamten Objekte des Konfigurationsszenarios. Als Vorbereitung für die Client-Entwicklung ist allerdings noch ein letzter Schritt notwendig. Und zwar muss die Beschreibung des Webservices (welcher über den SOAP-Senderkanal bereitgestellt wird) abgerufen werden. Diese Beschreibung erfolgt mittels *Web Services Description Language (WSDL)* und kann über die Sendervereinbarung angezeigt werden. Über das Menü der Sendervereinbarung muss der Menüpunkt „Display WSDL…" gewählt werden. Nach der Speicherung dieser WSDL kann mit der Entwicklung des Clients fortgefahren werden.

7.5 Entwicklung der .NET Client-Anwendung

Nachdem die serverseitigen Einstellungen im PI-System vorgenommen wurden, kann mit der Entwicklung des .NET Clients begonnen werden. Bei dem Client handelt es sich um eine oberflächengestützte WPF-Anwendung, welche auf Basis von WCF mit dem Webservice des PI-Systems kommuniziert. Als Mindestvoraussetzung für das Szenario wird das .NET Framework in der Version 3 erwartet, wobei in der tatsächlichen Umsetzung die Version 4 des .NET Frameworks zum Einsatz kam.

Damit der Client den Webservice des PI-Systems konsumieren kann, muss auf die im vorherigen Abschnitt erzeugte WSDL-Datei zurückgegriffen werden. Die WSDL-Datei enthält die entsprechende Schnittstellenbeschreibung sowie die Adresse des Webservices. Anhand der WSDL-Datei lassen sich die notwendigen Proxy-Klassen erzeugen. Hierzu kann beispielsweise die Konsolenanwendung *Service Model Metadata Utility Tool* (Svcutil.exe) aus der Windows SDK-Installation verwendet werden. Für die Erstellung der Proxy-Klassen erwartet die Anwendung den Pfad der WSDL-Datei sowie die Zielsprache für den zu generierenden Quelltext. Der folgende Ausschnitt zeigt beispielhaft den Konsolenaufruf der Anwendung unter Verwendung der WSDL-Datei und der Zielsprache C#.

```
svcutil.exe "SI_PurchaseOrderSyncOut.wsdl" /language:C#
```

Daraufhin werden die Dateien *SI_PurchaseOrderSyncOut.cs* und *output.config* generiert. Erstere enthält die benötigten Schnittstellen und Klassen für den Webservice-Aufruf. Die Datei *output.config* enthält weitere Metadaten im XML-Format für den Aufruf, z.B. die Adresse des Webservices.

Eine weitere Möglichkeit zur Generierung der Proxy-Klassen ist die Verwendung der Entwicklungsumgebung *Microsoft Visual Studio 2010*. Hier kann über das Kontextmenü des aktiven Projektes der Eintrag „Add Service Reference..." gewählt werden. Daraufhin öffnet sich ein Dialog, in welchem der Pfad zu oben genannter WSDL-Datei angegeben werden muss (siehe auch Abbildung 7-15). Durch die Bestätigung des Dialogs mit OK werden die entsprechenden Proxy-Klassen sowie die Konfigurationsdatei *app.config* erstellt. Letztere enthält die bereits genannten Metadaten zu dem Webservice.

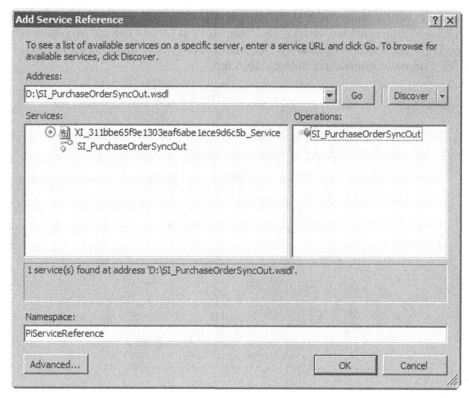

Abbildung 7-15: Generierung der Proxy-Klassen in Microsoft Visual Studio 2010

Die folgenden vier generierten Klassen sind für die weitere Entwicklung interessant (siehe auch Klassendiagramm aus Abbildung 7-16):

DT_PurchaseOrder
Hier handelt es sich um die Datenklasse, welche später beim Webservice-Aufruf verwendet wird. Sie enthält den Lieferanten sowie die einzelnen Bestellpositionen. Sie entspricht also dem Datentyp DT_PurchaseOrder aus Abbildung 7-3.

DT_PurchaseOrderItem
Diese Klasse entspricht einer Bestellposition und enthält daher Daten wie Materialbezeichnung und Stückzahl.

DT_PurchaseOrderResponseItem
Diese Klasse wird für den Transport der Response-Daten verwendet und enthält lediglich ein Feld für die Antwortnachricht (vergleiche hierzu auch den Datentyp DT_PurchaseOrderResponse aus Abbildung 7-4).

DT_PurchaseOrderSyncOutClient
Bei dieser Klasse handelt es sich um die eigentliche Proxy-Klasse, welche für den

Webservice Aufruf verwendet wird. Sie enthält eine Methode mit dem Namen SI_PurchaseOrderSyncOut, welche als Parameter ein Objekt der zuvor genannten Klasse DT_PurchaseOrder erwartet. Der Rückgabewert der Methode ist ein Array von DT_PurchaseOrderResponseItem-Objekten.

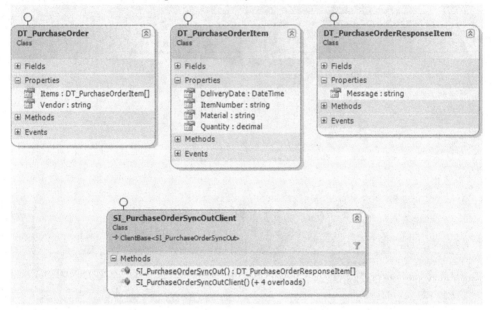

Abbildung 7-16: Klassendiagramm der generierten Klassen für den Webservice Aufruf

Als nächstes soll die generierte Konfigurationsdatei app.config näher betrachtet werden. Wie dem XML-Inhalt der Datei zu entnehmen ist, wurden zwei Endpunkte für den Webservice-Aufruf generiert. Ein Endpunkt für HTTP und ein weiterer Endpunkt für eine HTTPS-Verbindung. Die Endpunkte befinden sich in der Konfiguration unter dem folgenden XML-Knoten:

```
<configuration><system.serviceModel><client><endpoint>
```

Zu jedem Endpunkt gehört genau ein HTTP-Binding, welches weitere Einzelheiten zur Verbindung enthält, z.B. einen Timeout für den Verbindungsaufbau. Diese HTTP-Bindings sind unter folgendem XML-Knoten zu finden:

```
<configuration><system.serviceModel><bindings><basicHttpBinding><binding>
```

Unter diesem Knoten ist noch eine kleine Anpassung notwendig, damit die Kommunikation mit dem PI-System möglich ist. Und zwar muss die Sicherheitseinstellung auf eine *Basic-Authentifizierung* umgestellt werden. Hierzu muss der Inhalt des Unterknotens „security" durch den folgenden Inhalt ersetzt werden:

```
<security mode="TransportCredentialOnly">
```

```
<transport clientCredentialType="Basic"
    proxyCredentialType="Basic" realm="" />

<message clientCredentialType="UserName" algorithmSuite="Default" />
</security>
```

Es ist zu beachten, dass die verwendeten Sicherheitseinstellungen einfach gehalten wurden, um die eigentlichen Integrationsaspekte in den Vordergrund zu stellen. So muss bei der hier verwendeten Basic-Authentifizierung beispielsweise der Benutzername und das Passwort des PI-Anwenders angegeben werden. Ohne eine verschlüsselte HTTPS-Verbindung werden diese Eingaben bei dieser Art der Authentifizierung im Klartext übertragen und sind somit anfällig für Angriffe. Ein Beispiel für eine gesicherte Kommunikation mittels HTTPS und eines X.509 Zertifikats ist in (Hardank 2010) nachzulesen.

Als nächstes soll der Quelltext des Webservice-Aufrufes dargestellt werden. Der Übersichtlichkeit halber wird nachfolgend nur die Klasse *PurchaseOrderService* aufgeführt, in welcher die Kernfunktionalität implementiert wurde.

```
public class PurchaseOrderService
{
    private string piUsername;
    private string piPassword;

    public PurchaseOrderService(string piUsername, string piPassword)
    {
        this.piUsername = piUsername;
        this.piPassword = piPassword;
    }
    public string[] Purchase( DT_PurchaseOrder order )
    {
        for ( int i = 0; i < order.Items.Length; ++i )
        {
            var itm = order.Items[i];
            itm.DeliveryDate = DateTime.Now.AddDays( 7 );
            itm.ItemNumber = ( (i+1)*10 ).ToString().PadLeft( 4, '0' );
        }

        var client = new SI_PurchaseOrderSyncOutClient("HTTP_Port");
        client.ClientCredentials.UserName.UserName = this.piUsername;
        client.ClientCredentials.UserName.Password = this.piPassword;

        var responseItems = client.SI_PurchaseOrderSyncOut( order );
        return responseItems.Select( f => f.Message ).ToArray();
    }
}
```

Über den Konstruktor der oben dargestellten Klasse werden der Benutzername sowie das Passwort des PI-Benutzers angegeben. Darüber hinaus enthält die Klasse nur eine weitere Methode mit dem Namen *Purchase*, welche das Datenobjekt mit den Bestelldaten (DT_PurchaseOrder) erwartet. Innerhalb dieser Methode werden für die übergebenen Bestellpositionen zunächst noch einige Werte zugewiesen. Zum einen wird das Lieferdatum angegeben und zum anderen wird die Positionsnummer für jede Bestellposition berechnet. Anschließend wird eine Instanz der Proxy-Klasse *PurchaseOrderSyncOutClient* erzeugt. Über den Konstruktor wird der jeweilige Endpunkt aus der oben genannten Konfiguration (app.config) angegeben. Für das dargestellte Beispiel ist dies der Endpunkt „HTTP_PORT", welcher eine HTTP-Verbindung verwendet. Danach erfolgt die Zuweisung der Authentifizierungsinformationen an das Proxy-Objekt. Der eigentliche Webservice-Aufruf findet dann über den Methodenaufruf `client.SI_PurchaseOrderSyncOut( order )` statt. Aus dem Rückgabewert des Aufrufes werden die Antwortnachrichten extrahiert und als String-Array zurückgeliefert.

Der Vollständigkeit halber ist in Abbildung 7-17 die WPF-basierte Oberfläche der verwendeten Anwendung dargestellt, über welche die Daten der Bestellung erfasst wurden. Das Ergebnis einer erfolgreich getätigten Bestellung ist in Abbildung 7-18 dargestellt.

Abbildung 7-17: WPF-basierte Oberfläche der .NET Anwendung

Abbildung 7-18: Ansicht eines erfolgreichen Bestellaufrufes

7.6 Monitoring des Bestellprozesses

Nachdem in den vorherigen Abschnitten gezeigt wurde, wie eine Bestellung von einer .NET Anwendung über das PI-System in ein SAP® ERP-System gelangt, geht es in diesem Abschnitt um das Monitoring dieses Prozesses. Die Fehlersuche in einem solchen Integrationsszenario, in dem viele heterogene Systeme miteinander kommunizieren, ist durchaus eine Herausforderung. Daher werden nachfolgend einige Ansätze aufgeführt, um den Ablauf des Prozesses besser zu verfolgen und so eine Fehlersuche zu erleichtern.

Ausgehend von dem Client kann zunächst die korrekte Kommunikation der .NET Anwendung überprüft werden. Hierzu muss die SOAP-Nachricht analysiert werden, welche vom .NET Proxy erzeugt und an das PI-System gesendet wird. Um den Inhalt der ausgehenden SOAP-Nachricht zu ermitteln, kann ein HTTP Debugging Tool, wie beispielsweise *Fiddler*[1] verwendet werden. Der nachfolgende Quelltext zeigt beispielhaft den Inhalt einer SOAP-Nachricht, welche von dem .NET Client an das PI-System gesendet wurde.

```
<s:Envelope xmlns:s="http://schemas.xmlsoap.org/soap/envelope/">
  <s:Body xmlns:xsi="http://www.w3.org/2001/XMLSchema-instance"
          xmlns:xsd="http://www.w3.org/2001/XMLSchema">
    <MT_PurchaseOrder xmlns="http://www.hm.edu/pi/DK">
      <Vendor xmlns="">0000001000</Vendor>
      <Items xmlns="">
        <Item>
          <Material>TZI_LENKER_SPORT</Material>
          <Quantity>10</Quantity>
          <ItemNumber>0010</ItemNumber>
          <DeliveryDate>2011-02-04</DeliveryDate>
        </Item>
      </Items>
    </MT_PurchaseOrder>
  </s:Body>
</s:Envelope>
```

Eine weitere Möglichkeit zur Ablaufverfolgung bietet die Komponente *Runtime Workbench* des PI-Systems. Für deren Aufruf muss im PI-System zunächst die Transaktion SXMB_IFR gestartet werden, um in die Übersicht der PI-Tools zu gelangen. Unter dem Punkt *Configuration and Monitoring* kann dann die Runtime Workbench gestartet werden. Über die Navigation am oberen Rand der Seite sind die verschiedenen Monitoring-Typen auswählbar, z. B. *Component Monitoring* und *Message Monitoring*, wobei sich die nachfolgenden Ausführungen auf das Message Monitoring beschränken. Um an die relevanten Nachrichten zu gelangen, kann die Ergebnisliste über den Filter des Message Monitoring eingeschränkt werden. Nach

---

[1] http://www.fiddler2.com/fiddler2/ (Letzter Zugriff am 27.01.2011)

der Selektion der gewünschten Nachricht, können über den Button „Details" die konkreten Daten der Nachricht eingesehen werden.

Die Abbildung 7-19 zeigt die Detailansicht einer Nachricht aus dem Message Monitoring. Es handelt sich dabei um eine Nachricht, welche im Rahmen des Bestellprozesses erzeugt wurde. Wie in dieser Abbildung zu erkennen ist, werden für den Sender und den Empfänger sowohl die Komponente, als auch die Schnittstelle dargestellt. Für den Sender sind dies hier die Komponente *DotNetProxyPurchaseOrder* und die Schnittstelle *SI_PurchaseOrderSyncOut*. Bei dem Empfänger handelt es sich um das SAP®-Zielsystem J_G54CLNT902 (System B) und die Schnittstelle BAPI_PO_CREATE.

Message Data	
Attribute	Value
Status	Successful
Repeatable	No
Cancelable	No
Start	27.01.2011 10:39:45
End	27.01.2011 10:40:07
Sender Party	
Sender Component	DotNetProxyPurchaseOrder
Sender Interface	http://www.hm.edu/pi/DK SI_PurchaseOrderSyncOut
Receiver Party	
Receiver Component	J_G54CLNT902
Receiver Interface	urn:sap-com:document:sap:rfc:functions BAPI_PO_CREATE
Service Definition	
Software Component	
Application Component	
Business Message	No
Quality of Service	Best Effort

Abbildung 7-19: Auszug einer Nachricht aus dem Message-Monitoring

Neben diesen Informationen lässt sich in der Detailansicht über den Reiter „Message Content" der Inhalt der Nachricht anzeigen. Um sich die konkrete Payload anzeigen zu lassen, muss in der Dropdown-Liste neben „Message Part" der entsprechende Eintrag ausgewählt werden. Ein beispielhafter Auszug der Payload ist nachfolgend dargestellt. Wie dort zu erkennen ist, sind neben den Daten, die vom .NET Client übertragen wurden, ebenfalls die konstanten Werte aus dem Message-Mapping enthalten.

```
<ns1:BAPI_PO_CREATE xmlns:ns1="urn:sap-com:document:sap:rfc:functions">
  <PO_HEADER>
    <DOC_TYPE>NB</DOC_TYPE>
    <CO_CODE>1000</CO_CODE>
    <PURCH_ORG>1000</PURCH_ORG>
    <PUR_GROUP>100</PUR_GROUP>
    <VENDOR>0000001000</VENDOR>
  </PO_HEADER>
  <PO_ITEMS>
    <item>
      <PO_ITEM>0010</PO_ITEM>
      <PUR_MAT>TZI_LENKER_SPORT</PUR_MAT>
      <ACCTASSCAT>F</ACCTASSCAT>
      <SHORT_TEXT>TZI_LENKER_SPORT</SHORT_TEXT>
      <PLANT>1000</PLANT>
      <DISP_QUAN>10</DISP_QUAN>
    </item>
    ...
</ns1:BAPI_PO_CREATE>
```

Nachdem der Prozessablauf sowohl im Client als auch im PI-System näher betrachtet wurde, bleibt nur noch zu klären, ob die übermittelte Bestellung auch tatsächlich im SAP® ERP-System verbucht wurde. Für diese Überprüfung kann im SAP® ERP-System die Transaktion *ME23* („Bestellung anzeigen") verwendet werden. In der Suchmaske muss die Bestellnummer angegeben werden, welche im .NET Client als Ergebnis zurückgeliefert wurde (vergleiche Abbildung 7-18). Die Detaildaten dieses Eintrages sind in Abbildung 7-20 beispielhaft dargestellt. Wie dort zu erkennen ist, wurde die Bestellung mit den vom .NET Client übergebenen Werten erzeugt. Somit lässt sich festhalten, dass die Integration der beteiligten Informationssysteme erfolgreich durchgeführt wurde.

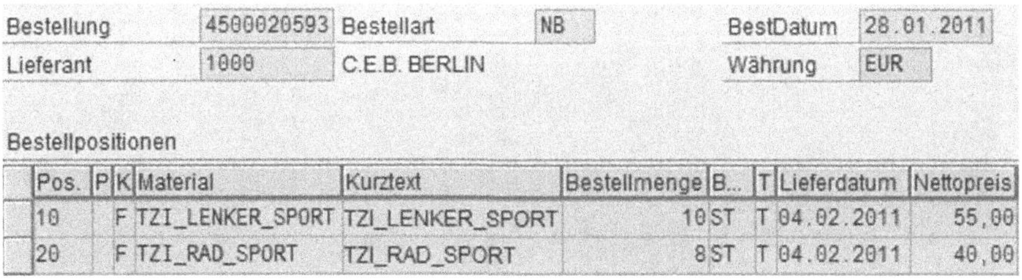

| Bestellung | 4500020593 | Bestellart | NB | | BestDatum | 28.01.2011 |
| Lieferant | 1000 | C.E.B. BERLIN | | | Währung | EUR |

Bestellpositionen

Pos.	P	K	Material	Kurztext	Bestellmenge	B...	T	Lieferdatum	Nettopreis
10		F	TZI_LENKER_SPORT	TZI_LENKER_SPORT	10	ST	T	04.02.2011	55,00
20		F	TZI_RAD_SPORT	TZI_RAD_SPORT	8	ST	T	04.02.2011	40,00

Abbildung 7-20: Ansicht der Bestellung im SAP®-System

7.7 Fazit

Das beschriebene Integrationsszenario hat beispielhaft gezeigt, dass die Anbindung einer .NET Anwendung an ein PI-System möglich ist. Die Komplexität des Bestellprozesses sowie der verwendeten Sicherheitsmechanismen wurde dabei bewusst niedrig gehalten, um die Kernaspekte der Integration in den Vordergrund zu stellen. Basierend auf den Ergebnissen dieses Szenarios lassen sich umfangreichere Lösungen entwickeln, z. B. eine vollautomatische Integration, wie sie bereits zu Beginn des Kapitels angesprochen wurde.

8 Fallstudie *Bestellung über Java-Proxy*

Autor: Josef Awad, Hochschule München

8.1 Motivation

Die SAP NetWeaver® Process Integration (im Weiteren als *PI-System* bezeichnet) bietet die Möglichkeit, über eine Schnittstelle basierend auf dem SOAP-Protokoll eine Kommunikation von einem Java-Proxy zu einem Zielsystem herzustellen. Am Gesamtprozess beteiligt sind ein Unternehmen A (Kunde) und ein Unternehmen B (Lieferant). Ein Kunde soll mit Hilfe eines Java-Proxys eine Bestellung in das ERP-System des Lieferanten über dessen Process Integration-Plattform absetzen können. Weiterhin sollen folgende Eingaben bezüglich jeder Bestellung für den Kunden möglich sein.

- Materialnummer
- Positionsnummer
- Bestellmenge
- Nettopreis
- Bestelldatum
- Einheit
- Lieferant
- Beschreibender Text

Nach dem Senden einer Bestellung soll der Kunde eine Benachrichtigung über den Prozess der Einzelbestellung in Form einer üblichen ERP-System-Meldung erhalten. Eine Umsetzung des Vorhabens ist mit einem Java-Proxy-to-SOAP-Client vorgesehen, der über eine SOAP-Schnittstelle mit dem PI-System des Lieferanten kommuniziert und die Einzelbestellungen über einen SOAP-Adapter an das verarbeitende Zielsystem weiterleitet (vgl. Abbildung 8-1).

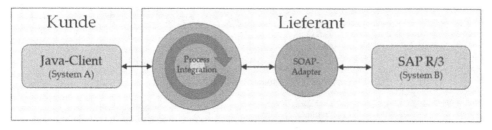

Abbildung 8-1: Szenarioübersicht

Zur Sicherstellung der Kommunikation über das PI-System müssen zunächst die notwendigen Objekte im ES Repository konfiguriert und anschließend die Kommunikationseinstellungen im Integration Builder vorgenommen werden. Im Folgenden werden die einzelnen Schritte in den genannten Bereichen vorgestellt.

8.2 Konfiguration

8.2.1 Enterprise Services Repository (ES Repository)

Damit die zu erstellenden Objekte im ES Repository in einem eigenen Bereich abgelegt werden können, wird eine Softwarekomponente mit einer zugehörigen Software-Komponentenversion benötigt.

Um eine Software-Komponentenversion im PI-System anzulegen, muss diese aus dem SLD importiert werden. Durch Rechtsklick auf die betreffende Software-Komponente können neue Objekte erstellt werden. Im angezeigten Fenster kann unter *Arbeitsbereiche* das Feld *Software-Komponentenversion* ausgewählt werden. Über die Option *Import aus SLD* wird eine Liste der verfügbaren Komponentenversionen angezeigt. Nach Auswahl der Komponente *J_PI_TRAINING* kann diese im ES Repository angelegt und in der Detailansicht der Komponentenversion ein eigener Namensraum mit der Bezeichnung *http://www.hm.edu/pi* angegeben werden.

Um generell von externen Programmen Zugriffe auf ein SAP® ERP-System zu ermöglichen, existieren Schnittstellen wie das SAP® Business Application Programming Interface (BAPI®). Dieses Interface ermöglicht es, über das Objekt *BAPI_PO_CREATE* Bestellungen in ein SAP® ERP-System einzutragen. Bei diesem Objekt handelt es sich um einen remotefähigen RFC-Funktionsbaustein. Damit das PI-System mit diesem Funktionsbaustein kommunizieren kann, muss dieser zunächst importiert werden. Dazu wird in der Software-Komponente durch Rechtsklick auf *Importierte Objekte* der Menüpunkt *Import von SAP-Objekten* ausgewählt (siehe Abbildung 8-2).

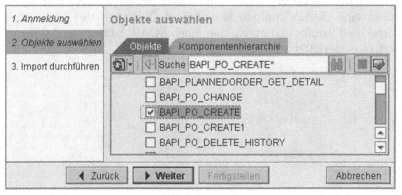

Abbildung 8-2: Import eines RFC-Funktionsbausteins

In dem aufklappenden Fenster wird in der Anmeldung das System B ausgewählt, über die Auswahlliste *BAPI_PO_CREATE* markiert und anschließend mit einem Klick auf *Fertigstellen* importiert. Nach einem erfolgreichen Import können nun alle notwendigen Objekte für ein erfolgreiches Mapping zwischen den Eingaben im Java-Client und den Feldern des *BAPI_PO_CREATE* erstellt werden. Alle weiteren Konfigurationsobjekte sind in Tabelle 8-1 dargestellt.

Tabelle 8-1: Konfigurationsobjekte

Operation-Mapping	OM_JAVA_PROXY_to_BAPI_PO_CREATE
Message-Mapping	MM_JAVA_PROXY_to_BAPI_PO_CREATE
Service-Interfaces	SI_BESTELLUNG_SYNC_OUT
	SI_BESTELLUNG_SYNC_IN
Message-Typ	MT_BESTELLUNG
Datentyp	DT_BESTELLUNG

Zunächst soll ein Datentyp mit der Bezeichnung *DT_BESTELLUNG* in der Softwarekomponente erstellt werden. Dazu wird ein neues Objekt im Namensraum *http://www.hm.edu/pi* erzeugt (Abbildung 8-3). Es werden zunächst die Elemente erstellt, die später als Eingabe für den Java-Client durch das Szenario definiert sind.

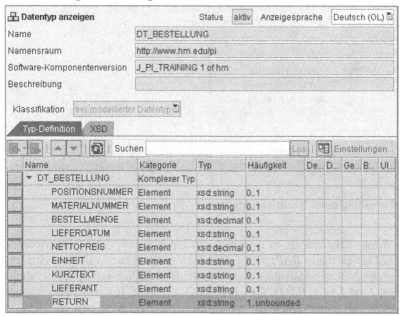

Abbildung 8-3: Erstellung eines Datentyps

Lediglich ein zusätzliches Feld mit der Bezeichnung *RETURN* ist notwendig, um spätere Antworten vom *BAPI_PO_CREATE* erhalten zu können. Wichtig ist die Einstellung der *Occurence* auf *1...unbounded*, da mehrere Antwortmeldungen durch das SAP® ERP-System übertragen werden können. Im Anschluss kann im Namensraum unter *Message-Types* mittels Rechtsklick ein neuer Nachrichtentyp mit der Bezeichnung *MT_BESTELLUNG* erstellt werden. Im sich öffnenden Fenster muss unter dem Punkt *Verwendeter Datentyp* der Datentyp *DT_BESTELLUNG* zusammen mit dem Namensraum eingetragen werden (siehe Abbildung 8-4).

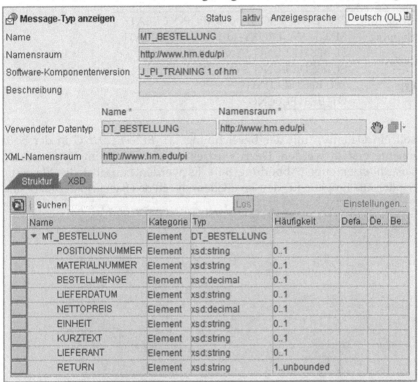

Abbildung 8-4: Erstellung eines Nachrichtentyps

Mit Abschluss dieses Schrittes ist es nun möglich ein Mapping vom Nachrichtentyp *MT_BESTELLUNG* nach *BAPI_PO_CREATE* vorzunehmen. Dazu wird im Namensraum unter *Message-Mappings* durch einen Rechtsklick ein Objekt erstellt. Die Bezeichnung *MM_JAVA_PROXY_to_BAPI_PO_CREATE* für das neue Message-Mapping liefert auf einen Blick die beteiligten Nachrichtentypen. Im Objekt wird als Quellnachricht *MT_BESTELLUNG* und als Zielnachricht *BAPI_PO_-CREATE* vom Typ RFC-Message ausgewählt. Das anschließende Mapping wird anhand der Tabelle 8-2 – Tabelle 8-5 illustriert, wobei in dieser Fallstudie die ausgewählten Pflichtfelder nicht durch den Client, sondern durch Konstanten im Message-Mapping befüllt werden.

Da die benötigten Pflichtfelder abhängig vom Backendsystem sind, haben die Mapping-Tabellen keinen Anspruch auf Vollständigkeit. Pflichtfelder können durch Auswertung der Nachrichten vom Backendsystem an den Java-Client im Nachhinein ermittelt werden.

Tabelle 8-2: Mapping von MT_BESTELLUNG auf PO_ITEMS

Quelle: MT_BESTELLUNG	Konstante/Mapping	Ziel: BAPI_PO_CREATE
POSITIONSNUMMER	Mapping	PO_ITEM
MATERIALNUMMER	Mapping	MATERIAL
KURZTEXT	Mapping	SHORT_TEXT
EINHEIT	Mapping	UNIT
NETTOPREIS	Mapping	NET_PRICE
BESTELLMENGE	Mapping	DISP_QUAN
	Konstante: F	ACCTASSCAT
	Konstante: 001	MAT_GRP
	Konstante: 1000	PLANT
	Konstante: F	ACCTASSCAT
	Konstante: 001	MAT_GRP
	Konstante: 1000	PLANT

Tabelle 8-3: Mapping von MT_BESTELLUNG auf PO_ITEM_SCHEDULES

Quelle: MT_BESTELLUNG	Konstante/Mapping	Ziel: BAPI_PO_CREATE
EINHEIT	Mapping	PO_ITEM
LIEFERDATUM	Mapping	DELIV_DATE
BESTELLMENGE	Mapping	QUANTITY

Tabelle 8-4: Mappg. von MT_BESTELLUNG auf PO_ITEM_ACCOUNT_ASSIGNMENT

Quelle: MT_BESTELLUNG	Konstante/Mapping	Ziel: BAPI_PO_CREATE
POSITIONSNUMMER	Mapping	PO_ITEM
BESTELLMENGE	Mapping	QUANTITY
	Konstante: 0000400000	G_L_ACCT
	Konstante: 0000004220	COST_CTR

Tabelle 8-5: Mapping von MT_BESTELLUNG auf PO_HEADER

Quelle: MT_BESTELLUNG	Konstante/Mapping	Ziel: BAPI_PO_CREATE
LIEFERANT	Mapping	VENDOR
	Konstante: NB	DOC_TYPE
	Konstante: F	DOC_CAT
	Konstante: 1000	CO_CODE
	Konstante: 1000	PURCH_ORG
	Konstante: 100	PUR_GROUP
	Konstante: 1000	SUPPL_PLNT
	Konstante: AWAD	CREATED_BY

Mit der bisherigen Konfiguration sind dem PI-System zwar die Datentypen und das Mapping bekannt, allerdings ist noch unklar, ob es sich dabei um eine Anfrage oder eine Antwortnachricht handelt. Aus diesem Grund wird zunächst ein Service-Interface im Namensraum (siehe Abbildung 8-5) erstellt.

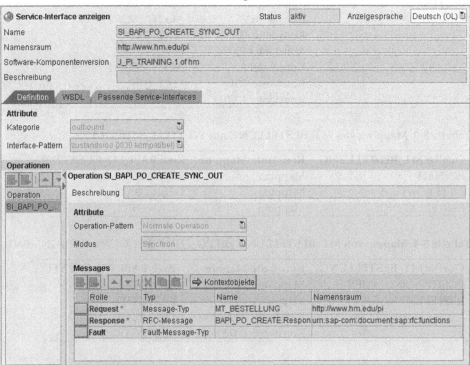

Abbildung 8-5: Erstellung eines Service-Interface

Das neue Service-Interface *SI_BESTELLUNG_SYNC_OUT* ist ein synchrones Outbound Interface, das zum einen eine Anfrage mit Antwort erwartet und zum anderen die Kommunikation zwischen dem Client und dem PI-System ermöglicht. Anfragen kommen auf dieser Seite des SAP® PI-Systems vom Client mit dem Message-Typ *MT_BESTELLUNG* an. Eine Antwort wird in Form des durch den automatisch verfügbaren RFC Message-Schema *BAPI_PO_CREATE.Response* erwartet. Dieser Nachrichtentyp wurde durch den Import des Funktionsbausteins verfügbar. Wichtig ist die Einstellung *zustandslos (XI30-kompatibel)* im Punkt *Interface Pattern*, da das Interface ansonsten bei der späteren WSDL-Generierung nicht in der Auswahlliste der gewünschten Interfaces erscheint.

Da über das erstellte Interface nur der Kommunikationsweg vom Client zum PI-System abgedeckt wird, benötigt das System noch ein weiteres Service-Interface, das die Nachrichtentypen vom PI-System zum Zielsystem, beziehungsweise zum Funktionsbaustein definiert. Hierfür wird das Service-Interface *SI_BESTELLUNG_-SYNC_IN* erstellt. Es handelt sich dabei um ein synchrones Inbound Interface. Die Nachrichtentypen für Anfragen und Antworten sind *BAPI_PO_CREATE* und *BA-PI_PO_CREATE.Response*. Im Anschluss kann nun ein Operation-Mapping im Namensraum erstellt werden. Das Objekt erhält den Namen *OM_JAVA_PROXY_-to_BAPI_PO_CREATE* (siehe Abbildung 8-6).

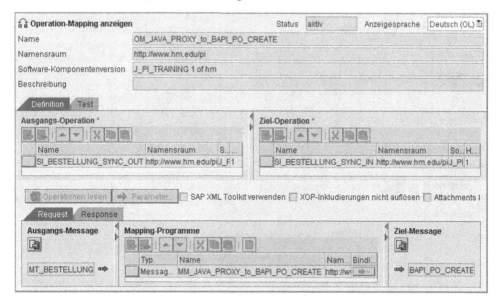

Abbildung 8-6: Erstellung eines Operation-Mappings

In den Punkten *Ausgangs-Operation* und *Ziel-Operation* werden jeweils die Service-Interfaces *SI_BESTELLUNG_SYNC_OUT* und *SI_BESTELLUNG_SYNC_IN* eingestellt. Unter *Mapping-Programme* wird das bereits angelegte Message-Mapping *MM_JAVA_PROXY_to_BAPI_PO_CREATE* ausgewählt. Wie in der Abbildung 8-6 zu sehen ist, wird bei einer Anfrage der Nachrichtentyp *MT_BESTELLUNG* über das Message-Mapping auf den Nachrichtentyp *BAPI_PO_CREATE* übersetzt. Bei der Antwort durch den Funktionsbaustein, ist kein Mapping notwendig, daher ist bei *Ausgangs-* und *Ziel-Message* der Wert *BAPI_PO_CREATE.Response* eingetragen.

8.2.2 Integration Builder

Nach der Konfiguration des Mappings und der Service-Interfaces müssen die Kommunikationseinstellungen im Integration Builder bestimmt werden. Da der Java-Client direkt mit dem PI-System über eine Webservice-Schnittstelle kommuniziert, konzentrieren sich die notwendigen Einstellungen auf die Kommunikation zwischen der PI und dem System B. Damit das PI-System eingehende Daten an die richtigen Empfänger schicken kann, muss zunächst ein Empfängerkanal eingestellt werden der mit dem Baustein *BAPI_PO_CREATE* über SOAP kommuniziert.

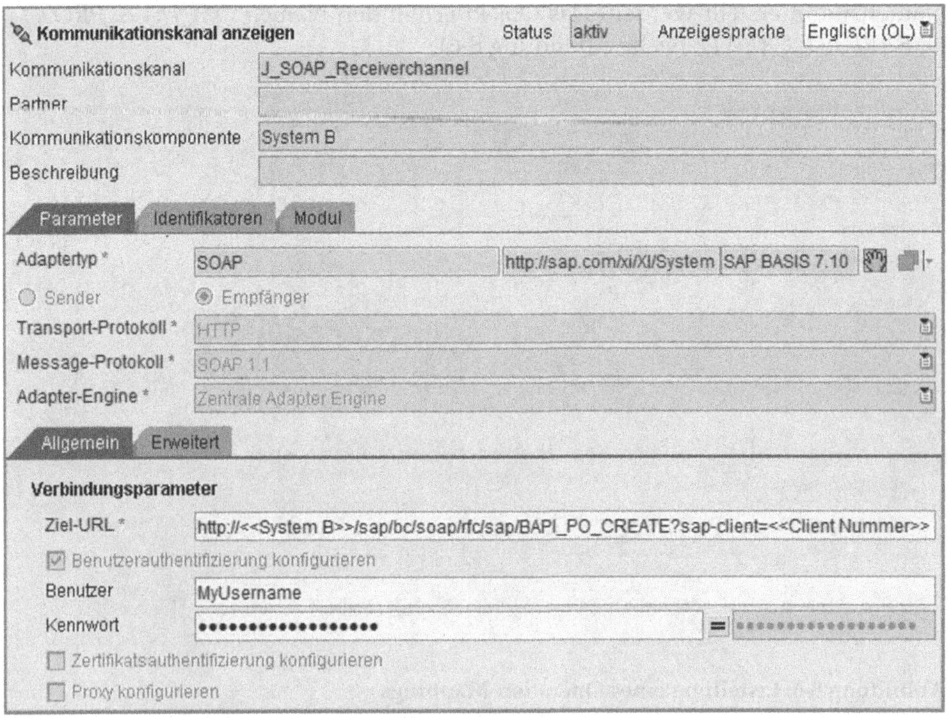

Abbildung 8-7: Erstellung eines Empfängerkanals

Dazu wird ein Kommunikationskanal mit dem Namen *J_SOAP_Receiverchannel* erstellt, der der Kommunikationskomponente System B zugeordnet ist). Unter Adaptertyp wird SOAP ausgewählt und als Target URL des *BAPI_PO_CREATE* Webservices unter *http://<<SystemB>>/sap/bc/soap/rfc/sap/BAPI_PO_CREATE?sap-client=<<Client Nummer>>* angegeben. Um den Webservice unter der angegebenen Adresse zu erreichen, muss zusätzlich noch eine User Authentifikation mit Benutzernamen und Passwort eingerichtet werden (siehe Abbildung 8-7).

Anschließend wird eine Empfängervereinbarung erstellt, bei dem der Sender der Java-Client und der Empfänger das System B ist. An dieser Stelle sollte eine Business-Komponente für den Java-Client angelegt werden, aber wegen der exemplarischen Stellung dieser Lösung wurde ein bereits im SLD angelegtes System als Sender-Dummy für den Client verwendet. Das zu verwendende Service-Interface ist *SI_BESTELLUNG_SYNC_IN* und der Kommunikationskanal ist der zuvor erstellte Empfängerkanal *J_SOAP_Receiverchannel*. Als Software-Komponentenversion des Empfängerinterfaces wird *J_PI_TRAINING* angegeben (siehe Abbildung 8-8).

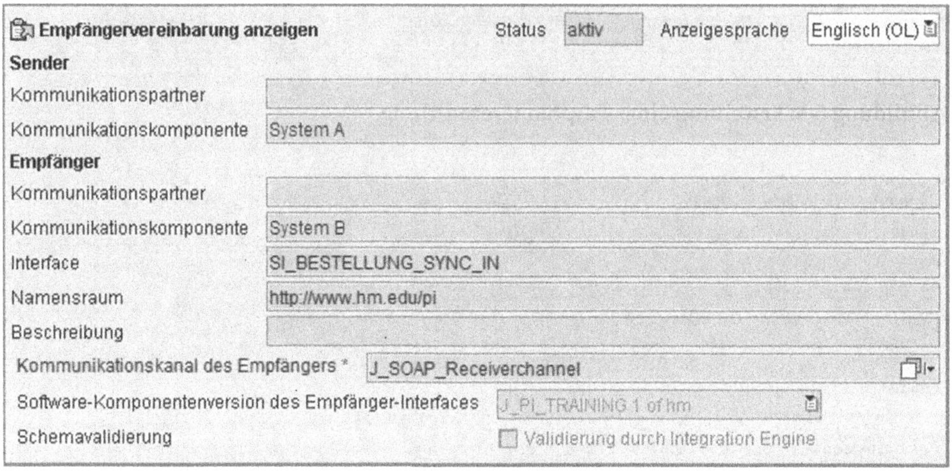

Abbildung 8-8: Erstellung einer Empfängervereinbarung

Nun kann eine Empfängerermittlung erstellt werden, die eine Kommunikation vom Sender (System A) mit dem Service-Interface *SI_BESTELLUNG_SYNC_OUT* an das Zielsystem System B regelt (siehe Abbildung 8-9). Abschließend kann nun die Interface-Ermittlung erstellt werden. Dazu wird als Sender das System A mit dem Service-Interface *SI_BESTELLUNG_SYNC_OUT* angegeben. Empfängersystem ist System B. Die angegebenen Empfängerinterfaces sind das Service-Interface *SI_BESTELLUNG_SYNC_OUT* in Verbindung mit dem Operation-Mapping *OM_JAVA_PROXY_to_BAPI_PO_CREATE* (siehe Abbildung 8-10).

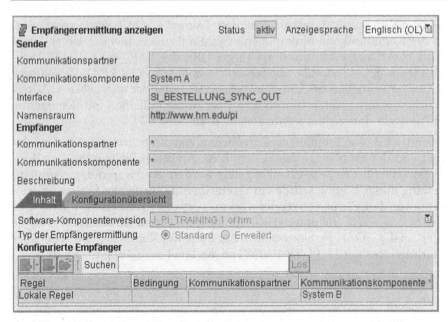

Abbildung 8-9: Erstellung einer Empfängerermittlung

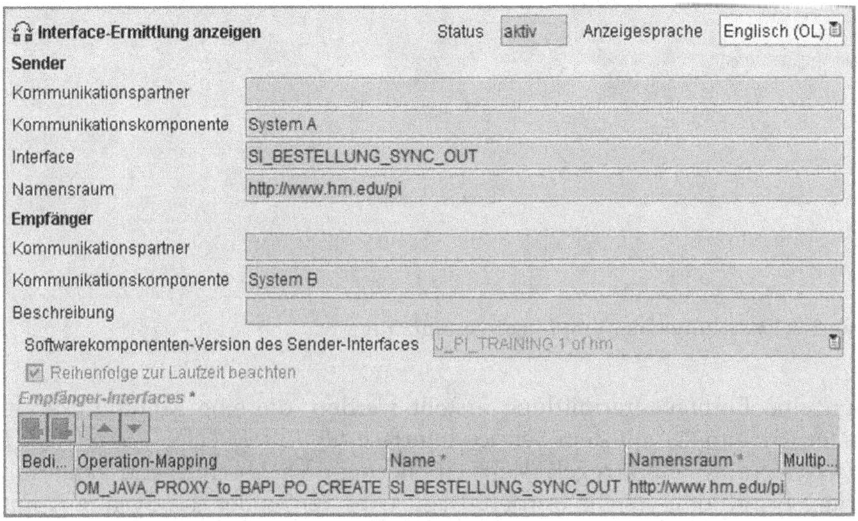

Abbildung 8-10: Erstellung einer Interface-Ermittlung

Somit sind alle Objekte im Integration Builder erstellt worden, und es kann mit der Programmierung des Java-Clients begonnen werden.

8.2.3 Java-Programmierung

Um mit dem Service des PI-Systems kommunizieren zu können, wird die Service-Beschreibung in Form eines WSDL-Dokuments benötigt. Diese Beschreibung ist im Integration Builder im Menü unter *Werkzeuge/WSDL anzeigen...* zunächst zu generieren. Dazu wird die URL *http://<<SapPI>>/sap/xi/engine?type=entry* benötigt, die das PI-System adressiert.

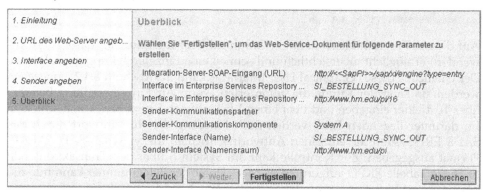

Abbildung 8-11: Generierung eines WSDL-Dokuments

In den nächsten Schritten werden das zu veröffentlichende Service-Interface und der Sender angegeben. Die notwendigen Eingaben können Abbildung 8-11 entnommen werden.

Nach der Generierung des WSDL-Dokuments ist es nun möglich, in einer Java-Entwicklungsumgebung wie Eclipse einen Webservice Client zu generieren, der auf die Funktionen des Service-Interfaces zugeschnitten ist. Dazu wird zunächst ein Java-Projekt mit dem Namen *BAPI_PO_CREATE* angelegt, in das das zuvor generierte WSDL-Dokument abgelegt wird. Nun kann diese über *Datei/Neu/Web Services/Web Service Client* ausgewählt werden. Der Client-Type muss dabei auf Java-Proxy sowie der Entwicklungstand auf *Develop Client* gestellt werden. Nach einem Klick auf *Finish* werden alle notwendigen Klassen automatisch in das Projekt hinein generiert und stehen somit zur Verfügung.

Zur Erstellung des Java Clients wurde eine Kernanwendung geschrieben, die mit Hilfe der generierten Klassen ein Bestellobjekt erstellt und an das PI-System versendet, sowie dessen Antwort annimmt. Der zugehörige Quellcode kann im Abschnitt 8.4.1 eingesehen werden.

Zunächst wird über eine Klasse *SI_BESTELLUNG_SYNC_OUTServiceLocator*, welche die Adresse des Webservices kennt, das zugehörige Objekt *Port* vom Typ *SI_BESTELLUNG_SYNC_OUT* ermittelt. Im Anschluss wird ein Objekt vom Typ *DT_BESTELLUNG* mit den aus dem Szenario gewünschten Daten versehen und über das Objekt *Port* an das PI-System versendet. Da es sich um ein synchrones

Szenario handelt, wird eine Antwort vom Typ *BAPI_PO_CREATEResponse* erwartet, die dann ausgewertet und später grafisch dargestellt werden kann. Wichtig im Zusammenhang bei dem Versand der Bestellung ist die vorherige Authentifizierung mit Username und Passwort, die wie folgt durchgeführt wird:

```
SI_BESTELLUNG_SYNC_OUTBindingStub stub;
stub = (SI_BESTELLUNG_SYNC_OUTBindingStub) port;
stub.setPassword("MyPassword");
stub.setUsername("MyUsername");
```

Auf diesem Programmkern baut ein Graphical User Interface auf, das es den Anwendern ermöglicht, übersichtlich und schnell eine Einzelbestellung auszuführen. Der Quellcode dieses Graphical User Interfaces kann in Abschnitt 8.4.2 eingesehen werden. So kann der Kunde die geforderten Werte zur Einzelbestellung bequem über Textfelder eingeben und über einen Klick auf den Knopf *Bestellen* abschicken. Im darunter liegenden Feld werden nach Empfang der Rückantwort durch das SAP® ERP-System die einzelnen Antwortnachrichten im typischen SAP® ABAP-Format ausgegeben. Zur Kontrolle kann im System B über den Transaktionscode *SE16* die Tabelle EKPO aufgerufen werden. Unter der Belegnummer kann nun die eingegangene Bestellung gefunden werden (siehe Abbildung 8-12).

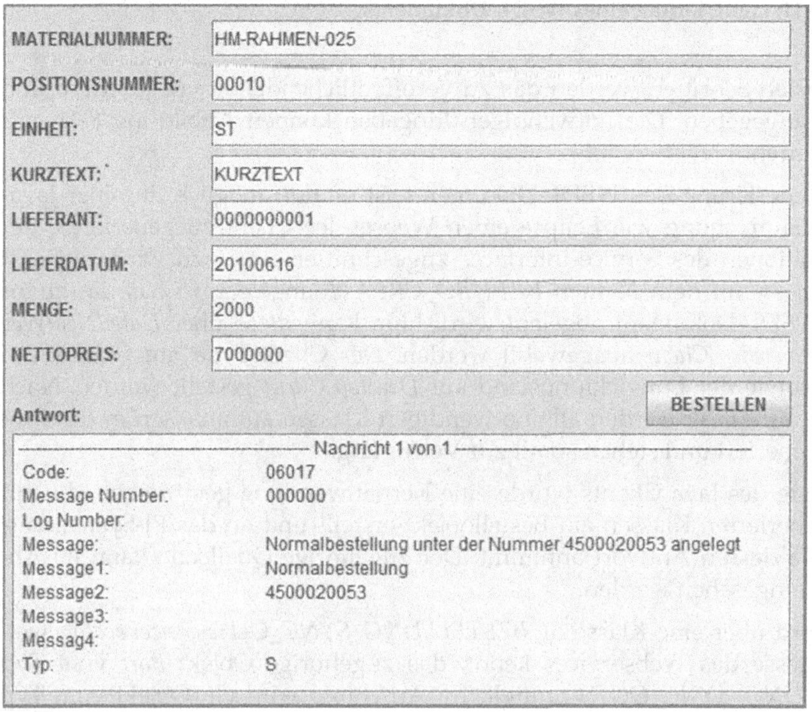

MATERIALNUMMER:	HM-RAHMEN-025
POSITIONSNUMMER:	00010
EINHEIT:	ST
KURZTEXT:	KURZTEXT
LIEFERANT:	0000000001
LIEFERDATUM:	20100616
MENGE:	2000
NETTOPREIS:	7000000

Antwort: **BESTELLEN**

```
------------------------- Nachricht 1 von 1 -------------------------
Code:                     06017
Message Number:           000000
Log Number:
Message:                  Normalbestellung unter der Nummer 4500020053 angelegt
Message1:                 Normalbestellung
Message2:                 4500020053
Message3:
Messag4:
Typ:                      S
```

Abbildung 8-12: GUI für die Eingabe und die Ausgabe des Java-Client

8.3 Fazit

Zusammenfassend lässt sich feststellen, dass der Kunde mit dem vorgestellten Client in der Lage ist, Bestellungen erfolgreich an das SAP® ERP-System des Lieferanten zu versenden. Als Erweiterungen für die Zukunft bietet sich die Entwicklung auf Basis des aktuellen Funktionsbausteins *BAPI_PO_CREATE1* an, um noch mehr Flexibilität bei der Abwicklung von Bestellungen zu haben. Außerdem wäre es denkbar, den bereits existierenden Client um die Funktionalität zu erweitern, Bestellungen auch mit mehr als einer Position verschicken zu können.

8.4 Anhang

8.4.1 Anhang: Source Code 1

```
package edu;
import java.math.BigDecimal;
import java.rmi.RemoteException;
import javax.xml.rpc.ServiceException;
import edu.hm.www.pi._16.DT_BESTELLUNG;
import edu.hm.www.pi._16.SI_BESTELLUNG_SYNC_OUT;
import edu.hm.www.pi._16.SI_BESTELLUNG_SYNC_OUTBindingStub;
import edu.hm.www.pi._16.SI_BESTELLUNG_SYNC_OUTServiceLocator;
import functions.rfc.sap.document.sap_com.BAPIRETURN;
import functions.rfc.sap.document.sap_com.BAPI_PO_CREATEResponse;

public class BAPI_PO_CREATE {
  public String start(String MATERIALNUMMER, String POSITIONSNUMMER, String
  EINHEIT, String KURZTEXT, String LIEFERANT, String LIEFERDATUM, String
  BESTELLMENGE, String NETTOPREIS) throws ServiceException, RemoteException {
    SI_BESTELLUNG_SYNC_OUTServiceLocator serviceLocator =
                        new SI_BESTELLUNG_SYNC_OUTServiceLocator();
    SI_BESTELLUNG_SYNC_OUT port =
                        serviceLocator.getSI_BESTELLUNG_SYNC_OUTPort();
    DT_BESTELLUNG bestellung = new DT_BESTELLUNG();
    bestellung.setMATERIALNUMMER(MATERIALNUMMER);
    bestellung.setPOSITIONSNUMMER(POSITIONSNUMMER);
    bestellung.setEINHEIT(EINHEIT);
    bestellung.setKURZTEXT(KURZTEXT);
    bestellung.setLIEFERANT(LIEFERANT);
    bestellung.setLIEFERDATUM(LIEFERDATUM);
    bestellung.setBESTELLMENGE(new BigDecimal(BESTELLMENGE));
    bestellung.setNETTOPREIS(new BigDecimal(NETTOPREIS));
    //Authentification
    SI_BESTELLUNG_SYNC_OUTBindingStub stub =
                        (SI_BESTELLUNG_SYNC_OUTBindingStub) port;
    stub.setPassword("MyPassword");
    stub.setUsername("MyUser");
    BAPI_PO_CREATEResponse response =
                        port.SI_BESTELLUNG_SYNC_OUT(bestellung);
```

```
    BAPIRETURN[] bapi_re = response.getRETURN();
    StringBuffer str = new StringBuffer();
    if(bapi_re!=null){
      for(int i=0;i<bapi_re.length;i++){
        str.append("--- Nachricht "+(i+1)+" von "+bapi_re.length+"\n");
        str.append(" Code:\t\t"+bapi_re[i].getCODE()+"\n");
        str.append(" Message Number:\t"+bapi_re[i].getLOG_MSG_NO()+"\n");
        str.append(" Log Number:\t\t"+bapi_re[i].getLOG_NO()+"\n");
        str.append(" Message:\t\t"+bapi_re[i].getMESSAGE()+"\n");
        str.append(" Message1:\t\t"+bapi_re[i].getMESSAGE_V1()+"\n");
        str.append(" Message2:\t\t"+bapi_re[i].getMESSAGE_V2()+"\n");
        str.append(" Message3:\t\t"+bapi_re[i].getMESSAGE_V3()+"\n");
        str.append(" Messag4:\t\t"+bapi_re[i].getMESSAGE_V4()+"\n");
        str.append(" Typ:\t\t"+bapi_re[i].getTYPE()+"\n");
        str.append("\n\n");
      }
    }
    else{
      System.out.println("Uebertragungs- oder Konfigurationsfehler!");
    }
    return str.toString();
  }
}
```

8.4.2 Anhang: Source Code 2

```
package edu;
import java.awt.event.ActionEvent;
import java.awt.event.ActionListener;
import java.awt.event.WindowEvent;
import java.awt.event.WindowListener;
import java.rmi.RemoteException;
import javax.swing.JButton;
import javax.swing.JFrame;
import javax.swing.JLabel;
import javax.swing.JScrollPane;
import javax.swing.JTextArea;
import javax.swing.JTextField;
import javax.xml.rpc.ServiceException;

public class GUI extends JFrame{
  private static final long serialVersionUID = 1L;
  private JLabel LABEL_ARTIKELBEZEICHNUNG;
  private JLabel LABEL_ARTIKELNUMMER;
  private JLabel LABEL_EINHEIT;
  private JLabel LABEL_KURZTEXT;
  private JLabel LABEL_LIEFERANT;
  private JLabel LABEL_LIEFERDATUM;
  private JLabel LABEL_MENGE;
  private JLabel LABEL_NETTOPREIS;
  private JTextField TEXTFIELD_ARTIKELBEZEICHNUNG;
```

```
private JTextField TEXTFIELD_ARTIKELNUMMER;
private JTextField TEXTFIELD_EINHEIT;
private JTextField TEXTFIELD_KURZTEXT;
private JTextField TEXTFIELD_LIEFERANT;
private JTextField TEXTFIELD_LIEFERDATUM;
private JTextField TEXTFIELD_MENGE;
private JTextField TEXTFIELD_NETTOPREIS;
private JButton BUTTON_BESTELLEN;
private JTextArea TEXTFIELD_RESPONSE;
private JLabel LABEL_RESPONSE;

public GUI(){
  getContentPane().setLayout(null);
  initWindow();
  addWindowListener(
    new WindowListener(){
      public void windowClosed(WindowEvent arg0) {}
      public void windowActivated(WindowEvent e) {}
      public void windowClosing(WindowEvent e) {System.exit(0);}
      public void windowDeactivated(WindowEvent e) {}
      public void windowDeiconified(WindowEvent e) {}
      public void windowIconified(WindowEvent e) {}
      public void windowOpened(WindowEvent e) {}
    }
  );
}

protected void initWindow(){
  this.LABEL_ARTIKELBEZEICHNUNG = new JLabel("MATERIALNUMMER:");
  this.LABEL_ARTIKELNUMMER = new JLabel("POSITIONSNUMMER:");
  this.LABEL_EINHEIT = new JLabel("EINHEIT:");
  this.LABEL_KURZTEXT = new JLabel("KURZTEXT:");
  this.LABEL_LIEFERANT = new JLabel("LIEFERANT:");
  this.LABEL_LIEFERDATUM = new JLabel("LIEFERDATUM:");
  this.LABEL_MENGE = new JLabel("MENGE:");
  this.LABEL_NETTOPREIS = new JLabel("NETTOPREIS:");
  this.LABEL_RESPONSE = new JLabel("Antwort:");
  this.TEXTFIELD_ARTIKELBEZEICHNUNG = new JTextField();
  this.TEXTFIELD_ARTIKELNUMMER = new JTextField();
  this.TEXTFIELD_EINHEIT = new JTextField();
  this.TEXTFIELD_KURZTEXT = new JTextField();
  this.TEXTFIELD_LIEFERANT = new JTextField();
  this.TEXTFIELD_LIEFERDATUM = new JTextField();
  this.TEXTFIELD_MENGE = new JTextField();
  this.TEXTFIELD_NETTOPREIS = new JTextField();
  this.TEXTFIELD_ARTIKELBEZEICHNUNG.setText("HM-RAHMEN-025");
  this.TEXTFIELD_ARTIKELNUMMER.setText("00010");
  this.TEXTFIELD_EINHEIT.setText("ST");
  this.TEXTFIELD_KURZTEXT.setText("KURZTEXT");
  this.TEXTFIELD_LIEFERANT.setText("0000000001");
  this.TEXTFIELD_LIEFERDATUM.setText("20100616");
```

```
this.TEXTFIELD_MENGE.setText("2000");
this.TEXTFIELD_NETTOPREIS.setText("7000000");
this.TEXTFIELD_RESPONSE = new JTextArea();
this.BUTTON_BESTELLEN = new JButton("BESTELLEN");
this.BUTTON_BESTELLEN.addActionListener(
  new ActionListener(){
    public void actionPerformed(ActionEvent arg0){
      GUI.this.buttonBerechneClicked();
    }
  }
);
this.TEXTFIELD_ARTIKELBEZEICHNUNG.setBounds(145,10,400,25);
this.TEXTFIELD_ARTIKELNUMMER.setBounds(145,40,400,25);
this.TEXTFIELD_EINHEIT.setBounds(145,70,400,25);
this.TEXTFIELD_KURZTEXT.setBounds(145,100,400,25);
this.TEXTFIELD_LIEFERANT.setBounds(145,130,400,25);
this.TEXTFIELD_LIEFERDATUM.setBounds(145,160,400,25);
this.TEXTFIELD_MENGE.setBounds(145,190,400,25);
this.TEXTFIELD_NETTOPREIS.setBounds(145,220,400,25);
this.LABEL_ARTIKELBEZEICHNUNG.setBounds(5,10,140,25);
this.LABEL_ARTIKELNUMMER.setBounds(5,40,130,25);
this.LABEL_EINHEIT.setBounds(5,70,70,25);
this.LABEL_KURZTEXT.setBounds(5,100,130,25);
this.LABEL_LIEFERANT.setBounds(5,130,130,25);
this.LABEL_LIEFERDATUM.setBounds(5,160,130,25);
this.LABEL_MENGE.setBounds(5,190,130,25);
this.LABEL_NETTOPREIS.setBounds(5,220,130,25);
this.BUTTON_BESTELLEN.setBounds(445, 250, 100, 30);
this.LABEL_RESPONSE.setBounds(5, 275, 50, 25);
this.TEXTFIELD_RESPONSE.setBounds(5, 300, 520, 200);

getContentPane().add(this.LABEL_ARTIKELBEZEICHNUNG);
getContentPane().add(this.LABEL_ARTIKELNUMMER);
getContentPane().add(this.LABEL_EINHEIT);
getContentPane().add(this.LABEL_KURZTEXT);
getContentPane().add(this.LABEL_LIEFERANT);
getContentPane().add(this.LABEL_LIEFERDATUM);
getContentPane().add(this.LABEL_MENGE);
getContentPane().add(this.LABEL_NETTOPREIS);
getContentPane().add(this.TEXTFIELD_ARTIKELBEZEICHNUNG);
getContentPane().add(this.TEXTFIELD_ARTIKELNUMMER);
getContentPane().add(this.TEXTFIELD_EINHEIT);
getContentPane().add(this.TEXTFIELD_KURZTEXT);
getContentPane().add(this.TEXTFIELD_LIEFERANT);
getContentPane().add(this.TEXTFIELD_LIEFERDATUM);
getContentPane().add(this.TEXTFIELD_MENGE);
getContentPane().add(this.TEXTFIELD_NETTOPREIS);
getContentPane().add(this.BUTTON_BESTELLEN);
JScrollPane scrollpane = new JScrollPane(this.TEXTFIELD_RESPONSE);
scrollpane.setBounds(5, 300, 540, 220);
scrollpane.setEnabled(false);
```

```
      getContentPane().add(scrollpane);
      getContentPane().add(this.LABEL_RESPONSE);
      pack();
  }

  public void buttonBerechneClicked(){
    this.TEXTFIELD_RESPONSE.setText("");
    String ARTIKELBEZEI = this.TEXTFIELD_ARTIKELBEZEICHNUNG.getText();
    String ARTIKELNUMMER = this.TEXTFIELD_ARTIKELNUMMER.getText();
    String EINHEIT = this.TEXTFIELD_EINHEIT.getText();
    String KURZTEXT = this.TEXTFIELD_KURZTEXT.getText();
    String LIEFERANT = this.TEXTFIELD_LIEFERANT.getText();
    String LIEFERDATUM = this.TEXTFIELD_LIEFERDATUM.getText();
    String MENGE = this.TEXTFIELD_MENGE.getText();
    String NETTOPREIS = this.TEXTFIELD_NETTOPREIS.getText();
    BAPI_PO_CREATE po = new BAPI_PO_CREATE();
    String RESPONSE = "";
    try{
RESPONSE = po.start(ARTIKELBEZEI, ARTIKELNUMMER, EINHEIT, KURZTEXT, LIEFERANT, LIEFERDATUM,
MENGE, NETTOPREIS);
    }
    catch (RemoteException e) {
      RESPONSE = e.getMessage();
    }
    catch (ServiceException e) {
      RESPONSE = e.getMessage();
    }
    this.TEXTFIELD_RESPONSE.setText(RESPONSE);
  }
}
```

9 Fallstudie *Internationale Bestellabwicklung*

Autor: Michael Gerg, Hochschule München

9.1 Beschreibung des Szenarios

In diesem Szenario wird eine Bestellung aus dem SAP® ECC 6.0 (nachfolgend *Sendersystem* genannt) eines Kunden mit Standorten in China, Japan, Russland, Schweden, Indien, der Schweiz und den USA an das SAP® ECC 5.0 (nachfolgend *Empfängersystem* genannt) eines Lieferanten aus Deutschland gesendet. Die Integration der Systeme erfolgt anhand der Plattform SAP NetWeaver® PI 7.1 (nachfolgend als *PI-System* bezeichnet). Zur Durchführung der Bestellung werden am Sendersystem zwei ABAP-Proxys aus einem ABAP-Programm aufgerufen. Der erste ABAP-Proxy ermittelt anhand eines externen Webservices, der durch einen SOAP-Adapter an das PI-System angebunden ist, den aktuellen Wechselkurs der eingegebenen Ausgangs- (CNY, JPY, RUB, SEK, INR, CHF oder USD) und der festgelegten Zielwährung (EUR) und sendet diesen an den Sender zurück. Nachfolgend wird im ABAP-Programm der aktuelle Wechselkurs mit Netto-Preis des bestellten Materials verrechnet. Anhand eines RFC-Adapters sendet der zweite ABAP-Proxy die Bestellung an das Empfängersystem, das abschließend den Erhalt der Bestellung quittiert (siehe Abbildung 9-1). In den folgenden Abschnitten wird beschrieben, welche Objekte für die Umsetzung dieses Szenarios angelegt und aktiviert werden müssen.

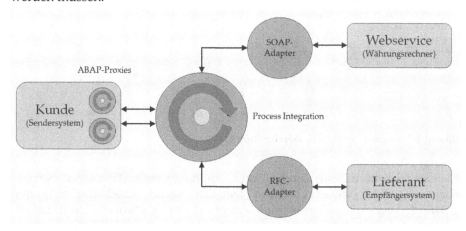

Abbildung 9-1: Beschreibung des Szenarios

9.2 ABAP-Proxy to SOAP

9.2.1 Objekte im Enterprise Services Repository

Bei dem Aufruf eines externen Webservices handelt es sich typischerweise um eine synchrone Kommunikation. Dies hat zur Folge, dass Design-Objekte sowohl für den Hin- als auch für den Rückweg einer Nachricht angelegt werden müssen. Aufgrund der Verwendung der bestehenden WSDL-Schnittstelle ist jedoch die Erstellung von eigenen Daten- und Message-Typen nicht erforderlich (Nicolescu 2009).

Die WSDL-Beschreibung *http://www.webservicex.net/CurrencyConvertor.asmx?wsdl* des Webservices muss zu Beginn auf den lokalen Rechner gespeichert und als externe Definition namens *WS_CurrencyC* importiert werden. Beim Anlegen der externen Definition ist darauf zu achten, dass die Kategorie *wsdl* ausgewählt wird. Der Karteireiter *Messages* zeigt die durch den Import erzeugten Message-Typen (siehe Abbildung 9-2).

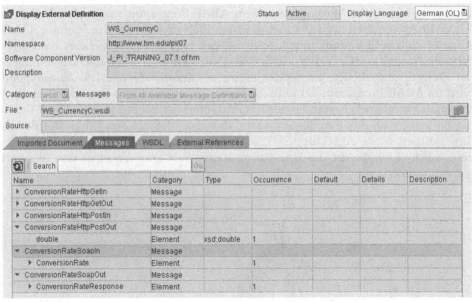

Abbildung 9-2: Import der WSDL-Beschreibung

Im nächsten Schritt müssen sender- bzw. empfängerseitig die beiden Service-Interfaces *SI_ABAP_PROXY_CurrencyC_Syn_Out* (siehe Abbildung 9-3) und *SI_CurrencyC_Sync_In* angelegt werden. Aufgrund der synchronen Kommunikation verarbeitet der Sender sowohl ausgehende als auch eingehende Nachrichten. Jedoch fungiert er hauptsächlich als Outbound-Interface und gehört deshalb dem

Modus Synchronous und der Kategorie *Outbound* an. Als Message-Typ muss für den Hinweg *ConversionRateSoapIn* und für den Rückweg *ConversionRateSoapOut* festgelegt werden. In dem Service-Interface auf der Empfängerseite müssen derselbe Modus und dieselben Message-Typen, jedoch die Kategorie *Inbound* ausgewählt werden.

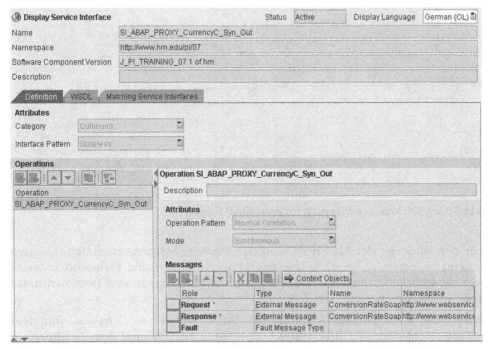

Abbildung 9-3: Service-Interface auf der Senderseite – SOAP

Nachfolgend müssen für den Hinweg beziehungsweise für den Rückweg die beiden Mapping-Objekte mit den Namen *MM_ABAP_PROXY_to_CurrencyC* und *MM_CurrencyC_to_ABAP_PROXY* angelegt werden. Bei der Erstellung des Message-Mappings für den Hinweg muss sowohl für die Ausgangs- als auch für die Ziel-Message der Typ *ConversionRateSoapIn* ausgewählt werden. Nachfolgend muss das Feld *FromCurrency* der Ausgangs-Message mit dem namensgleichen Feld der Ziel-Message verbunden werden. Für das Feld *ToCurrency* wird in der Ziel-Message als Währung die Konstante *EUR* festgelegt (siehe Abbildung 9-4).

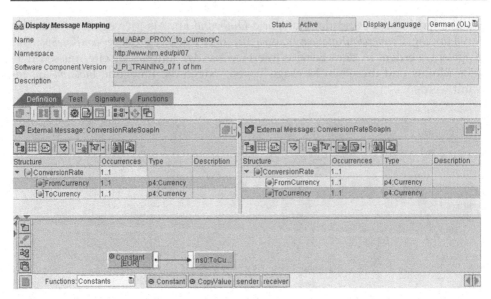

Abbildung 9-4: Message-Mapping für den SOAP-Request

Für den Rückweg der Nachricht wird das Message-Mapping nach dem gleichen Schema, jedoch mit *ConversionRateSoapOut* als Ausgangs- und Zielnachricht angelegt. Abschließend muss das Mapping anhand der Eingabe von Testdaten unter dem Reiter Test überprüft werden.

Nun muss das Operation-Mapping *OM_ABAP_PROXY_to_CurrencyC* mit dem Ausgangs-Interface *SI_ABAP_PROXY_CurrencyC_Syn_Out* und dem Ziel-Interface *SI_CurrencyC_Sync_In* angelegt werden (siehe Abbildung 9-5). Nachdem die beiden Service-Interfaces ausgewählt wurden, ist ein Klick auf den Button *Read Operations* erforderlich, damit anhand der zwei angezeigten Karteireiter das jeweilige Message-Mapping für den Hin- bzw. für den Rückweg der Nachricht eingebettet werden kann.

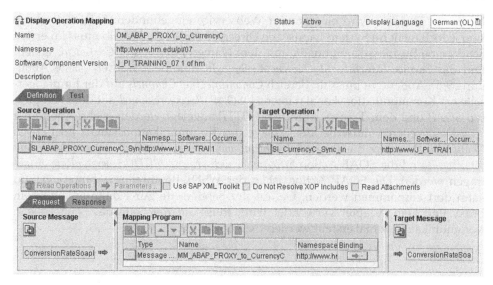

Abbildung 9-5: Operation-Mapping für den SOAP-Request

9.2.2 Objekte im Integration Directory

Die im Enterprise Services Repository erstellten Objekte stehen nicht im Bezug zu den tatsächlichen Sendern und Empfängern einer Nachricht. Im Integration Directory wird die Konfiguration vorgenommen, damit der Sender die Nachricht an das PI-System sendet und die Integrationsplattform die Nachricht anhand eines SOAP-Adapters an den richtigen Empfänger weiterleitet (Nicolescu 2009).

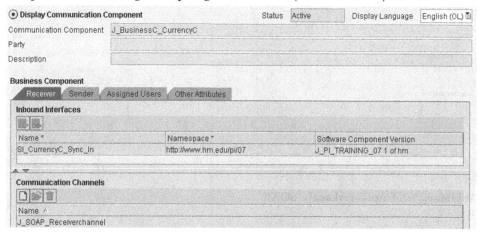

Abbildung 9-6: Business-Komponente – SOAP

In diesem Szenario wird ein externer Webservice eingebunden. Externe Systeme sind jedoch nicht im System Landscape Directory angelegt, deshalb muss im ersten Schritt eine Business-Komponente mit dem Namen *J_BusinessC_CurrencyC* erstellt und das Service-Interface *SI_CurrencyC_Sync_In* hinterlegt werden (siehe Abbildung 9-6). Außerdem muss im Bereich *Communication Channels* auf der Empfängerseite ein Kommunikationskanal namens *J_SOAP_Receiverchannel* mit dem Adaptertyp *SOAP* und dem Transportprotokoll *HTTP* angelegt werden (siehe Abbildung 9-7). Des Weiteren muss bei der Anlage des Kommunikationskanals im Bereich *Connection Parameter* die Target URL *http://www.webservicex.net/CurrencyConvertor.-asmx?wsdl* und die SOAP Action *http://www.webserviceX.NET/ConversionRate* eingetragen werden. Die SOAP Action ist in der WSDL-Beschreibung hinterlegt und kann dort entnommen werden. Da auf der Senderseite zur Kommunikation ein Proxy und kein Adapter verwendet wird, muss auf der Seite des Senders kein Kommunikationskanal erstellt werden (Nicolescu 2009).

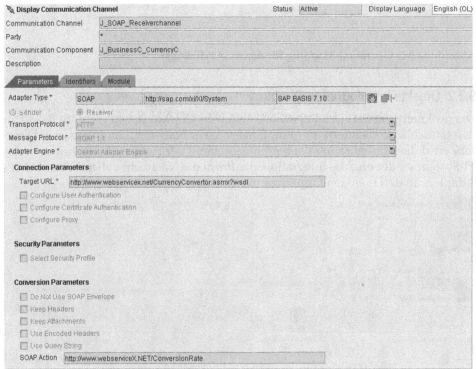

Abbildung 9-7: Empfängerkanal – SOAP

Im nächsten Schritt muss festgelegt werden, an welche Empfänger das PI-System die eingehende Nachricht sendet. Zu diesem Zweck muss eine Empfängerermittlung mit dem hinterlegten Sendersystem und dem Service-Interface *SI_ABAP_-*

PROXY_CurrencyC_Syn_Out angelegt werden (siehe Abbildung 9-8). In dieser Empfängerermittlung können mehrere Empfänger hinterlegt werden. In dem beschriebenen Szenario muss im Bereich Configured Receivers jedoch nur die erstellte Business-Komponente *J_BusinessC_CurrencyC* ausgewählt werden.

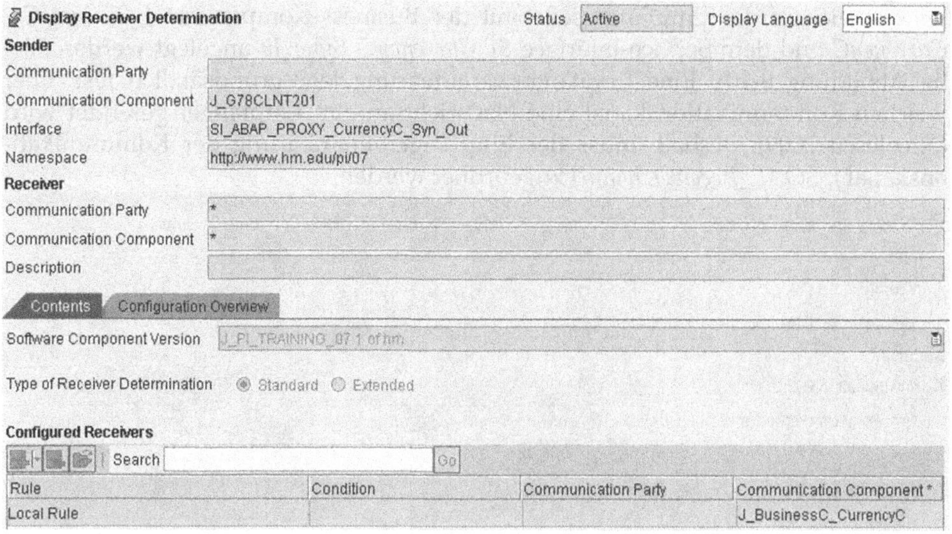

Display Receiver Determination		Status	Active	Display Language	English
Sender					
Communication Party					
Communication Component	J_G78CLNT201				
Interface	SI_ABAP_PROXY_CurrencyC_Syn_Out				
Namespace	http://www.hm.edu/pi/07				
Receiver					
Communication Party	*				
Communication Component	*				
Description					

Contents	Configuration Overview

Software Component Version   J_PI_TRAINING_07 1 of hm

Type of Receiver Determination   ⦿ Standard   ○ Extended

Configured Receivers

Search [   ] Go

Rule	Condition	Communication Party	Communication Component *
Local Rule			J_BusinessC_CurrencyC

Abbildung 9-8: Empfängerermittlung – SOAP

Nachfolgend muss eine Interface-Ermittlung angelegt werden (siehe Abbildung 9-9), die das verwendete Format der in das PI-System eingehenden Nachricht an den Empfänger sowie das verwendete Mapping festlegt (Nicolescu 2009).

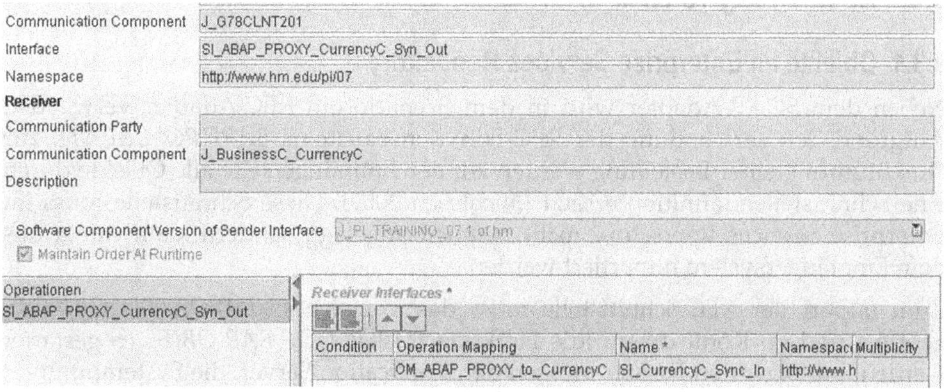

Communication Component	J_G78CLNT201
Interface	SI_ABAP_PROXY_CurrencyC_Syn_Out
Namespace	http://www.hm.edu/pi/07
Receiver	
Communication Party	
Communication Component	J_BusinessC_CurrencyC
Description	

Software Component Version of Sender Interface   J_PI_TRAINING_07 1 of hm

☑ Maintain Order At Runtime

Operationen
SI_ABAP_PROXY_CurrencyC_Syn_Out

Receiver Interfaces *

Condition	Operation Mapping	Name *	Namespac	Multiplicity
	OM_ABAP_PROXY_to_CurrencyC	SI_CurrencyC_Sync_In	http://www.h	

Abbildung 9-9: Interface-Ermittlung – SOAP

In der Interface-Ermittlung müssen im Bereich Receiver Interfaces das Operation-Mapping *OM_ABAP_PROXY_to_CurrencyC* und das Service-Interface *SI_CurrencyC_Sync_In* ausgewählt werden

Abschließend muss eine Empfängervereinbarung mit dem Namen des Sendersystems sowie auf der Empfängerseite mit der Business-Komponente *J_BusinessC_CurrencyC* und dem Service-Interface *SI_CurrencyC_Sync_In* angelegt werden (siehe Abbildung 9-10). Eine Empfängervereinbarung legt grundsätzlich fest, über welchen Kommunikationskanal eine Nachricht an den Empfänger gesendet wird (Nicolescu 2009), deshalb muss der Empfängervereinbarung der Kommunikationskanal *J_SOAP_Receiverchannel* zugeordnet werden.

Abbildung 9-10: Empfängervereinbarung – SOAP

9.3 ABAP-Proxy to RFC

9.3.1 Objekte im Enterprise Services Repository

Neben dem SOAP-Adapter wird in dem Szenario ein RFC-Adapter verwendet. Aufgrund der Verwendung des RFC-Funktionsbausteins *BAPI_PO_CREATE* zur Durchführung einer Bestellung werden auf der Empfängerseite alle Objekte durch eine Schnittstellendefinition ersetzt (Nicolescu 2009). Diese Schnittstelle muss im Enterprise Services Repository nicht manuell angelegt, sondern kann direkt aus dem Empfängersystem importiert werden.

Zum Import der RFC-Schnittstelle muss das Verzeichnis *IMPORTED OBJECTS* geöffnet und im Kontextmenü die Funktion *IMPORT OF SAP-OBJECTS* gestartet werden. Im folgenden Fenster müssen der Application Server, die Systemnummer sowie der Username und das Passwort des Empfängersystems angegeben werden. Anschließend muss der RFC-Baustein *BAPI_PO_CREATE* ausgewählt und der Import abgeschlossen werden (siehe Abbildung 9-11).

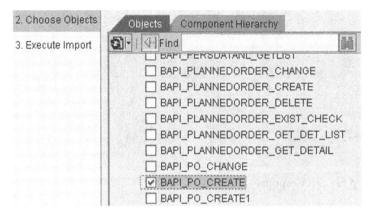

Abbildung 9-11: Import des RFC-Funktionsbausteins

Während mit dem Import der RFC-Schnittstelle auf der Seite des empfangenden Systems alle Elemente angelegt sind, werden für das sendende System zwei Daten- und zwei Message-Typen benötigt. In dem Szenario müssen deshalb die Datentypen namens *DT_Order* und *DT_Response* mit den Elementen, wie in der Abbildung 9-12 bzw. in der Abbildung 9-13 ersichtlich, erstellt werden.

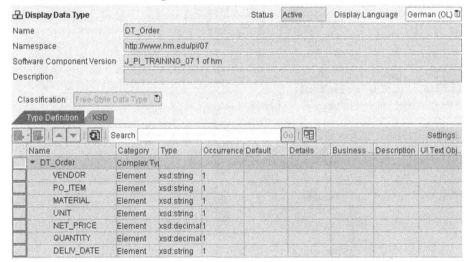

Abbildung 9-12: Datentyp für den Request

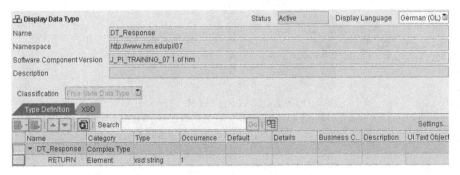

Abbildung 9-13: Datentyp für den Response

Die angelegten Datentypen können nicht in einem Mapping oder Service-Interface eingebunden werden, deshalb müssen die Message-Typen *MT_Order* und *MT_Response* angelegt werden, in denen die Datentypen eingebettet werden.

Anschließend müssen die Service-Interfaces *SI_ABAP_PROXY_Order_Sync_Out* und *SI_Order_Sync_In* angelegt werden. Bei der Erstellung von *SI_ABAP_PROXY-_Order_Sync_Out* werden die Kategorie *Outbound*, der Modus *Synchron* und die Message-Typen *MT_Order* sowie *MT_Response* ausgewählt (siehe Abbildung 9-14).

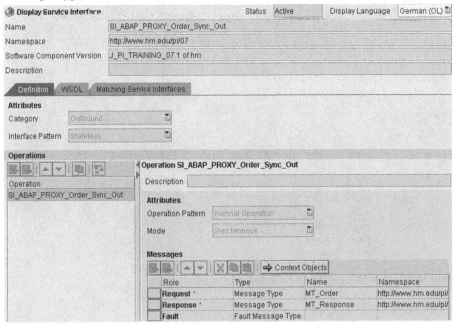

Abbildung 9-14: Service-Interface auf der Senderseite – RFC

Das Service-Interface *SI_Order_Sync_In* unterscheidet sich davon hinsichtlich der verwendeten Kategorie *Outbound* sowie den Message-Typen *BAPI_PO_CREATE* und *BAPI_PO_CREATE.Response*.

Dann müssen die Message-Mappings *MM_MT_Order_to_BAPI_PO_CREATE* und *MM_BAPI_PO_CREATE_to_MT_Response* für den Hin- und Rückweg der Nachricht angelegt werden. Das Message-Mapping für den Hinweg stellt sich dabei als wesentlich umfangreicher dar (siehe Abbildung 9-15). Als Quelle muss der erstellte Message-Typ *MT_Order* und als Ziel der RFC-Funktionsbaustein *BAPI_PO_- CREATE* ausgewählt werden.

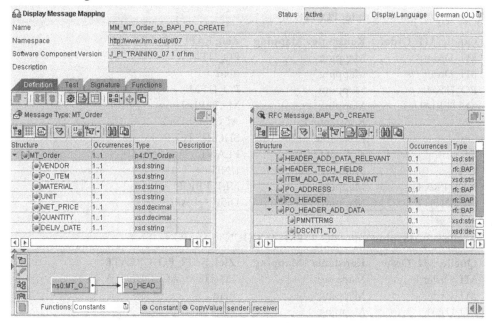

Abbildung 9-15: Message-Mapping für den RFC-Request

Um die Eingabe der erforderlichen Parameter später im Aufruf des ABAP-Programms zum Versand einer Bestellung zu vereinfachen, werden einige dieser Parameter im Mapping als Konstanten festgelegt. Somit müssen lediglich die Parameter, wie in folgenden Tabellen (Tabelle 9-1 bis Tabelle 9-4) dargestellt, aufeinander gemappt werden.

Für den Rückweg der Nachricht müssen als Quelle *BAPI_PO_CREATE.Respone* und als Ziel *MT_Response* ausgewählt sowie die Felder *MESSAGE* und *RETURN* aufeinander gemappt werden.

Tabelle 9-1: Mapping unter PO_HEADER

Quelle: MT_Order	Konstante / Mapping	Ziel: BAPI_PO_CREATE
MT_Order	Mapping	PO_HEADER
	Konstante: NB	DOC_TYPE
	Konstante: 1000	CO_CODE
	Konstante: 1000	PURCH_ORG
	Konstante: 100	PURCH_GROUP
VENDOR	Mapping	VENDOR

Tabelle 9-2: Mapping unter PO_ITEMS

Quelle: MT_Order	Konstante / Mapping	Ziel: BAPI_PO_CREATE
MT_Order	Mapping	PO_ITEMS
MT_Order	Mapping	item
PO_ITEM	Mapping	PO_ITEM
MATERIAL	Mapping	MATERIAL
	Konstante: F	ACCTASSCAT
	Konstante: Short-Text	SHORT_TEXT
	Konstante: 1000	PLANT
UNIT	Mapping	UNIT
NET_PRICE	Mapping	NET_PRICE
QUANTITY	Mapping	DISP_QUAN

Tabelle 9-3: Mapping unter PO_ITEM_ACCOUNT_ASSIGNMENT

Quelle: MT_Order	Konstante / Mapping	Ziel: BAPI_PO_CREATE
MT_Order	Mapping	PO_ITEM_ACCOUNT_A
MT_Order	Mapping	item
PO_ITEM	Mapping	PO_ITEM
QUANTITY	Mapping	QUANTITY
	Konstante: 0000400000	G_L_ACCT
	Konstante: 0000004220	COST_CTR

Tabelle 9-4: Mapping unter PO_ITEM_SCHEDULES

Quelle: MT_Order	Konstante / Mapping	Ziel: BAPI_PO_CREATE
MT_Order	Mapping	PO_ITEM_SCHEDULES
MT_Order	Mapping	item
PO_ITEM	Mapping	PO_ITEM
DELIV_DATE	Mapping	DELIV_DATE
QUANTITY	Mapping	QUANTITY

Nachfolgend muss das Operation-Mapping mit dem Namen *OM_ABAP_PROXY_-to_BAPI_PO_CREATE* mit den hinterlegten Service-Interfaces *SI_ABAP_PROXY_-Order_Sync_Out* als Quelloperation und *SI_Order_Sync_In* als Zieloperation angelegt werden. Außerdem muss nach Klick auf den Button *Read Operations* für den Request *MM_MT_Order_to_BAPI_PO_CREATE* und für den Response *MM_BAPI_-PO_CREATE_to_MT_Response* ausgewählt werden (siehe Abbildung 9-16).

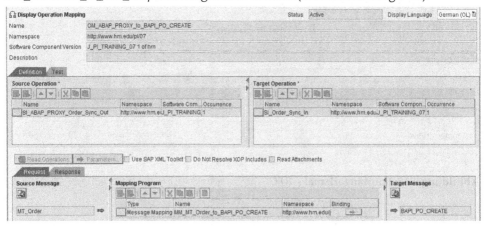

Abbildung 9-16: Operation-Mapping für den RFC-Request

9.3.2 Objekte im Integration Directory

Im Integration Directory müssen nun das Sender- und Empfängersystem basierend auf der im Enterprise Services Repository angelegten Objekte konfiguriert werden. Zu Beginn muss auf der Seite des Empfängers der Kommunikationskanal *J_RFC_-ReceiverChannel* mit dem Adaptertyp *RFC* erstellt werden (siehe Abbildung 9-17). Zudem müssen im Bereich *RFC Client Parameter* der Application Server, die Systemnummer sowie die Authentifizierungsdaten hinterlegt werden.

Im nächsten Schritt muss eine Empfängerermittlung erstellt werden. In der Empfängerermittlung muss der Name des Sendersystems mit dem Service-Interface *SI_ABAP_PROXY_Order_Sync_Out* eingetragen und im Bereich *Configured Receiver* der Name des Empfängersystems ausgewählt werden (siehe Abbildung 9-18).

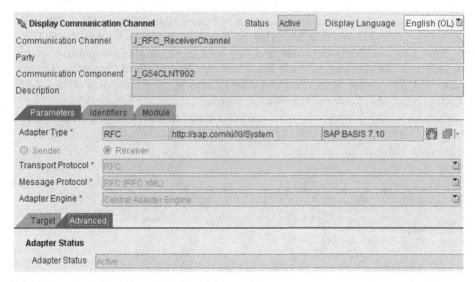

Abbildung 9-17: Empfängerkanal – RFC

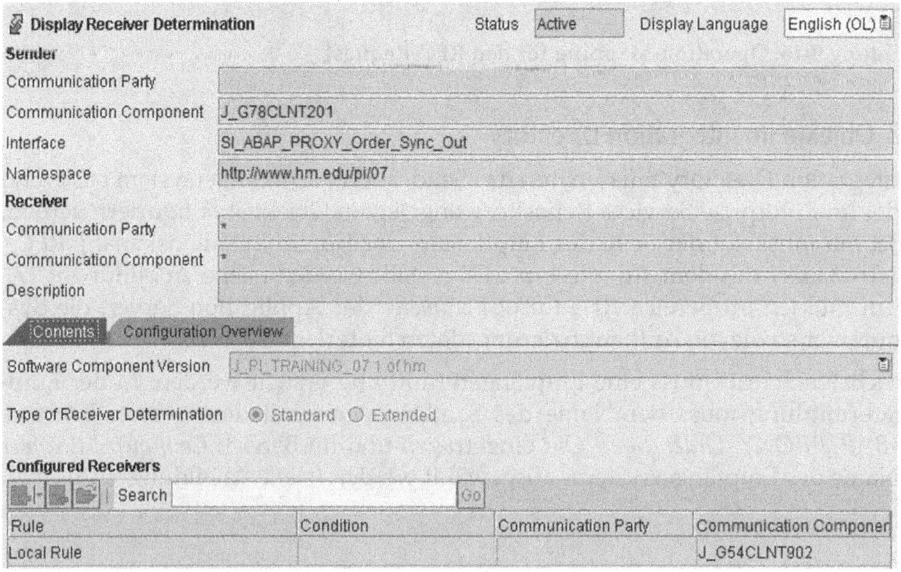

Abbildung 9-18: Empfängerermittlung – RFC

Anschließend muss eine Interface-Ermittlung mit der Angabe des Sendersystems und dessen Service-Interface *SI_ABAP_PROXY_Order_Sync_Out* sowie der Angabe des Empfängersystems angelegt werden (siehe Abbildung 9-19). Des Weiteren muss das Operation-Mapping *OM_ABAP_PROXY_to_BAPI_PO_CREATE* und das Service-Interface *SI_Order_Sync_In* im Bereich *Receiver Interfaces* hinterlegt werden.

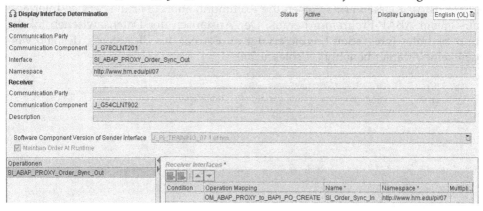

Abbildung 9-19: Interface-Ermittlung – RFC

Zum Schluss muss für das empfangende System und das betreffende Service-Interface *SI_Order_Sync_In* eine Empfängervereinbarung, in der der angelegte RFC-Kommunikationskanal *J_RFC_ReceiverChannel* hinterlegt wird, angelegt werden (siehe Abbildung 9-20).

🖫 Display Receiver Agreement		Status	Active	Display Language	English (OL) 🖻
Sender					
Communication Party					
Communication Component	J_G78CLNT201				
Receiver					
Communication Party					
Communication Component	J_G54CLNT902				
Interface	SI_Order_Sync_In				
Namespace	http://www.hm.edu/pi/07				
Description					
Receiver Communication Channel *	J_RFC_ReceiverChannel				🗇▾

Abbildung 9-20: Empfängervereinbarung – RFC

9.4 Generierung der ABAP-Proxys

Die Grundlage für die Generierung der Proxys stellen die Service-Interfaces *SI_ABAP_Proxy_Order_Sync_Out* und *SI_ABAP_PROXY_CurrencyC_Syn_Out* dar. Bei der Generierung der Proxys werden automatisch zwei ABAP-Klassen angelegt. Diese ABAP-Klassen ermöglichen die Kommunikation über die Service-Interfaces aus einem ABAP-Programm heraus. Der Austausch der Daten zwischen lokaler und zentraler Integration Engine erfolgt im Format des PI-Systems, deshalb werden keine Adapter benötigt (Nicolescu 2009).

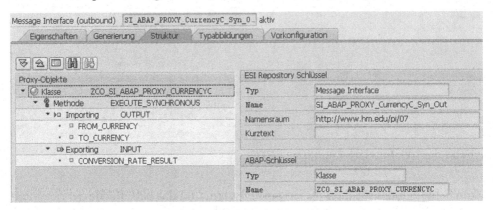

Abbildung 9-21: ABAP-Proxy für die Währungsumrechnung

Um die beiden Proxys zu generieren, muss am Sendersystem die Transaktion SPROXY aufgerufen werden. Anschließend muss der Zweig *MESSAGE INTERFA-CE (Outbound)* im entsprechenden Namensraum expandiert und via Doppelklick auf ein Service-Interface die Generierung des Proxys gestartet werden. Nach einer Rückfrage, ob der Proxy für dieses Service-Interface anlegt werden soll, müssen als Vorgaben für die Proxy-Klasse das im System Landscape Directory definierte Paket und Präfix angegeben werden (siehe Abbildung 9-21).

Die Namen der generierten Objekte dürfen maximal 30 Zeichen haben, deshalb erscheint im nächsten Schritt eine Warnmeldung mit einem Hinweis zu aufgetretenen Namenskollisionen bzw. -verkürzungen bei der Generierung des Proxys. Nach der Bestätigung dieser Warnmeldung können die Probleme im Karteireiter *NAME PROBLEMS* manuell bearbeitet werden. In den abschließenden Schritten muss die Proxy-Klasse gespeichert, ein Transportauftrag angegeben, sowie die Objekte überprüft und aktiviert werden.

Zur Generierung des zweiten Proxys müssen nun das andere Service-Interface ausgewählt und dieselben Schritte durchlaufen werden (siehe Abbildung 9-22).

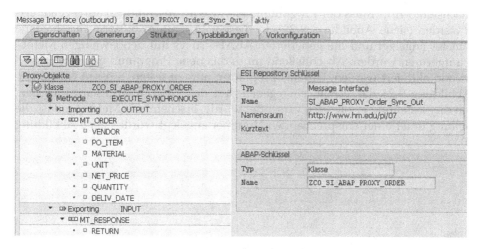

Abbildung 9-22: ABAP-Proxy für die Bestellung

9.5 Ablauf und Monitoring

Damit das erstellte Szenario getestet werden kann, muss im Sendersystem ein ABAP-Programm mit Hilfe der Transaktion SE80 erstellt werden. Nach Eingabe des Programmnamens muss die Option *Mit TOP-Include* deselektiert werden. Weiterhin muss als Status *Testprogramm* ausgewählt werden. Zum Schluss wird das Programm einem Paket und einem Transportauftrag zugeordnet.

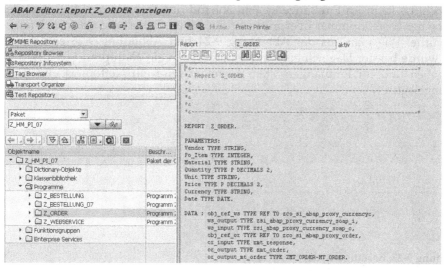

Abbildung 9-23: Erstellung des ABAP-Programms

Im nächsten Schritt muss der Programmcode, wie in Abschnitt 9.6 aufgezeigt, erstellt werden (siehe Abbildung 9-23). In diesem Programm müssen verschiedene Parameter angelegt und die generierten ABAP-Proxys mit den jeweiligen Methoden aufgerufen werden. Abschließend muss das neue Programm geprüft, gespeichert und aktiviert werden. Um das Programm nun zu testen, müssen Daten, wie in Abbildung 9-24 dargestellt, eingegeben und das Programm gestartet werden. Wenn die Bestellung erfolgreich versendet wurde, erscheint die Meldung, dass die Bestellung unter einer entsprechenden Nummer angelegt wurde (siehe Abbildung 9-25).

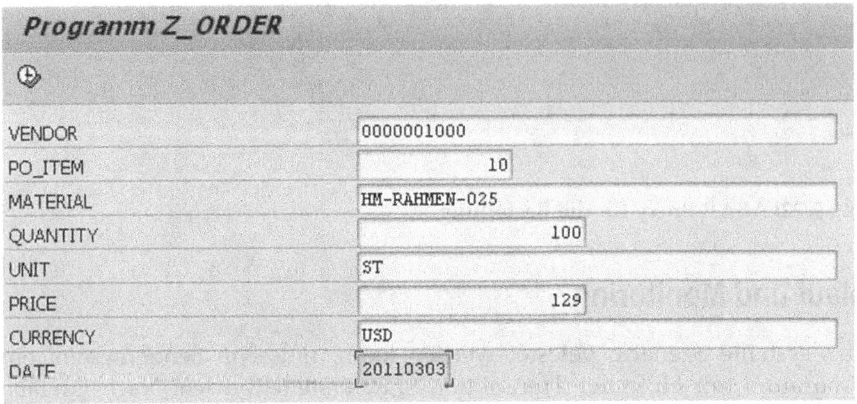

Programm Z_ORDER

VENDOR	0000001000
PO_ITEM	10
MATERIAL	HM-RAHMEN-025
QUANTITY	100
UNIT	ST
PRICE	129
CURRENCY	USD
DATE	20110303

Abbildung 9-24: Versand der Bestellung

Zum Schluss kann im Empfängersystem anhand der Transaktion ME23 und der Eingabe der Bestellnummer überprüft werden, ob die Bestellung tatsächlich angelegt wurde. Wie man aus der Abbildung 9-24 und Abbildung 9-26 entnehmen kann, wurde bei der Dateneingabe am Sendersystem ein Nettopreis von 129 USD eingegeben und im Empfängersystem korrekterweise ein Nettopreis von 93,34 EUR angelegt.

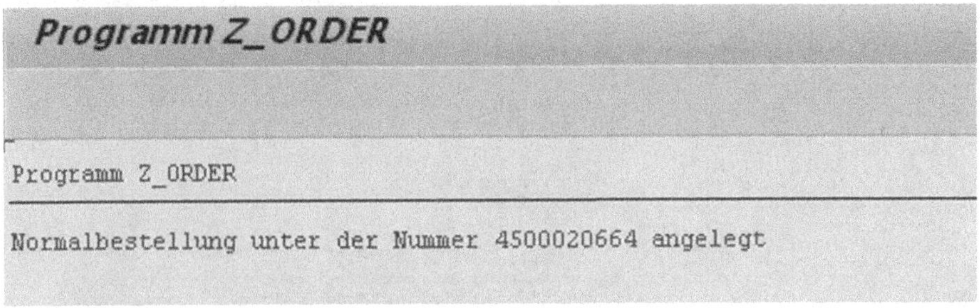

Programm Z_ORDER

Programm Z_ORDER

Normalbestellung unter der Nummer 4500020664 angelegt

Abbildung 9-25: Bestätigung der Bestellung

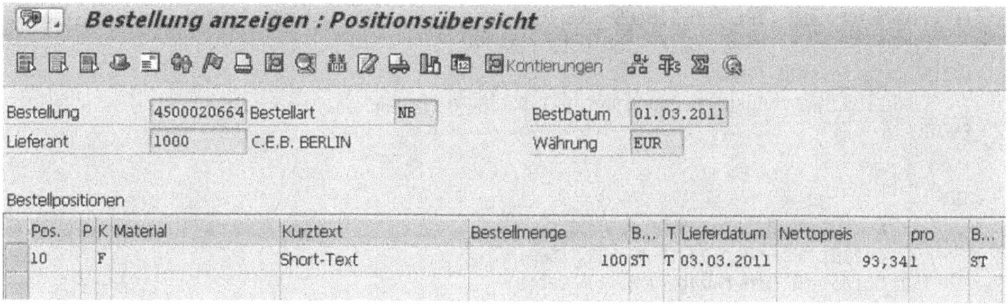

Abbildung 9-26: Angelegte Bestellung im Empfängersystem

9.6 Anhang: Programmcode

```
REPORT Z_ORDER.

PARAMETERS:
Vendor TYPE STRING,
Po_Item TYPE INTEGER,
Material TYPE STRING,
Quantity TYPE P DECIMALS 2,
Unit TYPE STRING,
Price TYPE P DECIMALS 2,
Currency TYPE STRING,
Date TYPE DATE.

DATA :
obj_ref_ws TYPE REF TO zco_si_abap_proxy_currencyc,
ws_output TYPE zsi_abap_proxy_currency_soap_i,
ws_input TYPE zsi_abap_proxy_currency_soap_o,
obj_ref_or TYPE REF TO zco_si_abap_proxy_order,
or_input TYPE zmt_response,
or_output TYPE zmt_order,
or_output_mt_order TYPE ZMT_ORDER-MT_ORDER.
START-OF-SELECTION.

IF Currency = 'CHF' OR Currency = 'CNY' OR Currency = 'EUR' OR Currency = 'INR' OR Currency
= 'JPY' OR Currency = 'RUB' OR Currency = 'SEK' OR Currency = 'USD'.

  TRY.
      CREATE OBJECT obj_ref_or.
      CREATE OBJECT obj_ref_ws.
      ws_output-from_currency = Currency.
      CALL METHOD obj_ref_ws->execute_synchronous
        EXPORTING
          output = ws_output
        IMPORTING
          input  = ws_input.
```

```
        DATA ex_rate TYPE P DECIMALS 10.
        ex_rate = ws_input-conversion_rate_result.
   CATCH cx_ai_system_fault.
        WRITE: 'Währungsumrechnung derzeit nicht verfügbar.'.
   ENDTRY.


   TRY.
        or_output_mt_order-vendor = Vendor.
        or_output_mt_order-po_item = Po_Item.
        or_output_mt_order-material = Material.
        or_output_mt_order-unit = Unit.
        or_output_mt_order-net_price = Price * ex_rate.
        or_output_mt_order-quantity = Quantity.
        or_output_mt_order-deliv_date = Date.
        MOVE or_output_mt_order TO or_output-mt_order.
        CALL METHOD obj_ref_or->execute_synchronous
          EXPORTING
            output = or_output
          IMPORTING
            input  = or_input.


   CATCH cx_ai_system_fault.
        WRITE: 'Fehlerhafe Eingabe - bitte überprüfen.'.
   ENDTRY.
        IF NOT or_output_mt_order-net_price = 0.
             WRITE: or_input-mt_response-return.
        ENDIF.
ELSE.
WRITE: 'Bitte die Eingabe der Währung überprüfen - mögliche Währungen: CHF, CNY, EUR, INR,
JPY, RUB, SEK, USD'.
ENDIF.
```

10 Fallstudie *Produktkatalog eines Shop-Systems*

Autor: Florian Schmatzer, Hochschule München

Das Szenario umfasst ein stark vereinfachtes Shop-System. Der Kunde kann über einen Java Web Service Consumer aus einem Produktkatalog Produkte wählen und diese bestellen. Ferner kann er bereits getätigte Einkäufe nachverfolgen. Die dazu benötigten Daten speichert das SAP® ERP-System in einer eigenen Datenbank. Der Datenzugriff erfolgt über implementierte Funktionsbausteine, die mittels Webservices dem Client zur Verfügung gestellt werden. Die Fallstudie beschreibt die Umsetzung anhand des Produkts, das exemplarisch für alle anderen Objekte steht. Voraussetzung ist ein existierendes Business-System. Die nachfolgende Abbildung 10-1 zeigt die Kommunikation zwischen den beteiligten Systemen. Als EAI-Plattform wird die SAP NetWeaver® Process Integration (PI) 7.1 (im Weiteren als *PI-System* bezeichnet) eingesetzt.

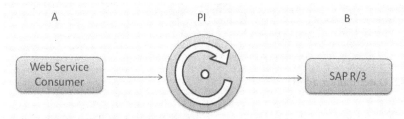

Abbildung 10-1: Integrationsszenario

A: Das ist ein externer Web Service Consumer, der über SOAP-Nachrichten mit dem PI-System kommuniziert.

PI: Das PI-System sendet die Anfrage über einen RFC-Adapter an das Backend-System und leitet die Antwort an den Consumer weiter.

B: Die Kommunikation zum Backend findet über einen RFC-Kanal statt. Im Backend sind die Datenbanktabellen und die Funktionsbausteine definiert.

10.1 Entwicklung im ERP-System

10.1.1 Datenbank

Alle notwendigen Daten, die dieses Szenario behandelt, sind in dem Datenmodell gespeichert (siehe Abbildung 10-2). Die Implementierung für die Tabellen wird an dem Beispiel der Tabelle *Product* beschrieben. Die anderen Tabellen sind analog zu erstellen. Als Primärschlüssel dienen *Product.id* und *Invoice.id* vom Typ NUMC10.

Order.product_id und *Order.invoice_id* sind Fremdschlüssel und dienen zusammen als Primärschlüssel. Um die Grundsätze ordnungsmäßiger Buchführung nicht zu verletzen, speichert jede Rechnungsposition den Namen, Preis, MwSt. und Anzahl, damit beim Ändern der Produktdaten die bereits getätigten Rechnungen nicht beeinflusst werden.

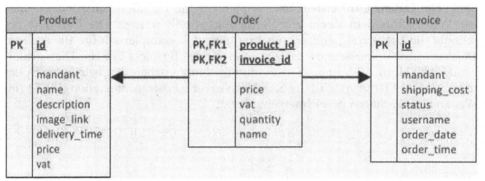

Abbildung 10-2: Datenbankmodell

Das Erstellen einer Tabelle erfolgt im Backend-System B mit dem Transaktionscode *SE80*. Anschließend muss entweder ein neues Paket angelegt oder ein bereits vorhandenes Paket ausgewählt werden. In dieser Fallstudie wird ein Paket namens *PI_SHOP_23* angelegt. Unter dem Kontextmenü Datenbanktabellen innerhalb der Dictionary-Objekte kann eine neue Tabelle erzeugt werden. Der Name der Tabelle heißt *PRODUCT_23* und hat die Auslieferungsklasse *A*. Die Felder sind dem Screenshot aus Abbildung 10-3 zu entnehmen.

Eigenschaften	Auslieferung und Pflege	Felder	Eingabehilfe/-prüfung	Währungs-/Meng

Feld	Key	Initi...	Datenelement	Datentyp	Länge	DezSt...	Kurzbeschreibung
ID	☑	☑	NUMC10	NUMC	10	0	Numerisches Characterf<
MANDANT	☐	☑	MANDT	CLNT	3	0	Mandant
NAME	☐	☐	TEXT20	CHAR	20	0	Text in Länge 20
DESCRIPTION	☐	☐	TEXT255	CHAR	255	0	Text, 255 Zeichen
IMAGE LINK	☐	☐	TEXT100	CHAR	100	0	Text Länge 100
DELIVERY TIME	☐	☐	TEXT20	CHAR	20	0	Text in Länge 20
PRICE	☐	☐		DEC	10	2	
VAT	☐	☐		DEC	10	2	

Abbildung 10-3: Produkttabelle

In den technischen Einstellungen wird die Datenart *APPL1* mit der Größenkategorie *0* ausgewählt. Zum Schluss wird die Tabelle gespeichert und aktiviert.

Wenn alle Relationen angelegt sind, wird die Konfiguration der Fremdschlüssel durchgeführt. Dies erfolgt in dem Reiter *Eingabehilfe/-prüfung* in der Order-Tabelle. Hierzu wird die Produkt-ID und Rechnungs-ID als Fremdschlüssel markiert. Anschließend wird die entsprechende Prüftabelle, in der sich der Primärschlüssel befindet, ausgewählt. Da die Fremdschlüssel gleichzeitig den Primärschlüssel der Relation bilden, muss zusätzlich die Checkbox *Key* aktiviert sein. Danach wird die Tabelle gespeichert und aktiviert. Die Verwaltung der Beispieldaten einer Tabelle kann über den Code *SE16* erfolgen.

10.1.2 Funktionsbausteine

Über Funktionsbausteine erfolgt der Zugriff auf die Tabelleninhalte. Diese ermöglichen dem Benutzer, die Daten der Relationen zu manipulieren. Mit dem Code *SE80* im Backend-System B wird das Paket *PI_SHOP_23* ausgewählt, welches in Abschnitt 10.1.1 angelegt wurde. Über das Kontextmenü *Anlegen* wird eine neue Funktionsgruppe *PI_SHOP_PRODUCT_23* angelegt. Anschließend wird zu der neu erstellten Gruppe ebenfalls über das Kontextmenü *Anlegen Funktionsbaustein* ein neuer Funktionsbaustein *SHOP_GET_PRODUCTS* angelegt. Abschließend wird das Programm erzeugt, gespeichert und aktiviert. Der Programmcode für das Lesen aller/einzelner Produkte wird in den folgenden zwei Abschnitten behandelt.

Das Testen der Funktionsbausteine kann durch Auswahl der *F8-Taste* erfolgen. Danach lassen sich die Eingangsparameter bestimmen und das System führt den Funktionsbaustein aus.

Alle Produkte abrufen

Mit dem Funktionsbaustein *SHOP_GET_PRODUCTS* kann der Benutzer alle Produkte bezüglich seiner Mandanten-ID abrufen. Eingangsparameter sind nicht notwendig, da das Programm alle Produkte zum angemeldeten Mandanten zurückgibt. Der Rückgabeparameter ist vom Typ *Tabelle*, der in dem Reiter *Tabellen* zu konfigurieren ist. Dieser Parameter steht sowohl für Eingangs- als auch für Ausgangswerte zur Verfügung (siehe Abbildung 10-4).

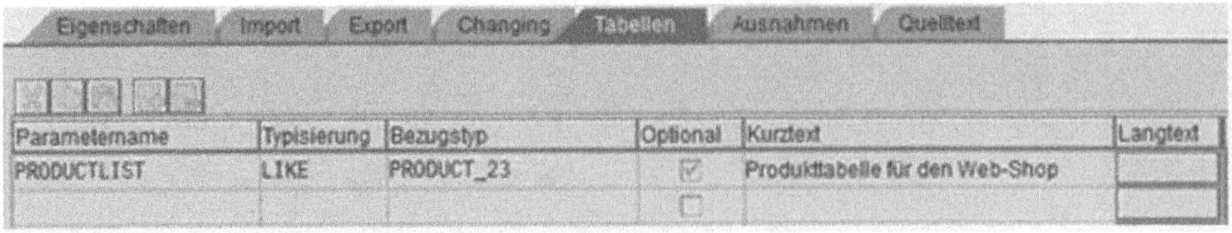

Eigenschaften	Import	Export	Changing	Tabellen	Ausnahmen	Quelltext		
Parametername	Typisierung	Bezugstyp		Optional	Kurztext			Langtext
PRODUCTLIST	LIKE	PRODUCT_23		☑	Produkttabelle für den Web-Shop			
				☐				

Abbildung 10-4: Tabelle als Parameterstruktur für Funktionsbausteine

Der Funktionsbaustein wird mit folgendem Quelltext implementiert.

```
FUNCTION SHOP_GET_PRODUCTS.
*"----------------------------------------------------------
*"*"Lokale Schnittstelle:
*"  TABLES
*"    PRODUCTLIST STRUCTURE PRODUCT_23 OPTIONAL
*"----------------------------------------------------------
DATA: wa_product TYPE PRODUCT_23.
  SELECT *
  FROM PRODUCT_23
  INTO wa_product
  WHERE MANDANT = sy-mandt.
  APPEND wa_product TO PRODUCTLIST.
  ENDSELECT.
ENDFUNCTION.
```

Abrufen eines Produkts

Der Funktionsbaustein *SHOP_GET_PRODUCT* liefert zu einer Produkt-ID ein spezielles Produkt. Hierfür muss das Programm einen Importparameter mit der entsprechenden ID enthalten. Die Einstellungen zeigt der nachfolgende Screenshot aus Abbildung 10-5.

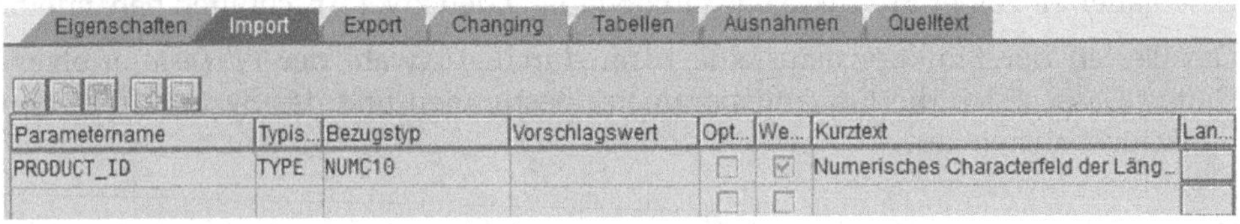

Eigenschaften	Import	Export	Changing	Tabellen	Ausnahmen	Quelltext			
Parametername	Typis...	Bezugstyp	Vorschlagswert	Opt...	We...	Kurztext			Lan...
PRODUCT_ID	TYPE	NUMC10		☐	☑	Numerisches Characterfeld der Läng...			
				☐	☐				

Abbildung 10-5: Importparameter bei Funktionsbausteinen

Neben dem Importparameter gibt es auch eine Tabelle, die das gefundene Produkt an den Client zurückgibt. Die Tabelle entspricht der Struktur von der Relation PRODUCT_23. Da diese Tabelle schon beim Import bereit steht, könnte theoretisch die Produkt-ID in dieser Tabelle übergeben werden. Jedoch ist ein eigener Parameter für die Nutzung des Bausteins sinnvoller. Der Nutzer kann sofort sehen, welche Angaben erforderlich sind. Der Funktionsbaustein *SHOP_GET_PRODUCT* ist wie folgt implementiert.

```
FUNCTION SHOP_GET_PRODUCT.
*"----------------------------------------------------------
*"*"Lokale Schnittstelle:
*"  IMPORTING
*"    VALUE(PRODUCT_ID) TYPE NUMC10
*"  TABLES
*"    PRODUCT STRUCTURE PRODUCT_23 OPTIONAL
*"----------------------------------------------------------

DATA : wa_product TYPE PRODUCT_23.
  SELECT SINGLE *
  FROM PRODUCT_23
  INTO wa_product
  WHERE ID = PRODUCT_ID.
  APPEND wa_product TO PRODUCT.
ENDFUNCTION.
```

10.2 Design des Integrationsszenarios

10.2.1 Enterprise Services Builder

Der Enterprise Services Builder nimmt das Mapping der Request- und Response-Message zwischen dem PI-System und dem Backend B vor und stellt den Zugriffspunkt für den externen Client bereit. Als Beispiel dient der Service, der ein Produkt abruft. Die anderen Services sind analog zu erstellen.

Datentypen

Zuerst müssen die Datentypen für die Request- und die Response-Message erstellt werden. Dazu benötigt es zunächst eine neue Software-Komponentenversion *PI_TRAINING*. Unter dieser muss nun ein neuer Namensraum *http://www.sample.-de/shop* angelegt werden. Diesem unterliegen alle weiteren Objekte. Im Kontextmenü *Neu*, unter Interface-Objekte wird der Datentyp ausgewählt und mit dem Namen *DT_PRODUCT* angelegt. Es sind insgesamt drei Datentypen anzulegen. Der Datentyp *DT_PRODUCT* repräsentiert einen Tupel der Tabelle *PRODUCT_23* (siehe Abbildung 10-6). Dies erleichtert das spätere Anlegen des Request- und Response-Datentyps.

Typ-Definition	XSD		

Name	Kategorie	Typ	Häufigkeit
▼ DT_PRODUCT	Komplexer Typ		
ID	Element	xsd:string	0..1
NAME	Element	xsd:string	0..1
DESCRIPTION	Element	xsd:string	0..1
IMAGE_LINK	Element	xsd:string	0..1
MANDANT	Element	xsd:string	0..1
PRICE	Element	xsd:decimal	0..1
VAT	Element	xsd:decimal	0..1
DELIVERY_TIME	Element	xsd:string	0..1

Abbildung 10-6: Datentyp DT_PRODUCT

Der Datentyp *DT_GET_PRODUCT_REQUEST* enthält den notwendigen Eingabe-parameter, den der Funktionsbausteins *SHOP_GET_PRODUCT* vorgibt. Der optionale Tabellen-Parameter kann in dem Request-Datentyp ignoriert werden, da dieser lediglich für die Response wichtig ist (siehe Abbildung 10-7).

Typ-Definition	XSD		

Name	Kategorie	Typ	Häufigkeit
▼ DT_GET_PRODUC	Komplexer Typ		
PRODUCT_ID	Element	xsd:string	1

Abbildung 10-7: Datentyp DT_GET_PRODUCT_REQUEST

Der Datentyp *DT_GET_PRODUCT_RESPONSE* enthält nur den Datentyp *DT_PRODUCT* (siehe Abbildung 10-8). Da die Tabelle maximal ein Produkt mit dieser ID enthalten kann, wird an dieser Stelle keine Liste von Produkten benötigt.

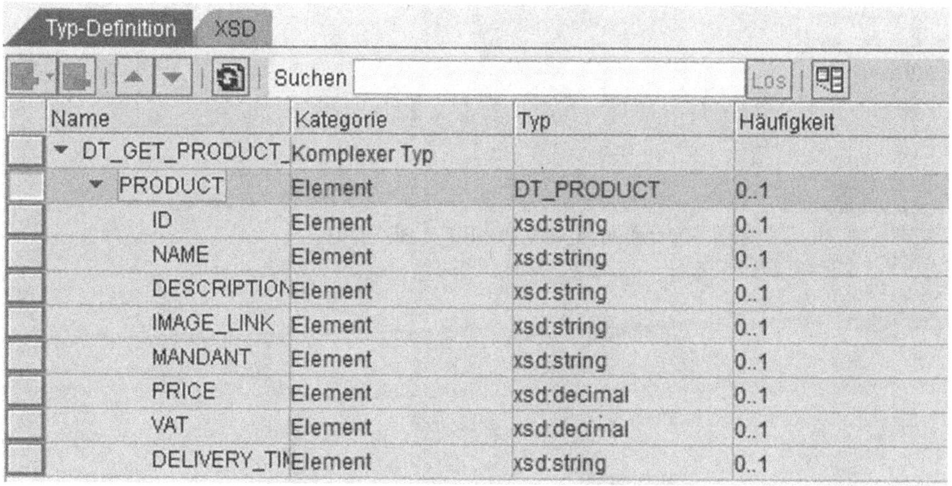

Name	Kategorie	Typ	Häufigkeit
▼ DT_GET_PRODUCT	Komplexer Typ		
▼ PRODUCT	Element	DT_PRODUCT	0..1
ID	Element	xsd:string	0..1
NAME	Element	xsd:string	0..1
DESCRIPTION	Element	xsd:string	0..1
IMAGE_LINK	Element	xsd:string	0..1
MANDANT	Element	xsd:string	0..1
PRICE	Element	xsd:decimal	0..1
VAT	Element	xsd:decimal	0..1
DELIVERY_TIME	Element	xsd:string	0..1

Abbildung 10-8: Datentyp DT_GET_PRODUCT_RESPONSE

Message-Typen

Im nächsten Schritt werden ein Request- und ein Response-Message-Typ benötigt. Diese Message-Typen enthalten jeweils einen Datentyp, der die Struktur der Nachricht beschreibt. Im Kontextmenü auf dem Namespace wird *Neu* ausgewählt sowie die Option *Message-Typ* unter der Rubrik *Interface-Objekte*. Als Name wird *MT_GET_PRODUCT_REQUEST* eingetragen. Der dabei verwendete Datentyp ist *DT_GET_PRODUCT_REQUEST*. Abschließend wird der Message-Typ gespeichert und aktiviert. Mit dem Response-Objekt wird analog verfahren.

Service-Interfaces

Das Service-Interface ist die Schnittstelle, die der externe Client sieht. In diesem Szenario reicht eine Outbound-Schnittstelle, die auf die zuvor angelegten Message-Typen zurückgreift. Die passende Inbound-Schnittstelle liefert der entsprechende Funktionsbaustein. Wichtig dabei ist der synchrone Modus, da der Nutzer eine Antwort erwartet und solange blockiert. Erstellt wird ein Service-Interface durch das Kontextmenü *Neu*, und in der Rubrik *Interface-Objekte* ist das Service-Interface auszuwählen. Die Schnittstelle wird mit *SI_GET_PRODUCT_RFC_OUT* bezeichnet. Die Eingaben der Operationen sind der Abbildung 10-9 zu entnehmen. Das Interface *SI_GET_PRODUCTS_RFC_OUT* ist in der gleichen Art zu erstellen.

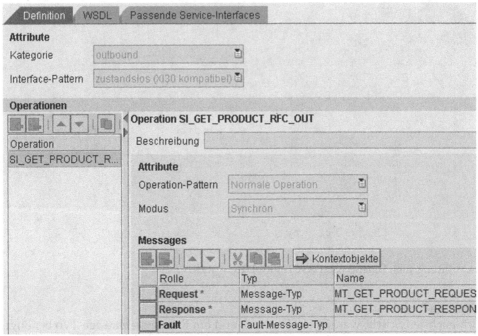

Abbildung 10-9: Service-Interface SI_GET_PRODUCT_RFC_OUT

Message-Mapping

Da die Outbound- und Inbound-Interfaces nicht identisch sind, muss ein Mapping zwischen den Schnittstellen erfolgen. Im ersten Schritt werden die Schnittstellen des Funktionsbausteins importiert, damit zwischen den Inbound- und Outbound-Schnittstellen das Mapping erfolgen kann. Hierfür gibt es im Kontextmenü bei *Importierte Objekte* die Option *Import von SAP Objekten*. Die Daten von Backend B werden dabei eingegeben und alle erzeugten Funktionsbausteine aus Abschnitt 10.1.2 ausgewählt.

Anschließend kann das Mapping zwischen den Nachrichten erfolgen. Über das Kontextmenü wird unter Mapping-Objekte das Objekt *Message-Mapping* ausgewählt. Als Name wird *MM_GET_PRODUCT_RFC_REQUEST* gewählt. Die Ausgangs-Message ist *MT_GET_PRODUCT_REQUEST*, während die Ziel-Message der RFC-Baustein *SHOP_GET_PRODUCT* ist. Das Mapping wird durch Drag & Drop laut Screenshot aus Abbildung 10-10 durchgeführt. Die Tabelle *PRODUCT* im Funktionsbaustein ist sichtbar, da Tabellen sowohl für Import- als auch für Export-Parameter zur Verfügung stehen. Die *PRODUCT_ID* zeigt auf den Import-Parameter *PRODUCT_ID* des RFC-Funktionsbausteins, da die Tabelle nur für die Rückgabe Verwendung findet.

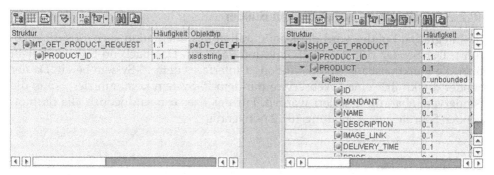

Abbildung 10-10: Message-Mapping MM_GET_PRODUCT_RFC_REQUEST

Das Response-Mapping ist analog zu erstellen. Dabei ist die Ausgangs- und Zielnachricht vertauscht und es müssen die entsprechenden Response-Objekte verwendet werden (siehe Abbildung 10-11).

Struktur	Häufig
▼ [●]SHOP_GET_PRODUCT.Response	1..1
▼ [●]PRODUCT	0..1
▼ [●]item	0..unbe
[●]ID	0..1
[●]MANDANT	0..1
[●]NAME	0..1
[●]DESCRIPTION	0..1
[●]IMAGE_LINK	0..1
[●]DELIVERY_TIME	0..1
[●]PRICE	0..1
[●]VAT	0..1

Struktur	Häufigkeit
[●]MT_GET_PRODUCT_RESPONSE	1..1
[●]PRODUCT	0..1
[●]ID	0..1
[●]NAME	0..1
[●]DESCRIPTION	0..1
[●]IMAGE_LINK	0..1
[●]MANDANT	0..1
[●]PRICE	0..1
[●]VAT	0..1
[●]DELIVERY_TIME	0..1

Abbildung 10-11: Message-Mapping MM_GET_PRODUCT_RFC_RESPONSE

Operation-Mapping

Das Operation-Mapping wird unter dem Namen *OM_GET_PRODUCT_RFC* über das Kontextmenü angelegt. Die Quelloperation ist das neu angelegte Interface *SI_GET_PRODUCT_RFC_OUT* und die Zieloperation ist das Interface *SHOP_-GET_PRODUCT* vom RFC-Funktionsbaustein. Jetzt werden die Operationen ausgelesen, und in den Reitern *Request* und *Response* müssen die Mapping-Programme *MM_GET_PRODUCT_RFC_REQUEST* und *MM_GET_PRODUCT_-RFC_RES-PONSE* eingetragen werden. Dadurch erfolgt das Mapping zwischen den Schnittstellen. Abschließend werden die Objekte gespeichert und aktiviert.

10.2.2 Konfiguration im Integration Builder

Im Integration Builder wird die Konfiguration des Integrationsszenarios durchgeführt. Der Sender ruft das Outbound-Interface auf. Das Backend-System B stellt über die Funktionsbausteine die Inbound-Interfaces dem PI-System bereit. Da der Sender direkt über einen Webservice mit dem PI-System kommuniziert, kann die Sendervereinbarung ignoriert werden. Für das Szenario sind jedoch alle nachfolgenden Schritte aus Abbildung 10-12 notwendig.

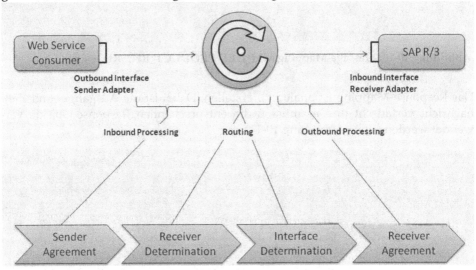

Abbildung 10-12: Message Processing at Runtime[1]

Business Component

Zuerst muss zum Repräsentieren des externen Client eine neue Business Component definiert werden. Im Unterschied zu einem Business-System ist sie abstrakter und die Systemlandschaft muss nicht bekannt sein. Eine neue Business Component mit dem Namen *BC_SOAP_23* wird über das Kontextmenü von Communication Component mit der Option Business Component erstellt. Im Reiter *Receiver* müssen nun alle Inbound Interfaces eingetragen werden. In diesem Beispiel sind das die Interfaces der Funktionsbausteine *SHOP_GET_PRODUCT* und *SHOP_GET_-PRODUCTS*. Im Reiter *Sender* folgen die Outbound Interfaces *SI_GET_PRODUCT_-RFC_OUT* und *SI_GET_PRODUCTS_RFC_OUT*. Zum Schluss werden die Objekte zur neuen Komponente gespeichert und aktiviert.

---

[1] http://www.sdn.sap.com/irj/scn/go/portal/prtroot/docs/library/uuid/109aa318-5aa6-2a10-799d-a495383c1e01

Kommunikationskanal

Im Kommunikationskanal wird die Verarbeitung der Nachrichten festgelegt. Dies kann in zwei Richtungen erfolgen. Für dieses Szenario ist ein RFC-Empfängerkanal notwendig, den jeder Service nutzen kann. Das Anlegen erfolgt über das Kontextmenü von Communication Channel durch die Option New. Im Feld Communication Component wird die entsprechende Business-Komponente vom Backend B gewählt. Anschließend kann der Vorgang mit dem Namen *RFC_RECEIVER_23* im Feld Communication Channel angelegt werden (vgl. Tabelle 10-1).

Tabelle 10-1: Eingabefelder RFC_RECEIVER_23

Feldname	Wert / Beschreibung
Adapter Type	RFC
Sender/Receiver	Receiver
Application Server	Name vom Backend B
System Number	System-Nummer vom Backend B
Authentication Mode	Use Logon Data for SAP System
Logon	Logindaten von Backend B

Empfängervereinbarung

Die Empfängervereinbarung legt fest, wie die ausgehende Nachricht zu transformieren ist. In diesem Fall soll der Empfänger die Nachricht über den zuvor angelegten RFC-Adapter erhalten. Als Sender Communication Component muss *BC_SOAP_23* eingetragen werden. Die Receiver Communication Component ist die Business-Komponente vom Backend B mit dem Interface des Funktionsbausteins *SHOP_GET_PRODUCT*. Abschließend werden die Objekte zum Empfängerkommunikationkanal *RFC_RECEIVER_23* gespeichert und aktiviert.

Empfängerermittlung

Die Empfängerermittlung dient dem logischen Routing der Nachricht, die über die Kommunikationskomponente und über das Interface den entsprechenden Empfänger ermittelt. Hier sind Communication Component *BC_SOAP_23* und Interface *SI_GET_PRODUCT_OUT* auszuwählen. Danach wird das Backend B in die Communication Component eingetragen und das Objekt wird gespeichert und aktiviert.

Interface-Emittlung

Da die Inbound- nicht gleich der Outbound-Schnittstelle ist, wird die Interface-Ermittlung benötigt, die gleichzeitig auch das Mapping zwischen den Schnittstellen festlegt. Als Sender Communication Component wird die Business-Komponente *BC_SOAP_23* zusammen mit dem Interface *SI_GET_PRODUCT_OUT* zugeordnet. Der Empfänger ist die Business-Komponente vom Backend B. Die Softwarekomponentenversion ist *PI_TRAINING*. Danach muss das Operation-Mapping *OM_GET_PRODUCT_RFC* mit Zieloperation *SHOP_GET_PRODUCT* eingetragen werden. Abschließend wird die Interface-Ermittlung gespeichert und aktiviert.

10.2.3 Testen des Szenarios

Das Szenario kann im Integration Builder getestet werden. Dabei testet das Programm die Komponenten vom Enterprise Services Builder sowie die Nachrichten-verarbeitung im Integration Builder. Die Anwendung stellt unter dem Menüpunkt Tools die Option *Test Configuration* zur Verfügung. Es kann sowohl ein Test über einzelne Schritte als auch ein Test über einen Gesamtdurchlauf ausgeführt werden. Nach Ausführung des Tests sollten alle Objekte grün markiert sein. Die Eingabe-werte und die XML-Testdatei der Payload sind in Tabelle 10-2 dargestellt.

Tabelle 10-2: Eingabefelder und -werte der Testnachricht

Feldname	Wert/Beschreibung
Sender:	
Communication Component	BC_SOAP_23
Interface	SI_GET_PRODUCT_RFC_OUT
Receiver:	
Communication Component	Business-Komponente vom Backend B
Payload:	
`<?xml version="1.0" encoding="UTF-8"?>`	
`<ns0:MT_GET_PRODUCT_REQUEST xmlns:ns0="http://www.sample.de/shop">`	
`<PRODUCT_ID>1</PRODUCT_ID>`	
`</ns0:MT_GET_PRODUCT_REQUEST>`	

10.2.4 WSDL-Datei erzeugen

Die Kommunikation zwischen dem PI-System und einem externen Client wird über SOAP-Nachrichten gesteuert. Die Daten werden in einer XML-Datei ausge-tauscht. Eine SOAP-Nachricht besteht zum einen aus einem Header, der Informa-tionen zum Routing, zur Sicherheit und zur Verarbeitung des Bodys enthält. Als zweiten Bestandteil enthält eine SOAP-Nachricht den Body, der die Nutzdaten im XML-Format enthält. Zur Übertragung der Daten werden vorhandene Protokolle wie HTTP oder HTTPS verwendet. Die Dienstbeschreibung erfolgt durch WSDL. Die Beschreibung erfolgt ebenfalls, wie das SOAP, mittels eines XML-Formats. Hier sind Informationen über die Fähigkeit eines Services, über den Standort des Services und wie dieser aufzurufen ist, sowie den Zugriffspunkt, enthalten. WSDL stellt somit den Vertrag von Services dar. Damit der Web Service Consumer die Funktionen abrufen kann, muss der Anwender im Integration Builder eine WSDL-Datei erzeugen. Der Wizard ist unter dem Menüpunkt Tools und Display WSDL zu erreichen. In Tabelle 10-3 sind die dazu benötigten Eingabefelder aufgeführt.

Tabelle 10-3: Eingabefelder des Test Wizards

Feld	Wert/Beschreibung
URL	URL vorschlagen lassen und falls der Service Consumer den SAP-PI Namen nicht per DNS auflösen kann, muss dieser in der URL durch die IP ersetzt werden.
Interface Name	SI_GET_PRODUCT_RFC_OUT
Communication Component	BC_SOAP_23
Interface Name	SI_GET_PRODUCT_RFC_OUT
Interface Namespace	http://www.sample.de/shop

10.3 Web Service Consumer

10.3.1 Web Service Consumer mit Eclipse

Abbildung 10-13: Web Service Consumer in Eclipse anlegen

Eclipse kann aus der erzeugten WSDL-Datei einen Web Service Consumer erzeugen. Dabei werden die entsprechenden Abhängigkeiten aufgelöst. Die generierten Stubs erstellt der Generator in dem Paket mit dem Namen des Namespaces. Der Generator ist im Menü unter File → new → other → Web Service Client zu erreichen. Dazu muss der Dialog laut Screenshot aus Abbildung 10-13 konfiguriert und mit *Finish* bestätigt werden.

Anschließend generiert Eclipse die notwendigen Java-Klassen, die den entsprechenden Webservice ausführen können. Der folgende Beispiel-Code zeigt ein kleines Testprogramm, welches den Service *SI_GET_PRODUCT_RFC_OUT* aufruft. Dabei wird das Produkt mit der ID 1 aus dem Produktkatalog gesucht und zurückgegeben. Der folgende Code-Ausschnitt enthält keine Ausnahmebehandlung.

```
SI_GET_PRODUCT_RFC_OUTService serviceProduct = new
        SI_GET_PRODUCT_RFC_OUTServiceLocator();
SI_GET_PRODUCT_RFC_OUT productPort =
        serviceProduct.getSI_GET_PRODUCT_RFC_OUTPort();
Stub stub = (Stub) productPort;
stub.setPassword("password");
stub.setUsername("username");


DT_GET_PRODUCT_REQUEST req = new DT_GET_PRODUCT_REQUEST("1");
DT_GET_PRODUCT_RESPONSE response =
        productPort.SI_GET_PRODUCT_RFC_OUT(req);
DT_PRODUCT product = response.getPRODUCT();
System.out.println(product.getID());
System.out.println(product.getNAME());
System.out.println(product.getPRICE());
```

10.3.2 XML-Nachrichten Monitoring im PI-System

Mit Transaktionscode *SXMB_MONI* kann der XML-Nachrichtenaustausch im PI-System nachverfolgt werden. Für jede Anfrage speichert das System die XML-Nachrichten. Ein erfolgreicher Durchlauf ist an der Zielflagge zu erkennen. Mit einem Doppelklick auf die Nachricht lassen sich weitere Verarbeitungsdetails anzeigen. Dadurch lassen sich Fehler in der Verarbeitung erkennen. Zu jeder Anfrage wird die Eingangs- und Ausgangsnachricht gespeichert. Bei einer fehlerhaft verarbeiteten Nachricht ist in der Antwort eine Fehlerbeschreibung enthalten.

10.4 Fazit

Dieses Integrationsszenario zeigt, dass die SAP AG in Bezug zur Prozessintegration gut gerüstet ist. Der Zugriff auf alle Service-Interfaces kann über Webservices erfolgen. Dies erleichtert eine Erweiterung/Anbindung enorm, da dies ein de-facto Standard für den Nachrichtenaustausch in verteilten Systemen ist. Das Szenario erstellt für jeden Funktionsbaustein ein eigenes Outbound-Interface. Dies hat den Vorteil, dass ein zusätzliches Mapping zwischen dem Outbound- und dem Inbound-Interface erfolgen kann. So können zum Beispiel Änderungen an den Schnittstellen durchgeführt werden, ohne die Consumer zu ändern. Jedoch ist dies dann etwas aufwendiger, wenn es sich um viele Schnittstellen handelt. Als Alternative gibt es die Möglichkeit, eine direkte Verbindung zwischen dem Backend-System und dem Client herzustellen. Dies würde jedoch die „Zentrale" SAP Net-Weaver® ignorieren. Besser ist es, eine Direct Connection in dem PI-System zu konfigurieren.

11 Fallstudie *Supplier Finance Process*

Autor: Tobias Bernecker, Knorr-Bremse IT-Services GmbH, München

Die Finanzkrise scheint zwar schon hinter uns zu liegen, aber immer noch spüren viele Unternehmen ihre Auswirkungen. So ist es für die meisten Unternehmen sehr viel schwieriger geworden, sich Fremdkapital über die Banken zu beschaffen, und in vielen Fällen bedroht dies sogar die Existenz der Unternehmen. Daher ist es für die Unternehmen wichtiger denn je, alle möglichen Optimierungen bezüglich der Fremdkapitalbeschaffung auszunutzen und darüber hinaus natürlich die Working-Capital-Optimierung voranzutreiben, indem die Kapital Zu- und Abflüsse des Unternehmens optimiert werden.

Der im Folgenden beschriebene *Supplier Finance Process* kann dazu genutzt werden, um die Geschäftsabwicklung zwischen einem Kunden und seinem Lieferanten bezüglich dieser Themen für beide Seiten zu verbessern.

Am Gesamtprozess beteiligt sind ein Unternehmen A (Kunde), eine Supplier Finance-Bank (SF-Bank) und ein Unternehmen B (Lieferant). Der Kernpunkt des *Supplier Finance Process* besteht darin, dass zwischen Kunde und Lieferant Zahlungsvereinbarungen mit flexiblen Zahlungszielen geschlossen werden und zum Teil der Lieferant für den Zeitraum zwischen Rechnungseingang und Fälligkeitsdatum vergünstigte Finanzierungsbedingungen erhält, da die Forderung der Bank gegenüber dem Unternehmen A (Kunde) als Sicherheit dient.

Dies bedeutet, dass weiterhin ein festes Zahlungsziel existiert. Darüber hinaus ist es dem Lieferanten aber möglich, eine vorfristige Auszahlung mit entsprechenden, in den Zahlungsvereinbarungen festgelegten Abschlägen vornehmen zu lassen. Diese vorfristige Auszahlung erfolgt direkt über die SF-Bank und erfordert keine weitere Interaktion zwischen Kunde und Lieferant.

Im Detail laufen folgende Teilschritte im Prozess ab:

- Ware wird beim Kunden angeliefert
- Wareneingangsprüfung
- Rechnungeingang und Rechnungsbuchung beim Kunden
- Übertragung der Rechungsdaten durch den Kunden and die SF-Bank
- SF-Bank informiert Lieferanten über Möglichkeit der vorfristigen Auszahlung
- Lieferant kann sich auf Wunsch den fälligen Betrag vorfristig auszahlen lassen

Im Folgenden werden wir auf die technische Implementierung des 4. Schrittes mit Hilfe von SAP NetWeaver® PI 7.1 (im Weiteren als *PI-System* bezeichnet) eingehen.

11.1 Technische Prozessbeschreibung

Der Teilprozess der Rechnungsfreigabe durch das Kunden-Unternehmen bei der SF-Bank beinhaltet die Übertragung der Rechnungsfreigabe-Daten und ein technisches und ein applikationsspezifisches Acknowledgement durch das System der SF-Bank.

Die Implementierung auf Kundenseite erfolgt über einen Integrationsprozess auf einem SAP NetWeaver® PI 7.1 System, um eine Korrelation zwischen den gesendeten Rechnungsfreigabe-Daten und dem durch die SF-Bank zurückgesendeten Acknowledgement zu ermöglichen (siehe Abbildung 11-1).

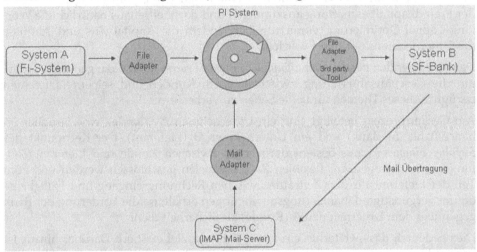

Abbildung 11-1: Schematische Darstellung des Integrationsprozesses

11.1.1 Aufbau des Integrationsprozesses

Der Integrationsprozess gliedert sich in zwei Blöcke:

- Der erste Block beinhaltet das Senden der Rechnungs-Freigabe-Daten vom ERP-System, das Mapping dieser Daten in das Zielformat und das Versenden in Richtung SF-Bank
- Der zweite Block beinhaltet den Empfang eines Acknowledgements gesendet durch das System der SF-Bank per Mail. Dies erfolgt in einem zeitlich befristeten Loop, der nach einem vorgegebenem Zeitrahmen abbricht und gegebenenfalls eine Exception erzeugt

Um die im zweiten Block empfangene E-Mail-Nachricht dem korrekten Integrationsprozess und somit der ursprünglichen versendeten Nachricht zuweisen zu können, wird eine Korrelation verwendet. Diese Korrelation besteht aus dem Dateinamen des ursprünglich auf ERP-Seite erstellten Files, der sich im Inhalt der Bestätigungsmail wiederfindet.

11.1.2 Übertragung der Rechnungsfreigabedaten

Prozessbeginn/Empfangsschritt

Die Rechnungs-Freigabe-Daten werden per Batchjob auf dem ERP-System gesammelt und als Flat-File auf dem lokalen Filesystem abgelegt.

Diese Files werden über einen Sender-Kommunikationskanal basierend auf einem File-Adapter durch das PI-System gepollt. Bezüglich der verwendeten Art des Fileadapters hat man an dieser Stelle verschiedene Möglichkeiten:

– Abholen der Files vom lokalen Filesystems des ERP-Systems per FTP-Funktionalität des File-Adapters
– Abholen der Files durch Mounten des lokalen Filesystems des ERP-Systems als Netzwerkshare auf dem PI-System und Verwendung der lokalen Filesystem-Funktionalität des File-Adapters
– Alternativ kann man auch auf beiden Systemen (ERP und PI) einen zentralen Netzwerkshare mounten (per NFS, CIFS, Samba o.a.) und wiederum die lokale Filesystem-Funktionalität des File-Adapters zur Anwendung bringen

Für welche Variante man sich entscheidet, hängt vor allem von den systemtechnischen Voraussetzungen des entsprechenden Rechenzentrums ab, den Vorlieben des jeweiligen Administrators der Systeme und auch von den geltenden Security Richtlinien.

Konvertierung des Dateiinhaltes

Um die Aufwände auf Seiten des ERP-Systems gering zu halten, werden die Daten als Flat File mit einer einfachen Recordset-Struktur pro Zeile und mit festen Feldlängen ausgegeben.

Daher erfolgt im Senderkanal eine Konvertierung des Dateiinhaltes mit den folgenden Konvertierungsregeln (siehe Abbildung 11-2).

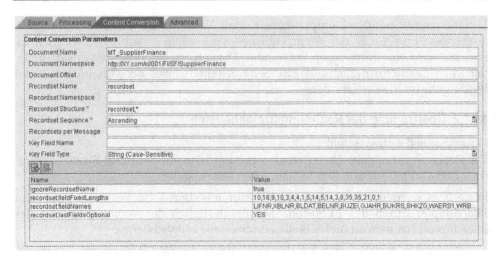

Abbildung 11-2: Konfiguration der Konvertierung des Dateiinhaltes

In diesem Fall arbeitet man mit fixen Feldlängen, so dass unter Verwendung der Parameter *fieldFixedLengths* und *fieldNames* die Bestimmung der Felder mit ihrer zugehörigen Länge erfolgt. Die Parameter können für alle unter *Recordset-Struktur* angegebenen Strukturen unterschiedlich definiert werden.

Alternativ kann bei Verwendung variabler Feldlängen und eines festen Trennzeichens die Konfiguration über die Parameter *fieldSeperator* und *fieldNames* erfolgen.

Ermittlung des Filenamens per Mapping
Die Konfiguration für den Empfangsschritt besteht neben dem Senderkommunikationskanal aus einer zugehörigen Sendervereinbarung, die im Falle eines File-Adapters zwingend erforderlich ist, einer Empfängerermittlung, die eine 1:1 Beziehung zwischen ERP-Quellsystem und dem verwendeten Integrationsprozess definiert und einer Interface-Ermittlung, die von Nöten ist, da über ein entsprechendes Mapping die Ermittlung des Dateinamens erfolgt (siehe Abbildung 11-3).

Das dazu verwendete Mapping führt ein 1:1 Mapping der Daten aus und befüllt ein zusätzliches Feld *FileName* in der Zielstruktur per User Defined Function mit dem Dateinamen des vom ERP abgeholten Inputfiles.

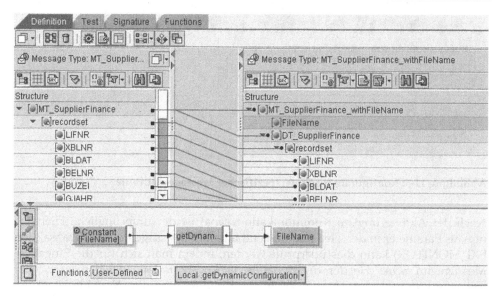

Abbildung 11-3: Mapping der gepollten Daten zur Ermittlung des Dateinamens

Die UserDefinedFunction bedient sich dabei der Möglichkeit auf Adapter-spezifische Attribute über das Globale Container Objekt zugreifen zu können (siehe Abbildung 11-4).

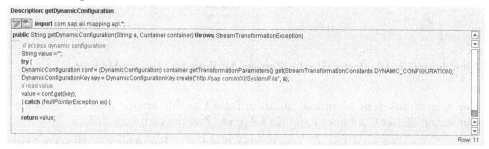

Abbildung 11-4: UserDefinedFunction zur Ermittlung des Dateinamens

Um dieses Feature nutzen zu können, muss zunächst einmal im Sender-Kommunikationskanal die Übermittlung der Informationen über den Filenamen aktiviert werden. Dies erfolgt in der Konfiguration des Kommunikationskanals unter dem Reiter *Erweitert* über das Setzen des Flags *Adapterspezifische Message-Attribute setzen*. Daraufhin wird eine Liste mit für diesen Adaptertyp verfügbaren Attributen sichtbar, die daraufhin einzeln ausgewählt werden können und somit bei der Nachrichtenübertragung als dynamische Daten im Messageheader mit aufgenommen werden (siehe Abbildung 11-5).

Abbildung 11-5: Konfiguration adapterspezifischer Message-Attribute

Nach der Aktivierung im Kommunikationskanal ist der ursprüngliche Filename nun als Parameter in den Headerdaten enthalten. Im Messagemonitor (Transaktion SXI_MONITOR) kann dies überprüft werden, indem man sich für die Eingangs-Message im SOAP-Header die dynamische Konfiguration anzeigen lässt. Hier erscheint nun nach der Aktivierung in der Konfiguration eine Variable FileName im Namespace http://sap.com/xi/XI/System/File, der der ursrüngliche Filename zugewiesen wurde (siehe Abbildung 11-6).

Abbildung 11-6: Adapterspezifische Message-Attribute im Message-Monitor

Der Zugriff aus dem Mapping heraus auf die Variable erfolgt über den Globalen Container. Dieser Container kann für folgende Zwecke genutzt werden:

- Temporäre Speicherung von Werten durch eine benutzerdefinierte Funktion und Austausch von Werten zwischen benutzerdefinierten Funktionen innerhalb eines Message-Mappings
- Zugriff auf das AbstractTrace Object zum Schreiben von Traceeinträgen
- Zugriff auf Runtime-Variablen

Zu diesem Zweck stellt das Container-Objekt folgende Methoden zur Verfügung:

- void setParameter(String parName,Object obj)
- Object getParameter(String parName)
- AbstractTrace getTrace()
- GlobalContainer getGlobalContainer()
- Java.util.Map container.getTransformationParameters

Im aufgeführten Beispiel wird die Methode *getTransformationParameters* verwendet, um Zugriff auf das Objekt *DynamicConfiguration* zu erhalten. Der eigentliche Zugriff auf die Variable *FileName* erfolgt über die Erzeugung eines *DynamicConfiguration Keys* und Verwendung dieses Keys in der Methode *get* des Objektes *Dynamic-Configuration*.

Senden der Rechnungsfreigabedaten an die SF-Bank

Die Übertragung der Rechnungsfreigabedaten kann über jede beliebige Adapterart erfolgen und hängt von den Bedürfnissen und den Vorgaben der involvierten Partner ab. Im Folgenden wird die Möglichkeit beschrieben, über ein Third-Party-Tool Daten an die SF-Bank zu senden.

Dieses Third-Party-Tool wurde in dem beschriebenen Fall aufgrund der Vorgaben durch die SF-Bank und aufgrund von Security Richtlinien gewählt. Die Übertragung erfolgt per HTTPS und wird über Shell-Skripte gesteuert. Die SSL-Key-Verwaltung ist in diesem Tool integriert, und die Ein- und Ausgabe von Nachrichten erfolgt in Form von Flat Files über dedizierte Verzeichnisse auf Betriebssystemebene.

Diese technischen Vorgaben legten die Verwendung eines File-Adapters mit nachgelagertem Aufruf eines Betriebssystemskriptes nahe.

Zunächst erfolgt die Ausgabe der Nachricht in einem dedizierten Verzeichnis auf dem lokalen Filesystem durch den Standard-File-Adapter (siehe Abbildung 11-7).

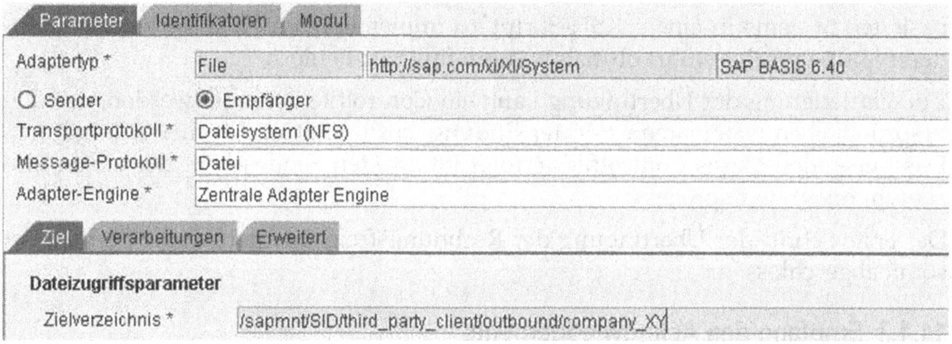

Abbildung 11-7: Ausgabe der Nachricht in einem dedizierten lokalen Verzeichnis

Dies bietet die Möglichkeit, die Anbindung für einzelne Gesellschaftsteile getrennt voneinander zu implementieren. Dazu wird für jeden getrennt zu betrachtenden Gesellschaftsteil ein Partner in der Konfiguration definiert und entsprechend in der Empfängervereinbarung aufgenommen. Zusätzlich wird für jeden Gesellschaftsteil ein eigener Empfängerkanal definiert, der das entsprechende Zielverzeichnis enthält.

Die Übertragung per Third-Party-Tool wird über die Option *Betriebssystembefehl nach Message-Verarbeitung ausführen* angetriggert (siehe Abbildung 11-8).

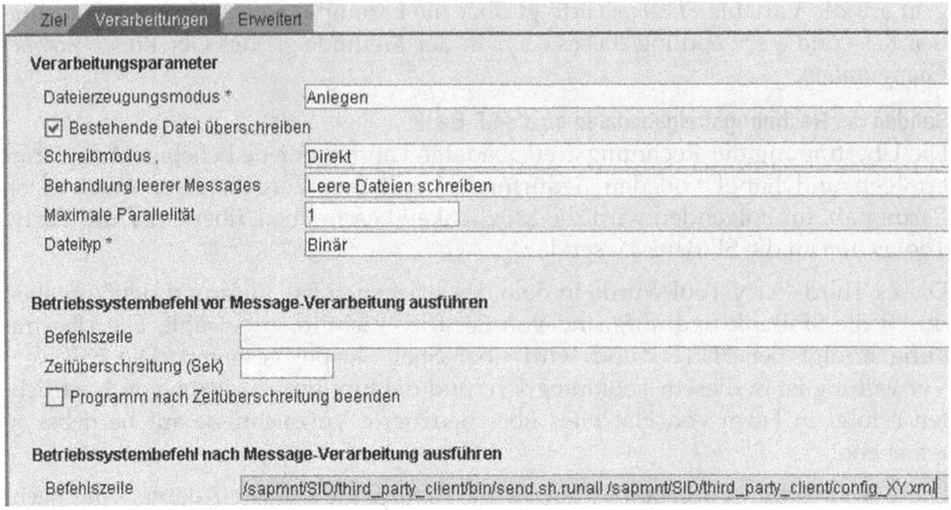

Abbildung 11-8: Aufruf eines Betriebssystem-Skripts im Sendekanal

Es hat sich bewährt, die aufzurufenden Binarys oder Skripte im Falle eines Unix-basierten Systems in einem KSH-Skript zu implementieren. Die Verwendung anderer Skriptsprachen führt oftmals zu undefinierten Fehlern.

Zur Verifizierung der Übertragung kann ein Controlfile gesendet werden, das den ursprünglichen Dateinamen mit der Endung .cnf besitzt und keinerlei Inhalt hat. Das Versenden dieses Controlfiles erfolgt im zweiten Sendeschritt des ersten Blockes im Integrationsprozess.

Der erste Schritt der Übertragung der Rechnungsfreigabedaten an die SF-Bank ist somit abgeschlossen.

11.1.3 Empfang des Acknowledgements

Korrelation der Bestätigungsmail zum bestehenden Integrationsprozess

Wie bereits vorangehend beschrieben, erfolgt durch die SF-Bank eine Rückmeldung über den Verarbeitungsstatus der gesendeten Nachricht per Mail. Diese Rückmeldung bezieht sich aber nur auf den technischen Verarbeitungsstatus (z.B. syntaktische Fehler in den übertragenen Daten oder doppelte Übertragung einer Nachricht). Fachliche Fehler in den übertragenen Daten werden über einen anderen Mechanismus und nicht innerhalb dieses Prozesses zurückgemeldet.

Für den Empfang der Rückmeldungsnachricht und der Korrelation dieser Nachricht mit der ursprünglich gesendeten Rechnungsfreigabe-Nachricht und dem dazugehörigen, bereits gestarteten Integrationsprozess machen wir uns die Möglichkeit zu Nutze, Korrelationen in einem Integrationsprozess zu definieren.

In einem Integrationsprozess kann eine Korrelation dazu genutzt werden, Nachrichten zu verknüpfen, die in einem oder mehreren XML-Feldern des Nachrichteninhaltes übereinstimmen. Somit kann man einen Empfangsschritt innerhalb eines bereits gestarteten Integrationsprozesses definieren, der nur anhand der Payload der empfangenen Nachricht die Zuweisung zum korrekten wartenden Integrationsprozess vornehmen kann.

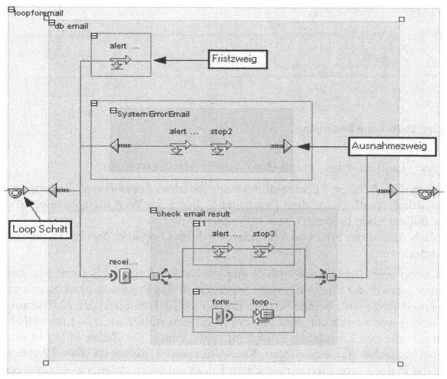

Abbildung 11-9: Loop-Schritt und Fristzweig für Rückmeldungsempfang

Wichtig ist es dabei die folgenden Punkte zu beachten:

- Die Felder, die zur Definition der Korrelation genutzt werden, müssen in der Payload aller die Korrelation nutzenden Nachrichten enthalten sein
- Die Korrelation muss für alle möglichen Konstellationen eindeutig sein
- Die Gültigkeit muss auf den kleinstmöglichen Bereich eingeschränkt werden (z.B. Gültigkeitsbereich ist auf einen Block eines Integrationsprozesses eingeschränkt). Ansonsten kann es zu inkorrekten Zuweisungen aufgrund „obsoleter", aber immer noch aktiver Integrationsprozesse kommen

Der Empfang der Rückmeldungsmail ist im beschriebenen Integrationsprozess in einem Loop eingebetet, der über einen Fristzweig zeitlich begrenzt ist. Somit kann die Rückmeldung innerhalb eines dedizierten Zeitintervalls empfangen werden (siehe Abbildung 11-9).

Vor dem Eintritt in den Loop wird die Variable C_Loop, die als String Container-variable im Integrationsprozess definiert wurde, über einen Container-Operations-Schritt auf den Wert 1 gesetzt. In der Loop-Bedingung wird die Container-Variable in der folgenden Form verwendet (siehe Abbildung 11-10).

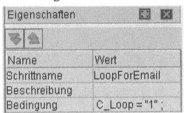

Abbildung 11-10: Loop Bedingung

Dieser Loop kann auf zwei verschiedene Arten verlassen werden:

– Nach Erhalt einer Rückmeldungsmail, die dem bestehenden Prozess zugeordnet wurde, wird dem Parameter C_Loop der Wert 0 zugewiesen und somit der Loop beendet.
– Nach Ablauf der Frist von 4 Stunden wird der Loop über den Fristzweig beendet.

Der im Loop enthaltene Block enthält zunächst einen Empfangsschritt, der eine Korrelation verwendet, die vom ersten Sendeschritt des Prozesses erzeugt wurde. Die Eigenschaften dieser beiden Schritte und somit die Definition der Aktivierung und Nutzung der Korrelation sind aus der folgenden Abbildung 11-11 ersichtlich. Die Definition einer Korrelation erfolgt im sogenannten *Korrelationseditor*. In diesem wird zunächst ein eindeutiger Korrelationsname vergeben. Des Weiteren werden die in der Korrelation verwendeten Felder definiert, indem ein eindeutiger Feldname vergeben wird, die beteiligten Messages in der Form von Service-Interfaces angegeben werden und die in den Messages für die Korrelation genutzten XML-Elemente als Xpath-Ausdruck definiert werden.

Name	Wert		Name	Wert
Schrittname	Send DB Data File		Schrittname	Receive Email Result
Beschreibung			Beschreibung	
Modus	Asynchron		Message	C_EmailResult
Message	C_SupplierFinanceFile		*Korrelationen verwen*	CorrelationFileName
Acknowledgment	Transport			
Empfänger von	Sendekontext			
Conversation-ID				
Queue-Name (EOIO)				
Sendekontext				
▾ **Ausnahmen**				
Systemfehler	SystemErrorDBFile			
Korrelationen aktivie...	CorrelationFileName			
▾ **CorrelationFileName**				
FileName	C_SupplierFinanceFile./p1:M...			

Abbildung 11-11: Aktivierung und Verwendung der Korrelation

Die Definition der im Beispielprozess verwendete Korrelation *CorrelationFileName* ist in der folgenden Abbildung 11-12 dargestellt.

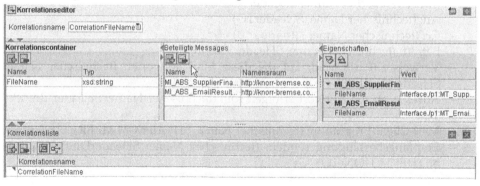

Abbildung 11-12: Definition der Korrelation CorrelationFileName

Empfang der Bestätigungsmail per Mail-Adapter

Die Rückmeldung der SF-Bank erfolgt im beschriebenen Szenario über das Senden einer Mail an ein dediziertes Postfach. Das PI-System bietet zum Empfang von Mailnachrichten den sogenannten Mail-Adapter, der auf Senderseite den Abruf von Mailnachrichten aus einem IMAP4 oder einem POP3 Postfach ermöglicht.

In der Konfiguration des Sender-Mail-Adapters kann als Protokoll XIALL oder XIPAYLOAD definiert werden. Das Protokoll XIALL ist ausschließlich für die Kommunikation zwischen zwei PI-Systemen per Mail-Adapter gedacht. Daher wird normalerweise das Protokoll XIPAYLOAD Anwendung finden. Bei Verwendung dieses Protokolls wird der Inhalt der Mail-Message in die Payload der PI-Nachricht übernommen.

Dabei gibt es die Möglichkeit, das sogenannte Mail-Package zu verwenden. Dieses ermöglicht die Übernahme bestimmter Mail-Headerinformationen (z.B. Sender oder Empfänger der Mail) in entsprechende Felder der Payload der Nachricht. Zu diesem Zweck gibt es von der SAP® eine XSD-Definition (siehe SAP-Hinweis 748024), die im Design zur Definition eines Service-Interfaces genutzt wird und entsprechende Felder für alle übergebenen Header-Informationen und für den eigentlichen Mail-Content enthält. Dieses Mail-Package ist jedoch seit PI 7.1 obsolet und sollte nur noch aus Kompatibilitätsgründen genutzt werden.

Als Alternative steht die Möglichkeit zur Verfügung, Adapter-Attribute in die Header-Daten der Nachricht aufzunehmen. Zu diesem Zweck muss in der Sender-Kommunikationskanal-Definition unter dem Reiter *Erweitert* das Flag *Adapterspezifische Message-Attribute* setzen und das Flag *Variable Transportanbindung* gesetzt werden. Daraufhin werden die folgenden Mailheader-Attribute in den Header der PI-Nachricht übernommen:

- Benutzer des Mail-Kontos: (technischer Name: SUser)
- Von: (technischer Name: SHeaderFROM)
- An: (technischer Name: SHeaderTO)
- Cc: (technischer Name: SHeaderCC)
- Betreff: (technischer Name: SHeaderSUBJECT)
- Verweis auf die Mail, auf die diese Mail antwortet: (technischer Name: SHeaderIN-REPLY-TO)
- Adresse, an die Antwort erfolgen soll: (technischer Name: SHeader-REPLY-TO)
- Mail-Client-Programm: (technischer Name: SHeaderX-MAILER)
- Empfangsbestätigung senden: (technischer Name: SHeaderDISPOSITION-NOTIFICATION-TO)
- Priorität: (technischer Name: SHeaderPRIORITY)
- Dringlichkeit der Nachricht: (technischer Name: SHeaderIMPORTANCE)

Die Auswertung dieser Header-Informationen kann wie bereits beschrieben über benutzerdefinierte Funktionen in einem graphischen Mapping durch Zugriff auf das Globale Container-Objekt erfolgen.

Im beschriebenen Prozess wird dies genutzt, um die eingehende Mailnachricht zu empfangen und dabei die Header-Informationen in den Messageheader des PI-Systems zu übernehmen. Alle vom Prozess benötigten Informationen sind im Betreff der eingehenden Mail enthalten. Im Falle eines Fehlers beginnt der Betreff mit dem String „ERROR" oder „File transfer failed". Im Falle einer erfolgreichen Verarbeitung enthält der Betreff den Dateinamen des ursprünglich übermittelten Rechnungsfreigabefiles.

Die Auswertung erfolgt über ein graphisches Mapping mit einer entsprechenden benutzerdefinierten Funktion zur Auswertung des Adapter-Attributes SHeader-SUBJECT.

Das abstrakte Service-Interface MI_ABS_EmailResult_ASYNC, das im Empfangs-schritt des Prozesses definiert ist, basiert dementsprechend auf einem einfachen Message-Typ MT_EmailResult, der nur die beiden Felder FILENAME und RE-SULT enthält (siehe Abbildung 11-13). Das Feld *Filename* wird durch das graphi-sche Mapping auf den ursprünglichen Filenamen gesetzt, und das Feld RESULT wird je nach Inhalt des Mail-Betreffs auf ERR oder OK gesetzt.

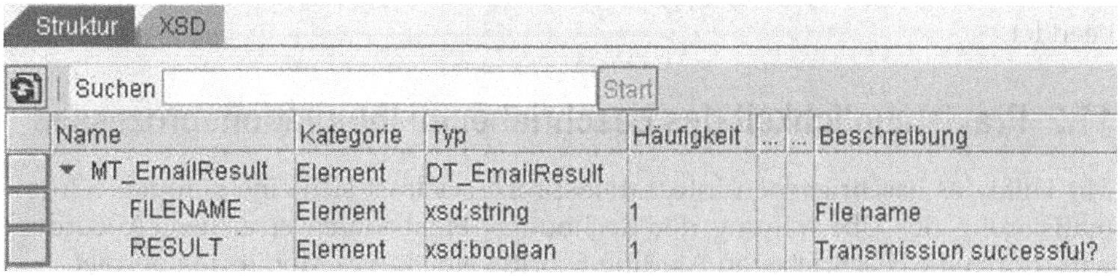

Name	Kategorie	Typ	Häufigkeit	...	...	Beschreibung
▼ MT_EmailResult	Element	DT_EmailResult				
FILENAME	Element	xsd:string	1			File name
RESULT	Element	xsd:boolean	1			Transmission successful?

Abbildung 11-13: Message-Typ MT_EmailResult

Das Feld FILENAME wird wie bereits beschrieben für die Zuordnung zu einem bestehenden Integrationsprozess über die definierte Korrelation verwendet. Das Feld RESULT wird im folgenden Switch-Schritt ausgewertet, um zu entscheiden, welche weiteren Schritte ausgeführt werden.

Abschließende Schritte und Beendigung des Prozesses

Nach dem Empfang einer korrelierbaren Nachricht erfolgt die Auswertung des Feldes *RESULT* in einem Switch Statement.

Im Erfolgsfall erfolgt das Versenden einer E-Mail an einen Mailverteiler und das Setzen der Variablen C_LOOP auf den Wert 0, was gleichbedeutend mit der Been-digung des Prozesses ist.

Im Fehlerfall erfolgt das Auslösen eines Alerts über einen Steuerungsschritt mit der Aktion *Alert auslösen* und der Prozess wird ebenfalls über einen Steuerungs-schritt beendet.

Nun kann es aber passieren, dass aufgrund eines Fehlers gar keine Bestätigungs-mail erzeugt wird oder aber bei der Übermittlung der E-Mail ein Fehler auftritt. In diesem Fall sollte nach einer gewissen Zeitspanne automatisch ein Abbruch des Prozesses erfolgen und ein entsprechender Alert erzeugt werden. Dies kann über die Definition eines sogenannten Fristzweiges erfolgen. Im beschriebenen Szenario hat sich bewährt, eine maximale Zeitspanne von 4 Stunden für die Frist zu definie-ren (siehe Abbildung 11-14).

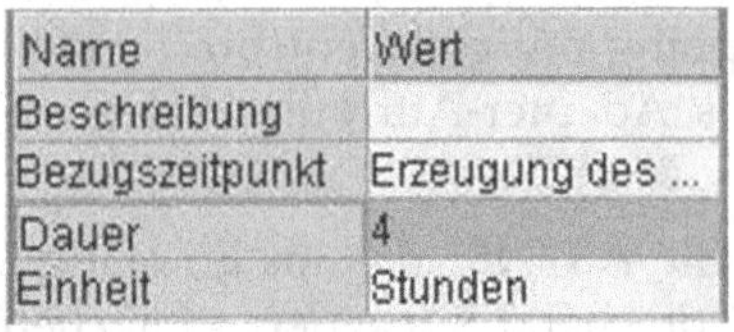

Name	Wert
Beschreibung	
Bezugszeitpunkt	Erzeugung des ...
Dauer	4
Einheit	Stunden

Abbildung 11-14: Fristbedingung

Der Fristzweig enthält einen Steuerungsschritt, der für die Erzeugung eines Alerts genutzt wird. Nach Ausführung dieses Schrittes wird der Prozess automatisch beendet.

11.2 Praxistauglichkeit des beschriebenen Integrationsprozesses

Mit Hilfe des beschriebenen Integrationsprozesses lässt sich eine komplette Automatisierung der Übertragung der Rechnungsfreigabedaten erreichen. Außerdem wird durch die beschriebenen Alerting-Schritte ein aktives Monitoring obsolet.

Die praktische Erfahrung hat gezeigt, dass diese beiden Aussagen voll und ganz zutreffen. Der häufig genutzte Integrationsprozess läuft seit einigen Jahren problemlos und ohne jegliches aktives Eingreifen vollkommen automatisiert ab. Alle Fehler durch syntaktische Fehler in der Ausgangsnachricht oder durch doppelte Übertragung wurden sauber durch das Fehlerhandling abgefangen. Zu beachten ist jedoch, dass Integrationsprozesse, die auf einen Fehler gelaufen sind, immer sauber beendet werden sollten, indem sie manuell wiederangestartet oder gelöscht werden. Ansonsten kann es zu Problemen aufgrund offener Korrelationen der fehlerhaften Integrationsprozesse kommen.

12 Daten-Austausch mit einem externen Businesspartner

Autor: Tobias Bernecker, Knorr-Bremse IT-Services GmbH, München

Der Bestell- und der Rechnungsprozess zwischen Unternehmen bieten enormes Optimierungspotential durch Automatisierung. Einen Hauptanteil tragen dabei die Teilprozesse der Übermittlung von Bestellungen, Bestellbestätigungen und Rechnungen.

In sehr vielen Unternehmen erzeugen diese B2B-Prozesse noch sehr viel Aufwand, da die Übermittlung manuell gestartet werden muss und nicht in rein elektronischer Form und unter Nutzung von Standardformaten erfolgt (z.B. erfolgt heute die Übertragung in vielen Fällen noch per Post, per Fax oder per Mail). Die komplette Automatisierung dieser Prozesse durch eine rein elektronische Datenübermittlung kann daher zu großen Einsparungen auf Seiten des Lieferanten als auch des Kunden führen.

Im Falle von sehr großen Volumina nutzen die meisten Unternehmen für diese B2B-Prozesse "klassisches" EDI unter Nutzung von proprietären Formaten wie zum Beispiel VDA, EDIFACT, ODETTE oder ANSI X 12 und unter Nutzung von zum Teil proprietären Übertragungsprotokollen wie OFTP. Häufig findet man in diesem Bereich auch das komplette Outsourcing der EDI Infrastruktur. Dieses Outsourcing betrifft dann nicht nur die EDI-Hardware, sondern vor allem auch die gesamte Entwicklung bezüglich Nachrichtenstrukturen, Mappings und Routingkonfigurationen.

Auch SAP NetWeaver® PI 7.1 bietet die Möglichkeit, klassisches EDI zu betreiben. Zu diesem Zweck existieren einige Third Party Adapter, die entsprechende Nachrichtenformate und Adapter zur Verfügung stellen. Eine Übersicht der verfügbaren Third Party Adapter findet man auf dem SAP® Developer Network (*http://sdn.sap.com*) unter *SOA Middleware – Modeling and Design – Content Provided by Third-Party vendors*.

Eine interessante Alternative zu diesen kommerziellen Angeboten bietet das Open Source-Projekt "Open PI Initiative" die einen EDIFACT-Adapter, einen AS2-Adapter und ein EDIFACT-Modul anbieten. Nähere Informationen zu diesem Projekt finden Sie auf der Homepage des Projektes unter der folgenden Adresse: *http://opi2.sourceforge.net*.

SAP NetWeaver® PI bietet sich insbesondere auch für die Anbindung kleinerer und mittelgroßer Geschäftspartner an, da es nahezu alle gängigen Standards (wie XML, HTTP(S), XSLT, Java, ABAP, usw.) und eine große Menge an Standardkommunikationsprotokollen unterstützt und somit die bei der Anbindung kleinerer Partner notwendige Flexibilität bietet. Natürlich ist dieser Vorteil auch in der Kommunikation zwischen Großunternehmen nutzbar. In letzter Zeit zeigt sich auch hier eine klare Tendenz zur Nutzung von allgemeinen Standards und der Ersetzung der alten proprietären Nachrichtenformate und Protokolle aus dem klassischen EDI-Bereich.

Im Folgenden wollen wir den automatisierten elektronischen Austausch von Bestellungen, Bestellbestätigungen und Rechnungen zwischen zwei Unternehmen hinsichtlich der Aspekte Security, Infrastrukturaufbau und Nutzung von SFTP als Übertragungsprotokoll näher betrachten.

12.1 Technische Prozessbeschreibung

Der Prozess zum Austausch von Bestellungen, Bestellbestätigungen und Rechnungen (inklusive Sammelrechnung) stellt keine großen Anforderungen an die Prozesslogik auf dem Middleware-System, sondern besteht in diesem Fall für jede Nachrichtenart aus einer Punkt-zu-Punkt-Verbindung zwischen den ERP-Systemen der beiden Unternehmen. Es kann natürlich durchaus bei einem Unternehmen die Vorgabe bestehen, dass ein logischer Zusammenhang zwischen den einzelnen Nachrichtentypen oder zu anderen Nachrichten hergestellt werden muss und somit eine Logik auf dem Middleware-System erforderlich ist. Dies wollen wir aber in der folgenden Betrachtung nicht miteinbeziehen.

Die Besonderheit in dem zu beschreibenden Prozess liegt zum einen darin, die Anbindung unter Berücksichtigung aller allgemein gültigen Security-Richtlinien zu implementieren und in der Anforderung das SFTP-Protokoll für die Übertragung zu nutzen. Auf diese beiden Punkte werden wir daher im Folgenden das Hauptaugenmerk legen.

Das System A des Lieferanten basiert auf einer SAP® R/3 Enterprise 4.7 Installation und kommuniziert über die IDoc-Schnittstelle mit dem lieferantenseitigen Middleware-System basierend auf SAP NetWeaver® PI 7.1. Mangels eines fehlenden SFTP-Adapters muss eine Alternative für den Datenaustausch zwischen PI-System und SFTP-Server gefunden werden. Die Entscheidung fiel dabei auf eine kostengünstige Alternative unter Nutzung des Standard-File-Adapters und eines nativen SFTP-Clients auf Betriebssystemebene. Die Anbindung des Kundensystems erfolgt über einen SFTP-Client und soll hier nicht näher betrachtet werden. Eine schematische Darstellung dieses Prozesses erfolgt in folgender Abbildung 12-1.

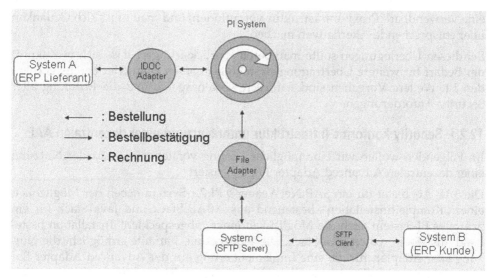

PI System

System A
(ERP Lieferant)

IDOC
Adapter

⟵⟶ : Bestellung

⟶ : Bestellbestätigung

⟶ : Rechnung

File
Adapter

System C
(SFTP Server)

SFTP
Client

System B
(ERP Kunde)

Abbildung 12-1: Schematische Darstellung des Prozesses

Der Prozess stellt aus Sicht des Designs (Datenstrukturen und Mappings) und der Konfiguration keine große Herausforderung dar, und deshalb möchten wir im Folgenden das Hauptaugenmerk auf folgende Spezifika des Prozesses legen:

- Nutzung einer Middleware-Infrastruktur, die den allgemein gültigen Security-ty-Anforderungen genügt.
- Implementierung eines Virenscanners für eingehende Nachrichten
- Nutzung des SFTP-Protokolls zum Nachrichtenaustausch

12.2 Design einer Security-konformen Middleware-Infrastruktur

Eine Besonderheit des vorgestellten Prozesses liegt in der Kommunikation mit einem externen Partner unter Aufbau von Verbindungen vom internen Netz zum Partner als auch von externen Systemen des Partners in das interne Netz. Bei der Implementierung eines solchen Szenarios müssen von Anfang an Security-Aspekte berücksichtigt werden, da man ansonsten spätestens bei der Beantragung von Freischaltungen auf der Firewall mit den Kollegen der Security-Fachabteilung in langwierige Diskussionen gerät und kostbare Zeit verliert bei der Suche nach einer geeigneten Lösung.

Würde als Übertragungsprotokoll HTTPS verwendet werden, so könnte unter Verwendung der nahezu in jedem Unternehmen vorhandenen Webproxy-Infrastruktur ohne großen Aufwand eine Security konforme Anbindung erfolgen. Bei Verwendung eines Protokolls wie SFTP jedoch wird man sich schwer tun, bereits eine verwendbare Proxy-Infrastruktur vorzufinden, und man muss sich Gedanken über entsprechende Alternativen machen.

Bei diesen Überlegungen sollte man bereits berücksichtigen, dass sich in Zukunft der Bedarf für weitere Übertragungsprotokolle ergeben kann oder bereits vorhanden ist. Weitere Vorgaben sind natürlich Kostenaspekte und die Erfüllung aller Security-Anforderungen.

12.2.1 Security konforme Infrastruktur unter Nutzung einer dezentralen AAE

Im Folgenden wollen wir eine mögliche Lösung vorstellen, die auf der Nutzung einer dezentralen Advanced Adapter Engine basiert.

Die SAP AG bietet für ein SAP NetWeaver® PI 7.1-System neben der Möglichkeit einer „Komplettinstallation" bestehend aus ABAP Stack und Java Stack für ein zentrales PI-System auch die Möglichkeit einer „abgespeckten" Installation bestehend aus einem reinen Java Stack. Diese dezentrale Variante ermöglicht die Nutzung aller Adapter, für die eine Implementierung auf der Advanced Adapter Engine vorhanden ist. (Die Nutzung des IDoc-Adapters ist somit noch nicht komplett möglich, da dessen Implementierung auf Seiten der Advanced Adapter Engine durch die SAP AG gerade in der Entwicklung und der XI-Adapter momentan gar nicht nutzbar ist). Des Weiteren ist die Installation eines solchen dezentralen Systems komplett in die Infrastruktur eines zentralen PI-Systems integriert (z.B. Monitoring über RWB des zentralen Systems, Nutzung des zentralen Repository und des zentralen Directory, Nutzung des zentralen SLD).

Dieses dezentrale System bietet somit die Möglichkeit, über nahezu alle Adapterarten eine Anbindung vorzunehmen und dabei die Kommunikation mit externen Systemen vom zentralen PI-System abzukoppeln.

Dies kann man nun dazu nutzen, eine zentrale Anforderung aus dem Security-Bereich zu erfüllen: Es darf keine direkte Kommunikation zwischen Systemen aus dem eigenen Intranet und externen Systemen stattfinden, sondern die Kommunikation muss über entsprechende Proxys laufen, die sich in einem abgetrennten Netzwerkbereich, einer sogenannten D(e)M(ilitarisierten)Z(one), befinden.

In der folgenden Abbildung 12-2 haben wir eine mögliche Infrastruktur unter Nutzung einer separaten AAE-Installation dargestellt.

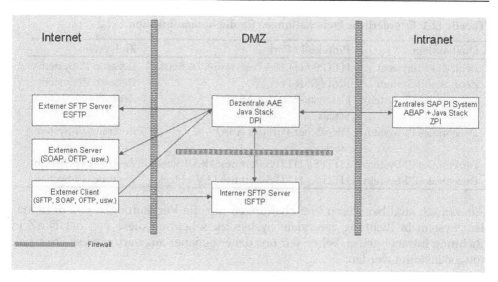

Abbildung 12-2: Infrastruktur unter Nutzung einer separaten AAE

Je nach lokaler Netzwerkstruktur kann die tatsächliche Implementation noch von der dargestellten abweichen, aber die grundsätzlichen Aspekte sind durch die obige Darstellung abgedeckt.

Das dezentrale System der Advanced Adapter Engine ist in einer DMZ lokalisiert und jeglicher Nachrichtentransfer zwischen externen Systemen und dem zentralen SAP NetWeaver® PI-System laufen ausschließlich über dieses dezentrale System. Die Kommunikation des zentralen SAP NetWeaver® PI-System erfolgt ausschließlich mit dem dezentralen SAP NetWeaver® PI-System und niemals direkt mit den externen Systemen. Somit ist die zentrale Anforderung an unsere Lösung erfüllt.

Die Kommunikation zwischen zentralem und dezentralem SAP NetWeaver® PI-System erfordert einige spezifische Freischaltungen auf der dazwischen liegenden Firewall, die in Tabelle 12-1 aufgelistet sind.

Dabei bezeichnet Quellsystem jenes System, das die Netzwerkverbindung aktiv öffnet, und das Zielsystem stellt jeweils den Endpartner der Netzwerkverbindung dar. Der verwendete Port ist abhängig von der Zielsystemkonfiguration. So ist der HTTPS Port der Java-Instanz zum Beispiel abhängig von der Instanznummer des betreffenden Systems.

Tabelle 12-1: Erforderliche Freischaltungen für die Kommunikation

Quellsystem	Protokoll / Port	Zielsystem
Zentrales PI-System	HTTPS / HTTPS-Port des JAVA Stacks	Dezentr. PI-System
Zentrales PI-System	RMI / RMI-Port	Dezentr. PI-System
Dezentrales PI-System	Gateway-Port des ABAP Stacks	Zentrales PI-System
Dezentrales PI-System	Dispatcher-Port des ABAP Stacks	Zentrales PI-System
Dezentrales PI-System	HTTPS / HTTPS-Port des ABAP Stacks	Zentrales PI-System
Dezentrales PI-System	HTTPS / HTTPS-Port des JAVA Stacks	Zentrales PI-System

Als kritisch sind bei diesen Freischaltungen nur die Verbindungen von dezentralem System in Richtung zentralem System zu sehen, da diese von der DMZ in Richtung Intranet gehen. Sehen wir uns daher genauer an, warum diese Freischaltungen benötigt werden:

– Gateway-/Dispatcher-Port und HTTPS-Port des ABAP Stacks: Diese beiden Ports werden benötigt, da die UME des dezentralen Systems derart konfiguriert werden muss, dass der ABAP Stack des zentralen Systems als Quellsystem dient. Alternativ ist es möglich, in der DMZ einen ABAP Stack zur Verfügung zu stellen, der alle Userdaten des zentralen PI-Systems synchronisiert hält und das dezentrale System mit diesem ABAP Stack zu verbinden. Hier ist jedoch genau abzuwägen, ob sich dieser Aufwand lohnt

– HTTPS-Port des ABAP Stacks: Dieser Port wird zur Kommunikation mit der zentralen Integration Engine benötigt

– HTTPS-Port des JAVA Stacks: Dieser Port wird für den Zugriff auf das zentrale SLD benötigt. Auch hier wäre es wieder möglich, eine SLD-Installation in der DMZ zu verwenden, die mit dem zentral verwendeten SLD-System synchronisiert wird. Allerdings sollte zumindest während des Installationsprozesses eine Kommunikation ermöglicht werden, da einmalig die Systemdaten des dezentralen SAP NetWeaver® PI-Systems an das zentrale SLD gesendet werden müssen (dies gilt ebenso bei SLD-relevanten Updates des dezentralen Systems). Auch hier muss wieder für jeden einzelnen Fall abgewogen werden, ob sich der Aufwand einer zusätzlichen SLD-Installation in der DMZ lohnt oder aber die Freischaltung in Kauf genommen werden kann

Hinsichtlich der Freischaltungen zwischen externen Systemen und dezentraler AAE spielen vor allem unternehmensspezifische Security-Richtlinien eine Rolle. Allerdings bietet die vorgestellte Infrastruktur ein sehr hohes Maß an Sicherheit, so dass in den meisten Fällen eine Freischaltung ohne weitere Bedenken vorgenommen werden kann.

Neben der Betrachtung bezüglich der Erfüllung von Security-Richtlinien darf man natürlich auch den benötigten Aufwand nicht vergessen:

- Benötigte Hardware Ressourcen: Als Hardware eignet sich für das dezentrale Systeme insbesondere ein Gastsystem in einer Virtualisierungsumgebung, da das System abgesehen von den Speicheranforderungen des J2EE-Stacks sehr bescheidene Systemanforderungen hat. Somit ergeben sich bezüglich der Hardwareanforderungen relativ geringe Zusatzkosten. Zum anderen ist zu beachten, dass durch die Auslagerung auf die Advanced Adapter Engine des dezentralen Systems die Last auf dem zentralen System entsprechend verringert wird.
- Ein einmaliger Aufwand bezüglich der Installation des dezentralen Systems ist miteinzubeziehen. Pro System ist hierbei mit einem Aufwand von 1-2 Manntagen zu rechnen.
- Die Administration (Betriebssystem/Datenbank/SAP-Basis) eines weiteren Systems ist in der Rechnung miteinzubeziehen.
- Der Aufwand bezüglich SAP NetWeaver® PI-Entwicklung verändert sich in keiner Weise und führt zu keinen zusätzliche Kosten. Die Verwendung der dezentralen Advanced Adapter Engine erfordert nur die Angabe der zu nutzenden Advanced Adapter Engine in der Konfiguration des Kommunikationskanals (siehe Abbildung 12-3).

Abbildung 12-3: Definition der Advanced Adapter Engine im Kommunikationskanal

Die hier vorgestellte SAP NetWeaver® PI 7.1-Infrastruktur ermöglicht die Einhaltung aktueller und strikter Sicherheitsrichtlinien unter Verwendung einer dezentralen Advanced Adapter Engine-Installation. Diese hat den Vorteil, dass man nicht auf den Einsatz weiterer Komponenten angewiesen ist. Allerdings ist zu beachten, dass der aufgelistete Zusatzaufwand nötig ist. Abhängig von den bestehenden Voraussetzungen bezüglich der Infrastruktur und den bestehenden Anforderungen muss entschieden werden, ob die vorgestellte Lösung in Ihrem Falle die optimale Lösung darstellt.

12.2.2 Implementierung eines Virenscanners für eingehende Nachrichten

Im vorangehenden Abschnitt haben wir vorgestellt, wie eine Infrastruktur aufgebaut werden kann, die einen optimalen Schutz gegen externe Angriffe darstellt. Im nun folgenden Abschnitt wollen wir eine Möglichkeit vorstellen, in der Nachrichtenverarbeitung einen Virenscanner zu integrieren.

SAP bietet für diesen Zweck die sogenannte Viren-Scan-Schnittstelle (VSI) an. Diese Viren-Scan-Schnittstelle kann sowohl auf dem ABAP- als auch auf dem Java-Stack dazu genutzt werden, um externe Antiviren-Lösungen zur Überprüfung eingehender Daten zu nutzen. Die beiden folgenden SAP-Hinweise enthalten Informationen zur Verfügbarkeit des VSI Interfaces und der Verfügbarkeit zertifizierter externer Antiviren-Lösungen:

- SAP-Hinweis 817623
- SAP-Hinweis 786179

In den meisten Fällen wird in Ihrer Infrastruktur bereits eine Antiviren Lösung verfügbar sein und kann, falls von der SAP AG entsprechend zertifiziert, über die VSI-Schnittstelle ohne großen Aufwand für den Virenscan auf einem SAP® System genutzt werden.

Um nun in unserem Fall die Viren-Scan-Schnittstelle für das Scannen eingehender Nachrichten verwenden zu können, muss zunächst die Schnittstelle auf dem Java-Stack konfiguriert und verfügbar gemacht werden.

Dazu sollte man wissen, dass die Schnittstelle gemäß der SAP®-Spezifikation in mehrere Layer aufgeteilt ist. Der Layer, der zwischen Virenscanner-Lösung und VSI API angesiedelt ist, wird dabei als Viren-Scan-Adapter bezeichnet und wird vom Anbieter der Virenscanner-Lösung zur Verfügung gestellt.

Daher unterteilt sich die Installation des VSI Interfaces in zwei Bereiche. Zum einen die Installation des Viren-Scan-Adapters, die herstellerspezifisch ist, und zum anderen die Konfiguration der Viren-Scan-Schnittstelle auf SAP Seite, die größtenteils unabhängig von der verwendeten Virenscanner-Lösung verläuft.

Es macht natürlich keinen Sinn, hier näher auf die Installation des Viren-Scan-Adapters einzugehen, da diese herstellerspezifisch abläuft. In den meisten Fällen erfolgt die Installation jedoch über ein setup-Tool, das einen bei der Installation der benötigten Libraries und der Konfiguration der Verbindungsparameter zur Virenscanner-Lösung unterstützt.

Die Konfiguration der Viren-Scan-Schnittstelle auf SAP NetWeaver® PI-Seite muss in unserem Fall nur für den J2EE-Stack vorgenommen werden und erfolgt über das SAP NetWeaver® Administrator Webinterface, welches man über folgende URL erreicht: http://PI-hostname:J2EE-HTTPS-Port/nwa.

Eine sehr ausführliche und aktuelle Beschreibung der Schnittstellenkonfiguration findet man unter (SAP 2011). Daher möchten wir an dieser Stelle nur einen kurzen Überblick über die nötigen Schritte geben:

- Im NWA findet man unter dem Reiter *„Configuration Management"*- *„Security"* den Button *„Virus Scan Provider"*. Dieser öffnet die Viren-Scan-Schnittstellen-Konfiguration
- Definition einer Viren-Scan-Gruppe über den Reiter *„Groups"* (Name, Beschreibung, Parameter)
- Definition eines Viren-Scan-Adapters über den Reiter *„Adapters"* (Name, Beschreibung, Gruppe, VSA Library Path, Trace-Optionen, Parameter). Der VSA Library Path ist gemäß der Installationsanleitung des Anbieters des Viren-Scan-Adapters zu konfigurieren. In Ausnahmefällen (z.B. Viren-Scan-

Adapter ist nur auf einer Plattform erhältlich, die nicht der Plattform des SAP®-Systems entspricht) muss nicht die Konfiguration eines Adapters, sondern eines Viren-Scan-Servers über den Reiter „*Servers*" erfolgen

- Aktivierung des Viren-Scan-Adapters über Auswahl eines Eintrages unter dem Reiter „*Adapters*"
- Konfiguration eines Profils unter dem Reiter *Profiles*. Dies ist in unserem Falle nicht notwendig, kann aber dazu genutzt werden, um einem das Viren-Scan-Interface nutzendem Programm spezifische Parameter mitzugeben

Das Scannen der Daten nach Viren sollte erfolgen, sobald die Daten vom unternehmenseigenen System empfangen werden. Im Falle des Nachrichtenempfanges durch unser SAP NetWeaver® PI-System erfolgt das Scannen der empfangenen Message somit idealerweise im Sender-Adapter. Dies ermöglicht uns die Adapterarchitektur des PI-Systems in sehr einfacher Art und Weise.

Wir nutzen dazu die Möglichkeit, die Funktionalität eines Adapters über sogenannte Adaptermodule zu erweitern. Von Seiten der SAP AG werden bereits einige Adaptermodule angeboten, die häufig genutzte Erweiterungen beinhalten (z.B. PayloadSwapBean zum Austausch der MainPayload und eines Attachments einer Nachricht, PayloadZipBean zum (Ent-)Komprimieren der Payload usw.).

Um die Implementierung eines Adaptermoduls zu erleichtern, liefert die SAP ein Beispieladaptermodul aus. Unter folgendem Link auf *http://help.sap.com* erhält man eine genaue Beschreibung, wo die Sourcen für den Beispieladapter zur Verfügung gestellt werden und in welcher Form sie verwendet werden können:

http://help.sap.com/saphelp_nwpi711/helpdata/de/87/3ef4403ae3db12e10000000a155106/-content.htm

Basierend auf den Sourcen des Beispieladaptermoduls kann die Implementierung des eigenen Adaptermoduls erfolgen. Weitere Informationen zum API findet man in den entsprechenden JavaDocs unter folgendem Link:

http://help.sap.com/javadocs/

Bei einem Adaptermodul handelt es sich um eine Enterprise Java Bean. Diese Enterprise Java Bean muss das Interface com.sap.aii.af.lib.mp.module.Module implementieren, welches die Methode process(ModuleContext, ModuleData) implementiert. Genau diese Methode wird vom Modulprozessor des Adapter-Frameworks während der Prozessierung der Adaptermodule aufgerufen. Die beiden Input-Parameter haben folgende Definition:

- ModuleContext: Dieser Parameter beinhaltet die Adapter-Metadaten wie z.B. Kanal-ID, Modul Konfigurationsparameter oder den Namensraum.
- ModuleData: Dieser Parameter enthält den Container mit den Nachrichten-Eingangs- und Ausgangsdaten.

Die eigentliche Entwicklung des Adaptermodules kann über das SAP NetWeaver®
Developer Studio erfolgen. Folgende Schritte sind dabei als Vorbereitung notwendig.

Es müssen alle für die Entwicklung benötigten Libraries des SAP NetWeaver® PI-
Systems im Build Path bekannt gemacht werden. Diese Libraries sollten daher in
der Entwicklungsumgebung lokal bereitgestellt werden. Folgende Libraries sind
notwenig:

- com.sap.aii.af.lib.mod.jar
- com.sap.aii.af.ms.ifc_api.jar
- com.sap.aii.af.svc_api.jar
- tc_sec_vsi_interface.jar (Diese Library wird für die VSI API benötigt)
- exception.jar

Die Einbindung erfolgt im Developer Studio über die Definition des Build Path.
Nun muss im Developer Studio ein EJB-Projekt und ein EAR-Projekt mit den fol-
genden Eigenschaften für das Enterprise Java Bean-Projekt erzeugt werden (siehe
Abbildung 12-4):

Project Facets

Project Facet	Version
EJB Module	2.1
Java	5.0
SAP Specific Ejb Module	3.0

Abbildung 12-4: Eigenschaften des Enterprise Java Bean-Projekts

Bei der Erzeugung ist darauf zu achten, dass die Option zur Erzeugung von EJB
Client Interfaces disabled ist. Im neu erzeugten EJB-Projekt muss nun eine Enterprise Bean erzeugt werden. Dabei ist darauf zu achten, dass es sich um eine Stateless
Session Bean handelt und nicht die Default Interfaces generiert werden sollen,
sondern manuell optionale Interfaces hinzugefügt werden. Die optionalen Interfaces sollten wie in Abbildung 12-5 dargestellt definiert werden.

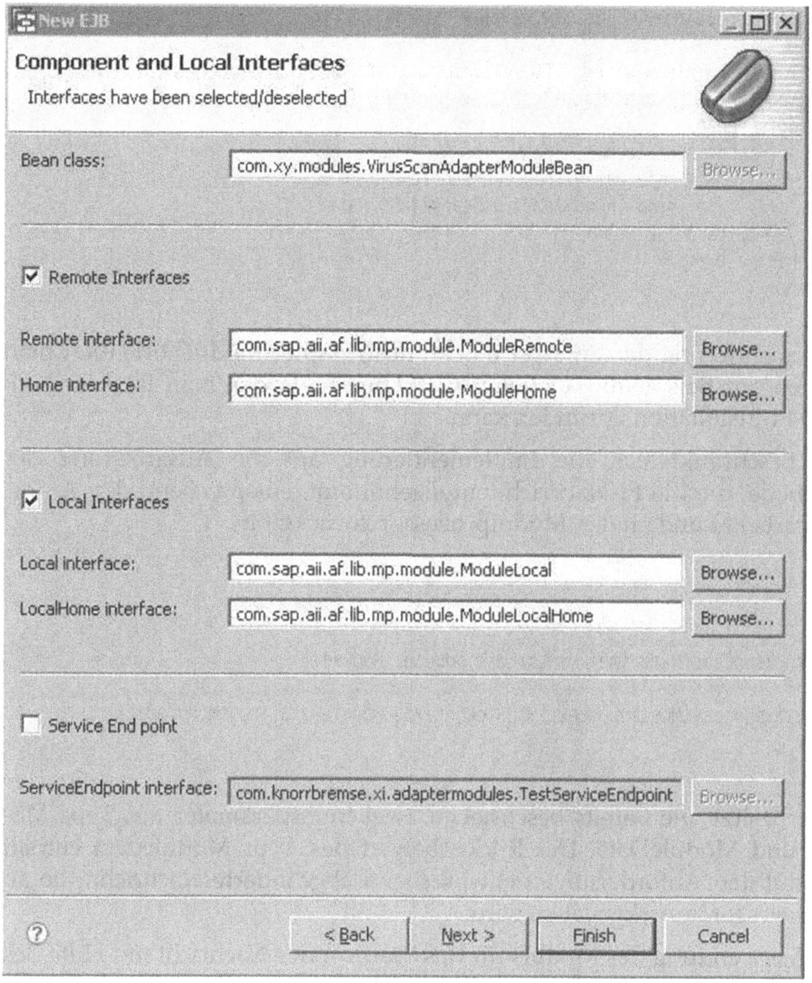

Abbildung 12-5: Definition der optionalen Interfaces

Nun muss in der Deployment-Descriptor-Datei *ejb-j2ee-engine.xml* der JNDI Name
für die Enterprise Bean hinterlegt werden. Dies ist der Name, über den das Adapter-Modul später vom Adapter angesprochen wird und der daher bei der Konfiguration des Moduls im Kommunikationskanal angegeben werden muss. Im folgenden Beispiel wird der JNDI-Name auf den Wert AddVirusScan gesetzt:

```
<?xml version="1.0" encoding="UTF-8" standalone="no"?>
<ejb-j2ee-engine
        xmlns:xsi="http://www.w3.org/2001/XMLSchema-instance"
        xsi:noNamespaceSchemaLocation="ejb-j2ee-engine_3_0.xsd">
        <enterprise-beans>
                <enterprise-bean>
                        <ejb-name>VirusScanBean</ejb-name>
                        <jndi-name>AddVirusScan</jndi-name>
                </enterprise-bean>
        </enterprise-beans>
</ejb-j2ee-engine>
```

Bei der Implementierung der Enterprise Bean des Adapter-Moduls orientiert man sich am besten am Beispielmodul *ConvertCRLFfromToLF*, das man in jeder SAP NetWeaver® PI-Installation vorfinden kann.

Im Grunde beschränkt sich die Implementierung auf die Ausarbeitung der process()-Methode, die die PI-Nachricht entgegennimmt, entsprechend den Anforderungen verarbeitet und an den Modulprozessor zurückgibt:

```
package com.xy.modules
import …
…
public class YourBeanClassName implements SessionBean, Module {
…
public ModuleData process(ModuleContext moduleContext, ModuleData inputModuleData) throws ModuleException {
…
```

Die Methode besitzt wie bereits beschrieben zwei Inputparameter des Typs ModuleContext und ModuleData. Der Rückgabewert des Typs Moduledata enthält die vom Modul den Anforderungen entsprechend abgeänderte Nachricht, die an den Modulprozessor zurückgegeben wird.

Im Falle der Verwendung des Moduls für das Scannen der Nachricht mit Hilfe des VSI Interfaces nach Viren benötigen wir zunächst einmal die Payload der PI-Nachricht. Diesen erhalten wir über folgende Aufrufe:

```
obj = inputModuleData.getPrincipalData();
msg = (Message) obj;
XMLPayload xmlpayload = msg.getDocument();
```

Die Instanziierung einer VSI Scanner-Instanz erfolgt gemäß dem folgenden Beispielcode aus den Javadocs von SAP®:

```
VSIService vsiService=null;
Context ctx = new InitialContext();
// The lookup for the interface reference.
Object obj = ctx.lookup(VSIService.JNDI_NAME);
if(obj==null) // service not started
```

```
        return;
else
    vsiService = (VSIService)obj;
Instance vsiInstance=null;
try {
    // get the instance by an own defined profile
    vsiInstance = vsiService.getInstance("ZMyScanProfile");
    if(vsiInstance==null) // the profile "ZMyScanProfile"
        return;              // is not active, which means
                             // no scan action should be done!!!
    // we got a instance therefore perform here any scan/clean
    vsiInstance.scanBytes(Virus.EICAR); // for example
} catch( Exception e ) {
    // we catch all. normally these exceptions would be thrown.
    // -- VirusScanException
    // -- VirusInfectionException
    // -- VSIServiceException

    // log the exception
    String errorText = e.getLocalizedMessage();
} finally {
    // release instance if service is started
    if(vsiService!=null)
        vsiService.releaseInstance(vsiInstance);
}
```

Um den eigentlichen Content unserer PI-Nachricht zu scannen, könnte folgendes Codebeispiel genutzt werden:

```
try
        {
Byte[] MessageContent = xmlpayload.getContent();
if (vsiInstance.scanBytes(MessageContent) == true)
                {
                // Kein Virus gefunden
return inputModuleData;

                ...
                }
        Catch (VirusInfectionException vie)
                {
                // Virus gefunden -> Exceptionhandling

                ...
                }
        Catch (VSIServiceException)
                {...}
        Catch (VirusScanException)
                {..}
```

Für den Fall, dass kein Virus gefunden wird, wird die Verarbeitung der Message ganz normal fortgeführt, und daher muss nur noch eine Rückgabe der Message an den Modulprozessor erfolgen.

Für den Fall, dass ein Virus gefunden wurde, sollten folgende Schritte ausgeführt werden:

- Erzeugen eines Alerts über das Alerting Framework
- Stoppen des betroffenen Kommunikationskanals
- Abbrechen der Verarbeitung der in Bearbeitung befindlichen Nachricht

Alle drei Schritte sollten direkt über das Adaptermodul erfolgen.

Das Erzeugen eines Alerts über das SAP® Alerting Framework kann z.B. über den Aufruf des RFC-fähigen SAP® Standard-Funktionsbaustein SALERT_CREATE unter Nutzung der JRA-Infrastruktur erfolgen. Eine sehr gute Beschreibung mit hilfreichen Codebeispielen zur Implementierung einer JRA basierenden Client-Verbindung zu einem ABAP Stack befindet sich in (SAP 2011) unter dem Kapitel *SAP JRA Development Guidelines*.

Das Stoppen des Kanals kann über ein Standard Administrations-Servlet des SAP NetWeaver® PI-Systems erfolgen, das sich über folgende URL aufrufen lässt:

```
http(s)://host:port/AdapterFramework/ChannelAdminServlet?party=party&service=service
&channel=channel&action=action
```

Dieses Servlet ermöglicht folgenden Aktionen für den betreffenden Kanal: Starten, Stoppen und Statusabfrage.

Die benötigten Parameter party, service und channel können über den Modul-eContext aus den Header-Daten ermittelt werden.

Das Abbrechen der Nachricht erfolgt am besten über das Erzeugen einer Exception und das Werfen derselben, um somit den Abbruch der Verarbeitung zu erzwingen.

Nach erfolgter Ausarbeitung des Source Codes kann ein Build des Projekts im Developer Studio angestoßen werden. Nach erfolgtem Build müssen aus dem Build noch die automatisch erzeugten Klassen für die Local und Remote Interfaces gelöscht werden, die bei der Definition der Enterprise Bean von uns konfiguriert wurden. Diese Löschung muss erfolgen, da diese Interfaces bereits durch das Adapter Framework zur Verfügung gestellt werden.

Vor dem Deployment und dem damit verbundenen Build des EAR Files muss noch das Konfigurationsfile *application-j2ee-engine.xml* im EAR-Projekt gemäß den Vorgaben der SAP angepasst werden. Dazu müssen die Referenzen aus Abbildung 12-6 gesetzt werden:

Reference Target	Reference Type	Reference Target Type	Provider Name
engine.j2ee14.facade	hard	library	sap.com
com.sap.aii.af.svc.facade	hard	service	sap.com
com.sap.aii.af.ifc.facade	hard	interface	sap.com
com.sap.aii.af.lib.facade	hard	library	sap.com
com.sap.base.technology.facade	hard	library	sap.com

Abbildung 12-6: Benötigte Referenzen im Deployment Deskriptor application-j2ee-engine.xml

Nun kann das Deployment des EAR Files erfolgen. Dazu per rechte Maustaste *Run As – Run on Server* auswählen.

Im ersten Dialogfenster kann der Zielserver für das Deployment ausgewählt werden, der zuvor in den *Preferences* im Konfigurationspunkt *SAP AS Java* definiert wurde. Im zweiten Dialogfenster können weitere Projekte in das Deployment aufgenommen werden. Im dritten Dialogfenster sollte als Client die Option Webbrowser ausgewählt werden. Zur Authentifizierung wird ein User auf dem Zielsystem mit entsprechenden Rechten benötigt.

Nach erfolgreichem Deployment ist das neue Adapter-Modul auf dem PI-System verfügbar und kann direkt genutzt werden. Um das Adapter-Modul in einem bestehenden Kommunikationskanal zu nutzen, muss es zunächst in der Definition des Kommunikationskanals unter dem Reiter Modul hinzugefügt werden. Hierbei wird als Modulname der JNDI-Name der Enterprise Bean verwendet. Der Typ des Moduls muss auf Local Enterprise Bean gesetzt werden, und der Modulschlüssel ist frei wählbar. Wichtig ist es jedoch die Reihenfolge der Adaptermodule einzuhalten. Alle Adaptermodule, die die Funktionalität des Standardmoduls erweitern, müssen in der Verarbeitungsreihenfolge vor dem Standardmodul stehen.

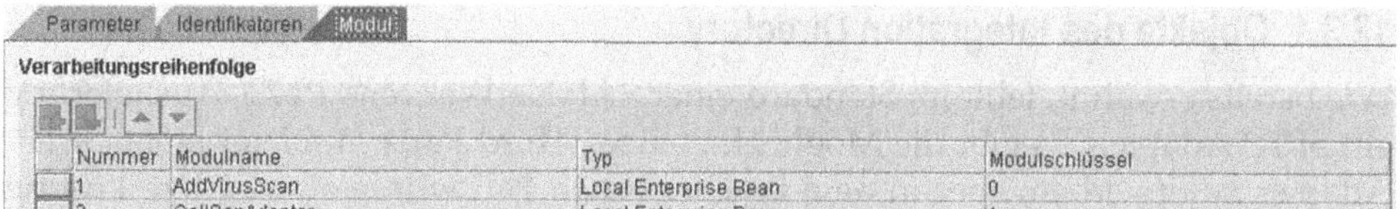

Nummer	Modulname	Typ	Modulschlüssel
1	AddVirusScan	Local Enterprise Bean	0
2	CallSapAdapter	Local Enterprise Bean	1

Abbildung 12-7: Konfiguration Im Kommunikationskanal

Zu beachten ist, dass sich nicht alle Adapter durch Module erweitern lassen. So kann z.B. ein SOAP-Sender-Adapter nicht um eigen entwickelte Module erweitert werden. In diesem Fall könnte man z.B. auf den AXIS-SOAP-Adapter zurückgreifen.

Für das eigen entwickelte Adaptermodul lassen sich auch Übergabeparameter in der Modulkonfiguration definieren. Diese können z.B. dazu genutzt werden, um Userdaten für das Stoppen des Kommunikationskanals an das Adaptermodul zu übergeben oder aber fixe Bestandteile der Servlet-URL für das Stoppen des Kanals. Falls man Passworte über die Modulkonfiguration übergeben möchte, so ist zu beachten, dass Parameter beginnend mit pwd mit Wildcards dargestellt werden und Parameter beginnend mit cryptedpassword zusätzlich noch verschlüsselt in der Datenbank abgelegt werden.

Der Zugriff auf die Parameter erfolgt gemäß Beispielmodul der SAP über folgende Methode:

```
String someParameter = channel.getValueAsString("YourAttributeName");
```

Die hier vorgestellte Möglichkeit, eingehende Nachrichten über ein Adaptermodul unter Nutzung des VSI Interfaces nach Viren zu scannen, ist sehr leicht zu implementieren unter der Voraussetzung, dass im Hause bereits eine für VSI zertifizierte Virenscannerlösung im Einsatz ist. Abgesehen von der Nichteinsetzbarkeit mit bestimmten Adaptertypen ist die Lösung sehr flexibel und ohne weitere Nachteile einsetzbar.

12.3 Nutzung von SFTP zur sicheren Datenübertragung

Eine Grundanforderung des Kunden im dargestellten Anbindungs-Beispiel war es, den Datenaustausch über das SFTP-Protokoll zu implementieren. Daher erfolgt die Kommunikation zwischen Lieferanten Middleware-System und Kundensystem über einen SFTP-Server, der sich auf Lieferantenseite befindet. Die Bestellnachricht wird vom Kunden im IDoc-Format als XML-File geliefert und entgegengenommen und vermindert somit den Integrationsaufwand auf Lieferantenseite enorm, da die Kommunikation zwischen Middleware-System und ERP-System auch über das IDoc-Format abgewickelt wird.

12.3.1 Objekte des Integration Directory

Wie bereits erwähnt, fehlt im Standard einer SAP NetWeaver® PI 7.1-Auslieferung ein SFTP-Adapter. Es gibt die Möglichkeit, über Third Party-Anbieter einen SFTP-Adapter zu erwerben, aber in dem beschriebenen Fall wurde eine andere Lösung gewählt.

Die Anbindung des SFTP-Servers erfolgt über einen nativen SFTP-Client auf Betriebssystem-Ebene, der auf nahezu jedem System bereits vorhanden ist oder ohne großen Aufwand zu installieren ist. Dieser SFTP-Client wird bei der beschriebenen Implementierung über folgende Mechanismen eingebunden:

- Der File-Adapter ermöglicht es, vor oder nach der Nachrichtenverarbeitung Betriebssystembefehle auszuführen

 – Mit Hilfe des SFTP-Clients werden Sende- und Empfangs-Shell-Skripte auf
   Betriebssystemebene implementiert, die dann im jeweiligen Kommunikationskanal über die oben beschriebene Möglichkeit angesprochen werden

Im Falle des Senderkanals verwenden wir folgendes Shell-Skript, um das Polling in
einem dedizierten Inbound-Verzeichnis des SFTP-Servers per SFTP-Client zu implementieren.

```
workdir="/inbound_dir_of_sender_channel"

/usr/bin/sftp username@serverx.xy.com > $workdir/available_files << eof
cd inbounddir_on_sftp_server
ls
quit
eof
for i  in `cat $workdir/available_files | sed 's/sftp.*//' | sed 's/archive//'`
do

       ...

       /usr/bin/sftp username@serverx.xy.com << eof
       lcd $workdir
       get in/$i

       ...

eof
...
done
...
```

Dieses Shell-Skript wird nun in einem Standard Sender-Kommunikationskanal
basierend auf einem File-Adapter als Betriebssystembefehl genutzt unter der Option *Betriebssystembefehl vor Message-Verarbeitung ausführen*.

Dieser Sender-Kommunikationskanal würde aber alleine mit dieser Konfiguration
keine Files vom SFTP-Server abholen, da keine Files in dem definierten Quellverzeichnis des Kanals vorhanden sind und somit auch das Shell-Skript nicht ausgeführt wird. Daher bedient man sich einer DUMMY-Nachricht im Quellverzeichnis
des Sender-Kanals, die aus einem leeren ORDERS File besteht mit einem zusätzlichen gefüllten Feld DUMMY, das sich unterhalb des Segmentes IDoc befindet.
Dieses DUMMY-File wird über den Sender-Kanal immer wieder entgegengenommen und einfach wieder in das Quellverzeichnis zurückgeschrieben. Somit haben
wir eine regelmäßige Ausführung des Shellskriptes gewährleistet und somit das
Abholen der Bestellnachrichten vom SFTP-Server und das Ablegen derselben im
Quellverzeichnis unseres Sender-Kommunikationskanals.

Demzufolge enthält die Empfängerermittlung für die Bestellung zwei mögliche
Ziel-Kommunikationskomponenten. Zum einen das Lieferanten ERP-System, an
das die tatsächlichen Bestellungen geroutet werden, und zum anderen ein Dum-
my-Zielsystem, das dazu dient, die DUMMY-ORDERS-Nachricht wieder im Quellverzeichnis des Sendekanals abzulegen (siehe Abbildung 12-8).

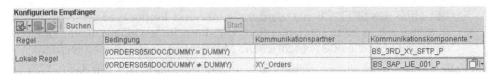

Abbildung 12-8: Konfigurierte Empfänger

Im Normalfall läuft diese Konfiguration ohne Probleme und es werden regelmäßig alle eingehenden Bestellungen im Inbound-Verzeichnis des SFTP-Servers abgeholt.

Das Versenden von Bestellbestätigung und Rechnung kann in der gleichen Art und Weise unter Nutzung eines Shell-Skripts erfolgen. Allerdings benötigen wir im Falle des Sendens nicht den Triggermechanismus über ein DUMMY-File.

12.3.2 Objekte des Enterprise Services Repository

Wie bereits erwähnt, werden die Bestellnachrichten vom Kundensystem bereits im IDoc-Format zur Verfügung gestellt. Daher entfällt die Definition von Datentypen und Message-Typen prinzipiell. Die verwendeten Datentypen, Message-Typen und Service-Interfaces können direkt durch den Import der IDoc-Strukturdefinition aus dem SAP® ERP-System im Enterprise Services Repository verfügbar gemacht werden (siehe Abbildung 2-6).

Aufgrund der Nutzung des SFTP-Servers und der damit verbundenen zusätzlichen Anforderungen eines DUMMY-Feldes in der eingehenden ORDERS-Nachricht muss die eigentliche ORDERS-Struktur in Form einer *Externen Definition* um dieses Feld erweitert werden.

Zunächst aber erfolgt das Importieren des genutzen IDoc-Typs für die Bestellungen. In diesem Fall handelt es sich um den IDoc Typ ORDERS.ORDERS05. Der Import erfolgt innerhalb der *Software-Komponentenversion* über den Eintrag *Importierte Objekte* (rechter Mausklick) (siehe Abbildung 12-9).

Abbildung 12-9: Import einer IDoc-Struktur

Nach Mausklick können in der folgenden Eingabemaske die in der Softwarekomponentenversion definierten Verbindungsdaten überschrieben werden, und es müssen die Logindaten zur Verbindung in das SAP®-System angegeben werden. Daraufhin erhält man eine Liste mit verfügbaren IDoc-Typen und RFC-fähigen Funktionsbausteinen, die für den Import ausgewählt werden können.

| | IDoc | Bearbeiten | Ansicht | Werkzeuge | | | | | | |

IDoc anzeigen   Status: Aktiv   Anzeigesprache

Name: ORDERS.ORDERS05
Namensraum: urn:sap-com:document:sap:idoc:messages
Software-Komponentenversion: KB_   1.0 of knorr-bremse.com
Beschreibung: Purchasing/Sales

Struktur   XSD   WSDL

Suchen [ ] Start

Name	Kategorie	Typ	Kontextobjekt	Beschreibung
▼ ORDERS05	Element			
▼ IDOC	Element	ORDERS.ORDERS05		
BEGIN	Attribut	xsd:string		
▼ EDI_DC40	Element	EDI_DC40.ORDERS.ORDERS05		
SEGMENT	Attribut	xsd:string		
TABNAM	Element	xsd:string		TABNAM
MANDT	Element	xsd:string		MANDT
DOCNUM	Element	xsd:string		DOCNUM
DOCREL	Element	xsd:string		DOCREL
STATUS	Element	xsd:string		STATUS
DIRECT	Element	xsd:string		DIRECT
OUTMOD	Element	xsd:string		OUTMOD
EXPRSS	Element	xsd:string		EXPRSS
TEST	Element	xsd:string		TEST
IDOCTYP	Element	xsd:string		IDOCTYP
CIMTYP	Element	xsd:string		CIMTYP
MESTYP	Element	xsd:string		MESTYP
MESCOD	Element	xsd:string		MESCOD
MESFCT	Element	xsd:string		MESFCT
STD	Element	xsd:string		STD
STDVRS	Element	xsd:string		STDVRS
STDMES	Element	xsd:string		STDMES

Abbildung 12-10: IDoc-Struktur nach erfolgreichem Import

Nach erfolgtem Import ist die IDoc-Datenstruktur im Repository verfügbar und kann direkt als Message-Typ in Message-Mappings bzw. als Operation in Operation-Mappings genutzt werden (siehe Abbildung 12-10).

Wie bereits erwähnt, erfordert die Nutzung des SFTP-Servers und das Fehlen eines SFTP-Adapters in der Struktur der Eingangsmessage ein zusätzliches String-Feld DUMMY als Unterstruktur des Feldes IDoc. Um den Aufwand gering zu halten, verwenden wir die bereits importierte IDoc-Strukturdefinition. Dazu führen in der Ansicht der IDoc-Struktur unter dem Menüpunkt Werkzeuge den Eintrag *XSD exportieren...* aus. Das exportierte XSD-File kann über ein entsprechendes Entwicklungswerkzeug oder aber manuell in einem Texteditor erweitert werden. Das die Änderungen enthaltende XSD-File kann daraufhin als *Externe Definition* in das Repository (re)importiert werden.

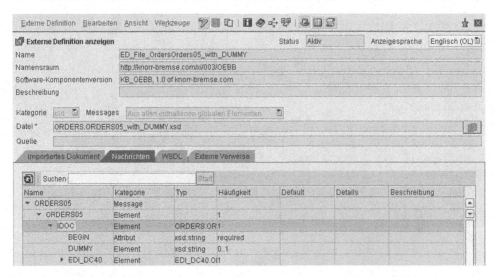

Abbildung 12-11: Modifizierte externe Definition für ORDERS.ORDERS05

Diese modifizierte Version enthält nun wie gefordert das zusätzliche Feld DUM-MY unterhalb des Segments IDoc und entspricht ansonsten der ursprünglichen Struktur (siehe Abbildung 12-11). Mit Hilfe dieses „Externe Definition"-Objekts werden ein Message-Typ und ein Service-Interface-Objekt erzeugt und für die gewünschte Funktionalität genutzt. Über den beschriebenen Mechanismus lässt sich auf recht einfache Weise ein SFTP-Adapter-Ersatz zur Verfügung stellen, der im Falle kleiner Volumina eine zuverlässige Nachrichtenübermittlung per SFTP zur Verfügung stellt. Alle benötigten Libraries und Programme sind auf jedem Standardsystem verfügbar oder können ohne großen Aufwand zur Verfügung gestellt werden. Die benötigten Entwicklungen und Konfigurationen sind ebenfalls ohne großen Aufwand zu implementieren.

13 Testszenarien mit SAP NetWeaver PI 7.1 und SAP ERP

Autor: Behnam Tajedini, Stadtwerke München, Informations- und Prozesstechnik

13.1 Motivation

Die Betrachtung der Kosten für Software geht oft mit den Begriffen *Life Cycle Costing* oder *Total Cost of Ownership* einher. Damit wird beschrieben, dass nicht nur die initialen Kosten der Software bei der Einführung während der Projektphase betrachtet wird, sondern auch die Kosten während des Betriebes über die gesamte Dauer der Wartung bis hin zur Ablösung der Software.

Um die Kosten über den gesamten Lebenszeitraum (Life Cycle) zu senken ist es wichtig den Zustand der Software jederzeit manuell oder automatisiert abfragen zu können, um Engpässe oder Probleme frühzeitig zu erkennen und mögliche Maßnahmen einzuleiten. Solche Testszenarien sind sowohl während der Projektzeit als auch während des Betriebes vom großen Nutzen, da die Systeme regelmäßig getestet werden können und somit jederzeit der Zustand der Komponenten geprüft werden kann. Im Fall einer Störung führen die Testszenario zu einer besseren Analyse des Fehlers. Zudem sollte man bereits bei der Konzeption der Testfälle beachten, welche der Testfälle ausschließlich während der Projektzeit gebraucht werden und welche auch während des Betriebes angewandt werden. Denn dadurch wird gewährleistet, dass die Testszenarien und deren Bedeutung nicht verloren gehen, sondern lange Zeit danach wieder verwendet werden können. Dies muss beim Betriebsübergang beachtet werden, damit die Einführung der Tests im Betrieb ohne Wissensverlust durchgeführt werden kann. Dieses Modell ist gerade im Kontext von Software interessant, da die Betriebskosten (inklusive Weiterentwicklung) bis zu 80% der Gesamtkosten der Lebensdauer ausmachen können (Balzert 2009).

Timeout-Einstellungen können nicht isoliert betrachtet werden. Vielmehr müssen sie aufeinander abgestimmt sein. Dies betrifft sowohl die Konfiguration innerhalb der Softwarekomponenten von SAP NetWeaver® Process Integration (im Weiteren als *PI-System* bezeichnet), als auch die Konfiguration der angeschlossenen Systeme.

Der synchrone Aufruf koppelt im Falle eines Einsatzes des PI-Systems mindestens die drei Systeme miteinander: Den Sender, die Middleware und den Empfänger, der in unserem Fall ein SAP® ERP-System darstellt. Die enge technische Koppelung kann nur erfolgreich durchgeführt werden, falls alle Timeout-Konfigurationen aufeinander abgestimmt sind. Ist zum Beispiel die Timeout-Zeit des Senders kürzer eingestellt als die des Empfängers und handelt es sich um einen schreibenden Aufruf mit einer Bestätigung im Rückgabeparameter, so führt dies zu Inkonsistenzen, falls die Anfrage in der Zeit zwischen der Timeout-Dauer des Senders und des Empfängers durchgeführt wird. Denn in diesem Fall können die Rückgabeparameter nicht dem Sender zugestellt werden, somit weiß der Sender nicht, ob der Aufruf erfolgreich durchgeführt wurde, und eine Wiederholung des Aufrufes kann, je nach Empfänger, beispielsweise dazu führen, dass Duplikate im System angelegt werden.

13.2 Technische Prozessbeschreibung

Bei allen Testszenarien handelt es sich jeweils um einen synchronen Aufruf, wobei die Anfrage (Request) von einem beliebigen Client gesendet werden kann und die Antwort (Response) dann entweder im PI-System oder von einem der angeschlossenen SAP Backend-Systeme erzeugt wird. Hier können eigene Test-Client-Szenarien implementiert werden oder verschiedene Tools verwendet werden. In unseren Beispielen wurde das Tool SOAPUI (www.soapui.org) verwendet. Das Tool biete eine Reihe von Vorteilen, durch die rasche und einfache Installation und die Lizenzierung kann das Tool sehr schnell eingesetzt werden. Testfälle können gespeichert werden und gar zu Testsuites zusammengestellt und wiederholt gestartet werden. Name und Passwort der Zugänge werden gespeichert und sind nicht offen ersichtlich. Die Oberfläche ist klar strukturiert und die Bedienung erfolgt intuitiv. Das Tool basiert auf Java Open Source und kann unter der Berücksichtigung der Lizenzierung für eigene Anforderungen weiterentwickelt werden. Der Austausch mit anderen Clients ist per Export und Import der Testsuites problemlos möglich. Beim Aufruf des Webservices für alle Szenarien werden die zwei Parameter „waitingSeconds" und „receiverSystem" übergeben, welche im Folgenden erläutert werden (siehe Abbildung 13-1). Der erste Parameter „waitingSeconds" kennzeichnet die Wartezeit in Sekunden bevor die Antwort erzeugt wird. Sollte ein System-Check durchgeführt werden, um festzustellen, ob das jeweilige System zur Verfügung steht, kann dieser Parameter auf 0 gesetzt werden. Ansonsten wird dieser Parameter in unseren Beispielen auf 290 gesetzt, da in den jeweiligen Systemen die Timeout-Zeiten exakt auf 300 Sekunden gesetzt sind. Der zweite Parameter „receiverSystem" kennzeichnet das empfangende System. Zur eindeutigen Identifizierung wird in diesem Feld die System-ID gesetzt. Für den Fall, dass ein SAP-Backend in diesem Szenario angebunden ist, kann die Angabe einer System-ID in der Anfrage weggelassen werden. Es wird jedoch empfohlen, auch in diesem Fall die System-ID mitzugeben, damit aus der Anfrage hervorgeht, welches System aufgerufen werden sollte.

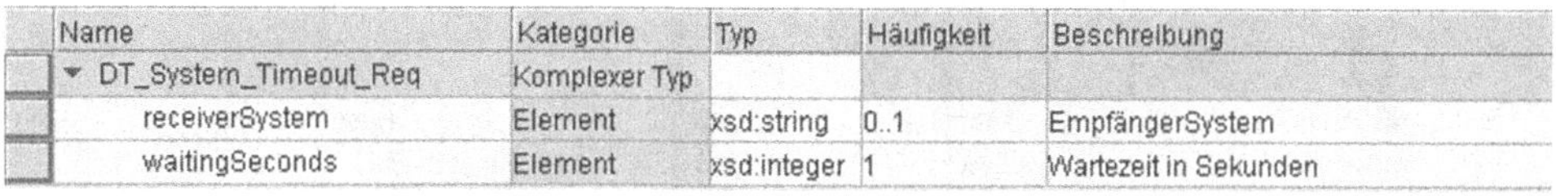

Name	Kategorie	Typ	Häufigkeit	Beschreibung
▼ DT_System_Timeout_Req	Komplexer Typ			
receiverSystem	Element	xsd:string	0..1	EmpfängerSystem
waitingSeconds	Element	xsd:integer	1	Wartezeit in Sekunden

Abbildung 13-1: Datentyp für die Anfrage

Für die Antwort im entsprechenden RFC-Funktionsbaustein wurde der Datentyp BAPIRET2 ausgewählt. Die einzelnen Felder werden wie folgt belegt (Tabelle 13-2).

Tabelle 13-2: Datentypen der Antwort

Komponente	Datentyp	Länge	Dez.-stelle	Kurzbeschreibung
TYPE	BAPI_MTYPE	CHAR 1	0	Meldungstyp: S Success, E Error, W Warning, I Info, A Abort, hier steht S, im Falle einer Ausnahme wird das Feld mit E belegt.
ID	SYMSGID	CHAR 20	0	Nachrichtenklasse
NUMBER	SYMSGNO	NUMC 3	0	Nachrichtennummer
MESSAGE	BAPI_MSG	CHAR 220	0	Meldungstext
LOG_NO	BALOGNR	CHAR 20	0	Anwendungs-Log: Protokollnr.
LOG_MSG_NO	BALMNR	NUMC 6	0	Anwendungs-Log: interne laufende Nummer der Meldung
MESSAGE_V1	SYMSGV	CHAR 50	0	Nachrichtenvariable Hier wird der Inhalt des Request Feldes „receiverSystem" kopiert.
MESSAGE_V2	SYMSGV	CHAR 50	0	Nachrichtenvariable: Ankunftszeit vor dem Wait: SY-UZEIT
MESSAGE_V3	SYMSGV	CHAR 50	0	Nachrichtenvariable: Ankunftszeit nach dem Wait: SY-UZEIT
MESSAGE_V4	SYMSGV	CHAR 50	0	Nachrichtenvariable
PARAMETER	BAPI_PARAM	CHAR 32	0	Parametername
ROW	BAPI_LINE	INT4 10	0	Zeile im Parameter
FIELD	BAPI_FLD	CHAR 30	0	Feld im Parameter
SYSTEM	BAPILOGSYS	CHAR 10	0	(Logisches) System aus dem die Nachricht stammt. Hier wird das Feld mit SY-SYSID belegt.

Im Abschnitt Anhang 13.7 finden Sie ein Beispiel für den Funktionsbaustein.

Name	Kategorie	Typ	Häufigkeit	Beschreibung
▼ DT_System_Timeout_Resp	Komplexer Typ			
messageTyp	Element	xsd:string	0..1	S Success, E Error, W Warning, I Info, A Abort
message	Element	xsd:string	0..1	Meldungstext aus dem Warteschritt
receiverSystem	Element	xsd:string	0..1	
receiverTime	Element	xsd:string	0..1	
senderTime	Element	xsd:string	0..1	
senderSystem	Element	xsd:string	0..1	

Abbildung 13-2: Datentyp für die Antwort

Der entsprechende Datentyp für die Antwort der XML-Nachricht ist in Abbildung 13-2 dargestellt. Mit dem Mapping aus Abbildung 13-3 wird schließlich die Antwortstruktur des aufgerufenen Services gefüllt.

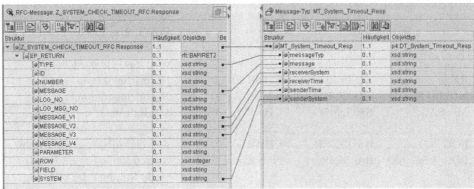

Abbildung 13-3: Mapping für die Response-Struktur

13.3 Variante 1: Testszenario ohne ccBPM u. ohne Systemweiche

Die erste Variante der Testszenarien ist die einfachste und beinhaltet bereits die wichtigsten Aspekte. Sie kann relativ schnell implementiert werden, um einen schnellen Erfolg (Quick Win) unanhängig von funktionalen Anforderungen, die zumeist nähere Detaillierungen bedürfen, zu erbringen. Im Rahmen des Testszenarios ruft ein Webservice Client das PI-System auf. Im Anschluss daran werden die oben genannten Parameter über ein einfaches Mapping per RFC-Protokoll an ein SAP Backend-System übergeben. Die Antwort geht den umgekehrten Weg zum Webservice Client (siehe Abbildung 13-4).

Abbildung 13-4: Übersicht Testszenario ohne ccBPM und ohne Systemweiche

Hierbei kann die Wartezeit variieren, je nachdem ob Timeout-Einstellungen oder Systemprüfungen für die SAP Backend-Systeme geprüft werden. Hier ist zu beachten, dass im Falle einer Verwendung der Advanced Adapter Engine die Einstellungen in der Integration Engine (ABAP-Stack) vom PI-System nicht überprüft werden. Man sollte die mögliche Weiterentwicklung des Testszenarios vor der Implementierung skizzieren, wodurch die Namen der Objekte einheitlich belegt und spätere Veränderungen und somit Mehraufwand vermieden werden.

Zu beachten sind auch die Namen der Objekte im PI-System. Diese Namen werden auch vom Client verwendet, zum Beispiel bei der Generierung der Anfrage mit Hilfe der WSDL oder im Endpoint. Daher sollten die Namen der Objekte sprechend gewählt werden.

13.4 Variante 2: Testszenario ohne ccBPM mit Systemweiche

Dieses Szenario ist eine Erweiterung des vorangegangenen Szenarios. Hier können mehrere Backend-Systeme integriert werden. Falls ein System angesteuert werden soll, welches in der Systemweiche von der Empfängerermittlung nicht hinterlegt ist, so soll die Antwort aus dem Backend-System erzeugt werden (siehe Abbildung 13-5).

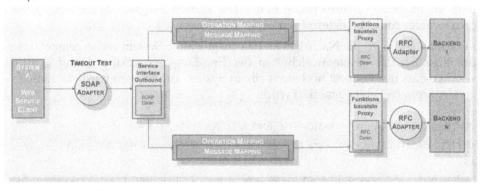

Abbildung 13-5: Übersicht Testszenario ohne ccBPM mit Systemweiche

Eine zentrale Rolle bei diesem Szenario spielt die Systemweiche in der Empfänger-ermittlung, da hier die verschiedenen empfangenden Systeme hinterlegt sind. Im Fehlerfall soll aus einem Backend-System eine Fehlermeldung erzeugt werden, da das PI-System leider keine Möglichkeiten bietet, eine Response durch ein eigenes Mapping ohne den Einsatz eines Integrationsprozesses zu erzeugen. Unter „Konfigurierte Empfänger" wird die Variable „ReceiverSystem" auf Gleichheit mit der System-ID der angeschlossenen Backend-Systeme geprüft.

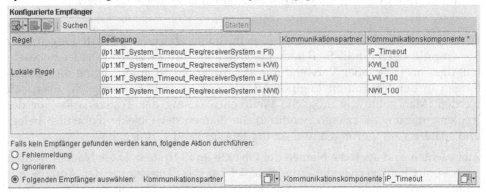

Abbildung 13-6: Systemweiche in der Empfängerermittlung mit Fehlerbehandlung

In der Empfängerermittlung werden folgende Einstellungen unter „Falls kein Empfänger gefunden werden kann, folgende Aktion durchführen" angeboten:

- Fehlermeldung
- Ignorieren
- Folgende Empfänger auswählen

Im ersten und zweiten Fall wird, falls kein Empfänger ermittelt werden konnte, wird die folgende Fehlermeldung in der Transaktion SXI_MONITOR ausgegeben: **„No receiver could be determined".**

Im dritten Fall wird die Nachricht an das ausgewählte System weitergeleitet. Hierbei muss bei der „Systemweiche" in der Empfängerermittlung darauf geachtet werden, dass der Request höchstens einem System zugewiesen wird, da sonst folgender typische Fehler generiert wird:

```
<SAP:Code area="RCVR_DETERMINATION">TOO_MANY_RECEIVERS_CASE_BE</SAP:Code>
<SAP:Stack>Multiple receivers are not permitted in synchronous calls</SAP:Stack>
```

Daher muss sichergestellt sein, dass synchrone Nachrichten höchstens einem System zugeordnet werden.

13.5 Variante 3: Testszenario mit ccBPM und mit Systemweiche

Bei diesem Szenario wird das vorangegangene Szenario um einen Integrationsprozess „IP_Timeout" erweitert. Die Möglichkeit, dass mehrere Backend-Systeme
integriert werden können, bleibt erhalten (siehe Abbildung 13-7).

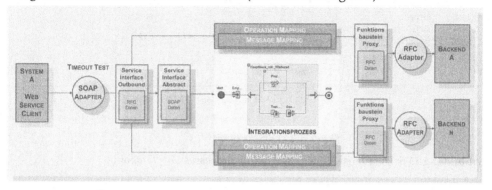

Abbildung 13-7: Übersicht Testszenario mit ccBPM und mit Systemweiche

Falls ein System angesteuert werden soll, welches in der Systemweiche von der
Empfängerermittlung nicht hinterlegt ist, gibt es mehrere Möglichkeiten eine Antwortnachricht zu erzeugen. Die erste Möglichkeit ist der Aufruf eines Funktionsbausteins in einem der Backend-Systeme. Die andere Möglichkeit ist die Erzeugung der Nachricht aus einem Integrationsprozess heraus, wobei es auch bei der
letzten Möglichkeit zwei Varianten gibt. Die erste Variante ist die Implementierung eines eigenen Integrationsprozesses, die zwei Variante ist das Hinzufügen
eines Zweiges im bestehen Integrationsprozess. In unserem Beispiel haben wir uns
für das Hinterlegen eines eigenen Funktionsbausteines entschieden. Die Systemweiche für dieses Szenario wird wie in den bisherigen Szenarien in der Empfängerermittlung erzeugt. Unter „Konfigurierte Empfänger" wird die Variable „ReceiverSystem" auf Gleichheit mit der System-ID der angeschlossenen Backend-
Systeme geprüft. Im Falle, dass die System-ID des PI-Systems gesendet wird, wird
die Nachricht an den Integrationsprozess „IP_Timeout" weitergeleitet und die
Antwort im Integrationsprozess „IP_Timeout" erzeugt (siehe Abbildung 13-8).

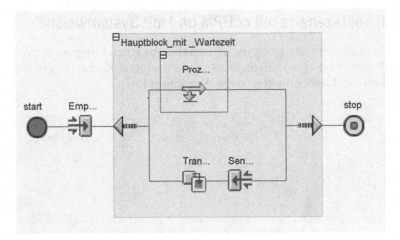

Abbildung 13-8: Detailansicht des Integrationsprozesses „IP_Timeout"

Die Anwendung eines Warteschritts im ccBPM-Integrationsprozess eignet sich nicht für dieses Szenario, da bei diesem Verarbeitungsschritt lediglich eine feste Zeitdauer eingegeben werden kann. Aus diesem Grund verwenden wir in dem Mapping eine User Defined Function (UDF) mit folgendem Inhalt aus Abbildung 13-9, um eine variable Haltezeit zu erreichen.

```
public String simulateWaiting(int var1, Container container) throws StreamTransformationException{

    try{
    Thread.sleep(var1*1000);
    return "S";
    }catch(Exception e){
    return "E";
    }
}
```

Abbildung 13-9: Java Code im User Defined Function (UDF) für den Warteschritt

Auf mögliche Gefahren eines solchen Szenarios weisen wir noch in Abschnitt 13.6 hin.

13.6 Ausblick und Tipps

Neben den oben genannten Variationen gibt es noch eine weitere Variante auf die wir nicht speziell eingehen. Es sollen hier nur einige Ausblicke angedeutet werden. Anschließend werden einige Tipps erwähnt.

Eine weitere Variante ist die Anbindung der Systeme mit Integrated Configuration, jedoch wird bei einer solchen Anbindung lediglich die Advanced Adapter Engine verwendet und somit auch getestet. Der ABAP-Stack des PI-Systems wird hierbei nicht verwendet und somit auch nicht geprüft.

Ein guter Tipp ist die Verwendung eines generischen Eintrages (*) statt der konkreten Kommunikationskomponente, da so die Anzahl der Konfigurationsobjekte wie zum Beispiel die Empfängervereinbarungen verringert sowie die Übersicht des Konfigurationsszenarios verbessert wird.

An dieser Stelle sei auf die Gefahr hingewiesen, dass das Testszenario als Angriff missbraucht werden kann, indem mehrere Hundert oder mehrere Tausend Requests mit wenigen Millisekunden Abstand gesendet werden und dabei eine hohe Wartezeit auf beispielsweise 3600 Sekunden gesetzt sein kann. Dafür stehen folgende Abwehrmöglichkeiten zur Verfügung:

– Regelmäßiges Monitoring der Systeme, im Fehlerfall gibt es ebenfalls aussagefähige Log-Dateien
– Obergrenze für die Wartezeit, in einer Customizing-Tabelle oder direkt im Funktionsbaustein
– Sicherung der Zugangsdaten: User, Passwort und Endpoint

Dies kann unterstützt werden, indem der Umgang mit den Namen und Passwörtern sorgsam vorgenommen wird, um einen solchen Angriff zu erschweren.

Oft werden die Längen der Endpoints in der WSDL kritisiert. Die Änderung der Endpoints aus der WSDL ist vorteilhaft, da die Endpoints, die sich an den Namen der Kommunikationskanäle orientieren, wesentlich kürzer sind. Diese haben folgendes Muster:

```
http://<Server>:<Port>/XISOAPAdapter/MessageServlet?channel=<Partner>:<Businesssystem oder Business Service>:<Kommunikationskanalname>
```

Zuletzt noch ein Hinweis auf ein interessantes Dokument. Im SAP Community Network (http://www.sdn.sap.com) findet man verschiedene, hilfreiche Dokumente nicht zuletzt zum Thema synchrone Einstellungen. Hervorzuheben ist das Dokument „How to Investigate Timeouts In Synchronous XI PI Scenarios" von Frau Charu Goel. Hier werden die verschiedenen Einstellungen im PI-System übersichtlich dargestellt.

13.7 Anhang

Programmcode zu Funktionsbaustein Z_SYSTEM_CHECK_TIMEOUT_RFC

```
FUNCTION Z_SYSTEM_CHECK_TIMEOUT_RFC.
*"----------------------------------------------------------------------
*"*"Lokale Schnittstelle:
*"  IMPORTING
*"     VALUE(WAITING_SECONDS) TYPE  I DEFAULT 0
*"  EXPORTING
*"     VALUE(EP_RETURN) TYPE  BAPIRET2
*"----------------------------------------------------------------------

  DATA: lvc_time_out type zeai_custom-wert_2.
* Pruefung der maximalen Wartezeit
  IF waiting_seconds gt 600.
    waiting_seconds = 0.
  ENDIF.
  concatenate 'Eingangszeit:' sy-uzeit into ep_return-message_v2 separated
by space.
*Warteschritt
  wait up to waiting_seconds seconds.
  concatenate 'Ausgangszeit:' sy-uzeit into ep_return-message_v3 separated
                               by space.
  ep_return-message = 'Erfolgreicher Aufruf'.
  ep_return-system = sy-sysid.
* Moegliche zusaetzliche Informationen
* EP_RETURN-MESSAGE_V3 = Sy-REPID.
* CONCATENATE 'Programmname:' Sy-REPID INTO EP_RETURN-MESSAGE_V4 SEPARATED
* BY SPACE.
ENDFUNCTION.
```

14 Umsetzung einer Prozessintegration

14.1 Kommunikation zwischen SRM und ERP über Schnittstellen

In diesem Abschnitt soll schließlich noch eine Zusammenführung des theoretischen Teils mit dem praktischen Teil erfolgen, um eine mögliche Umsetzung einer Prozessintegration darzustellen. Dabei soll veranschaulicht werden, wie der elektronische Nachrichtenaustausch der im Theorieteil vorgestellten logistischen Geschäftsprozesse mit den im Praxisteil eingesetzten Adapter-Typen und Proxy-Techniken erfolgen kann. Der synchrone bzw. asynchrone Nachrichtenaustausch zwischen einem SRM- und einem ERP-System aus Abbildung 3-8 wird in Abbildung 14-1 dargestellt.

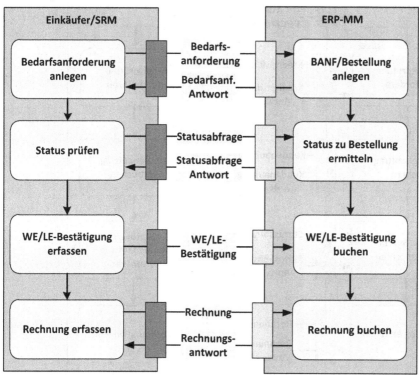

Abbildung 14-1: Kommunikation zwischen SRM und ERP über Schnittstellen

Schnittstellen werden als Kästchen dargestellt. Die dunklen Kästchen symbolisieren Proxy-Schnittstellen wie ABAP-, Java- oder .NET-Proxys eines SRM-Systems, das auf ABAP, Java oder .NET basiert. Die hellen Kästchen stehen für Schnittstellen, die über einen Kommunikationskanal mit einem SOAP- bzw. mit einem RFC-Adapter erreicht werden.

14.2 Kommunikation zwischen CRM und ERP über Schnittstellen

Analog zu Abbildung 14-1 wird in Abbildung 14-2 eine Kommunikation zwischen einem CRM-System und einem ERP-System (vgl. Abbildung 3-10) unter Verwendung der Proxys und SOAP- bzw. RFC-Adapter dargestellt.

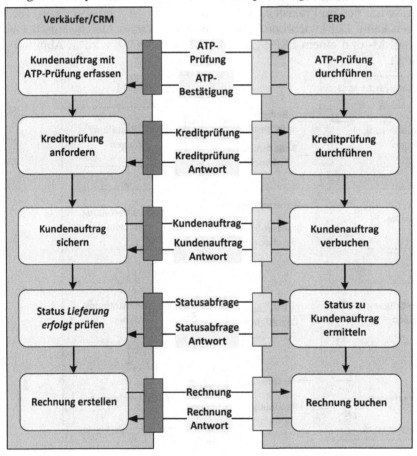

Abbildung 14-2: Kommunikation zwischen CRM und ERP über Schnittstellen

14.3 B2B-Integration von ERP-Systemen

Analog zu Abbildung 14-1 und zu Abbildung 14-2 wird der Nachrichtenaustausch einer Bestellung zwischen einem ERP-System eines Kunden und einem ERP-System eines Lieferanten (vgl. Abbildung 4-1) unter Verwendung von verschiedenen Adaptern dargestellt (siehe Abbildung 14-3). Schnittstellen werden wiederum als Kästchen dargestellt. Die dunklen Kästchen symbolisieren Schnittstellen, die Nachrichten über einen Kommunikationskanal mit einem SOAP- oder mit einem RFC-Adapter bzw. über eine Proxy-Technik übertragen. Die hellen Kästchen stehen für Schnittstellen, die Nachrichten über einen Kommunikationskanal mit einem RNIF-Adapter weiterleiten. Der Nachrichtenaustausch beginnt mit der Versendung einer Bestellung in einem proprietären Format an das PI-System des Kunden. Über ein Operation-Mapping (OM) erfolgt dann ein Transfer der Bestellung in das standardisierte Nachrichtenformat *B2B Order* von RosettaNet. Nach Übertragung der Nachricht an das PI-System des Lieferanten erfolgt wiederum ein Operation-Mapping aus dem Nachrichtenformat *B2B Order* in das proprietäre Format eines Kundenauftrags. Schließlich wird ein Kundenauftrag im ERP-System des Lieferanten angelegt.

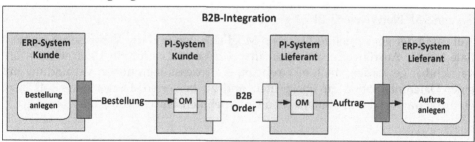

Abbildung 14-3: B2B-Integration von ERP-Systemen über Schnittstellen

Der Nachrichtenaustausch der weiteren Prozessschritte des Geschäftsprozesses wie *Auftragsbestätigung* oder *Versendung der Rechnung* erfolgt analog. Ebenso kann ein elektronischer Nachrichtenaustausch der zwischenbetrieblichen Geschäftsprozesse zwischen einem SRM- und einem CRM-System (vgl. Abbildung 4-4), zwischen Lieferant und Kunde beim Vendor Managed Inventory (vgl. Abbildung 4-3) oder im Rahmen der *Supplier Self-Services* (vgl. Abschnitt 4.4) über diese Form der Prozessintegration realisiert werden.

14.4 Fazit

Aufgrund der hohen Einsparpotentiale und der vollständigen Vermeidung von Medienbrüchen wird die Bedeutung der Prozessintegration sowohl bei der A2A-Integration als auch bei der B2B-Integration in den nächsten Jahren sehr stark zunehmen. Die notwendigen syntaktischen und semantischen Standards zur Modellierung, zur Definition von Nachrichtenformaten und zur Übertragung von elektronischen Nachrichten sind bereits vorhanden bzw. werden derzeit mit hoher Intensität weiterentwickelt.

In Abschnitt 3 wurden verschiedene innerbetriebliche logistische Geschäftsprozesse vorgestellt, deren Ausführung über einen elektronischen Nachrichtenaustausch unterstützt werden kann. Ebenso können durch die Verwendung von E-Business-Standards die in Abschnitt 4 vorgestellten zwischenbetrieblichen Geschäftsprozesse von Geschäftspartnern integriert werden. Hierbei sind jedoch Sicherheitsaspekte bezüglich der IT-Infrastruktur zu beachten, die bei der Entscheidung zur Implementierung einer B2B-Integration berücksichtigt werden müssen.

Die vorgestellten Fallstudien haben unter Verwendung von SAP NetWeaver® PI 7.1 die technische Durchführbarkeit der Umsetzung einer Prozessintegration am Beispiel logistischer Geschäftsprozesse für unterschiedliche IT-Systemlandschaften dargestellt. Insbesondere die mögliche Integration von proprietären Systemen bzw. von externen und internen Webservices über die Proxy-Technik zu ERP-Systemen stellen große Verbesserungspotentiale dar. Auch die technischen Voraussetzungen zur Umsetzung einer Serviceorientierten Architektur (SOA) sind durch das EAI-System SAP NetWeaver® PI 7.1 gegeben.

Aufgrund der genannten technischen Möglichkeiten und der Verbesserungspotentiale bei der Ausführung von Geschäftsprozessen ist es für ein Unternehmen unverzichtbar geworden, die Einführung einer Prozessintegration in Verbindung mit einer Datenintegration zu überprüfen und zu bewerten. Dieses Buch soll dazu einen Beitrag bei dieser strategischen Unternehmensentscheidung leisten.

Literaturverzeichnis

Bücher und Journals

[Abramowicz 2008]: *Abramowicz, W., Eymann, T. (Hrsg.)*: Serviceorientierte Architekturen und Webservices, Wirtschaftsinformatik, Vieweg Verlag, 2008

[Awad 2010] *Awad, J.*: Entwicklung eines SFTP-Adapters für die SAP NetWeaver® Process Integration, Bachelorarbeit Hochschule München, 2010

[Balzert 2009] *Balzert, H.*: Lehrbuch der Softwaretechnik: Basiskonzepte und Requirements Engineering, 3. Auflage, Spektrum Akadem. Verlag, München 2009

[Banner 2007] *Banner, M.; Gürsoy, H.; Klein, H.*: Praxisleitfaden SAP® XI – Programmierung, Galileo Press, 2007

[Beimborn 2002] *Beimborn, D., Mintert, S., Weitzel, T.*: Web Services und ebXML (WI-Schlagwort), in: Wirtschaftsinformatik 3/2002, Vieweg Verlag, 2002

[Burghardt 1995] *Burghardt, M.*: Projektmanagement: Leitfaden für die Planung, Überwachung und Steuerung von Entwicklungsprojekten, Siemens AG, 1995

[Dart 2009] *Dart, J.; Dick, E.; Gatling, G. et alt.*: Practical Workflow for SAP®, Galileo Press, 2009

[Dickert 2010] *Dickert, K.*: Erstellung eines Konzepts zur Integration einer SRM-Anwendung in ein SAP NetWeaver® Enterprise Portal, Bachelorarbeit Hochschule München, 2010

[Eyholzer 2002] *Eyholzer, K., Kuhlmann, W., Münger, T.*: Wirtschaftlichkeitsaskepte eines partnerschaftlichen Lieferantenmanagements, in [Hildebrand 2002], 2002

[Fleisch 2005] *Fleisch, E.; Mattern, F. (Hrsg.)*: Das Internet der Dinge, Springer Verlag, 2005

[Gaitanides 1983] *Gaitanides, M.*: Prozessorganisation, Vahlen-Verlag München, 1983

[Gerg 2010] *Gerg, M.*: Bestandsanalyse und Reifegradbestimmung von SAP® SOA bei deutschen Unternehmen, Bachelorarbeit Hochschule München, 2010

[Grauer 2010] *Grauer, M., Karadgi, S., Metz, D., Schäfer, W.*: Real-Time Enterprise – Schnelles Handeln für produzierende Unternehmen, in: Wirtschaftsinformatik & Management Ausgabe 5, Gabler Verlag, 2010

[Große-Wilde 2004] *Große-Wilde, J.*: SRM – Supplier-Relationship-Management (WI-Schlagwort), in Wirtschaftsinformatik 1/2004, Vieweg Verlag, 2004

Literaturverzeichnis

[Hansen 2009] *Hansen, H.R., Neumann, G.*: Wirtschaftsinformatik 1 Grundlagen und Anwendungen, 10. Auflage, UTB für Wissenschaft, Stuttgart, 2009

[Hardank 2010] *Hardank, M.*: Interoperability between Microsoft .Net 3.5 and EHP 1 for SAP NetWeaver® PI 7.1, 2010

[Herrmann 2002] *Herrmann, F.*: Elektronische Kataloge zur Deckung maschinell disponierten Bedarfs, in: [Hildebrand 2002], 2002

[Hildebrand 2002] *Hildebrand, K. (Hrsg.)*: Supplier Relationship Management, Praxis der Wirtschaftsinformatik, HMD 228, dpunkt.verlag, 2002

[Huvar 2008] *Huvar, M., Falter, T., Fiedler, T., Zubev, A.*: Anwendungsentwicklung mit Enterprise SOA, SAP Press, 2008

[Katta 2009] *Katta, S.*: Discover SAP CRM, Galileo Press Bonn, 2009

[Keller 2002] *Keller, W.*: Enterprise Application Integration: Erfahrungen aus der Praxis, dpunkt.verlag, 2002

[Kern 2009] *Kern, B.*: Grundlagen des Business Process Management und Vergleich der Prozessbeschreibungssprachen WSBPEL, XPDL und jPDL zur teilweisen Automatisierung von Geschäftsprozessen, Bachelorarbeit Hochschule München, 2009

[Kienegger 2010] *Kienegger, H.*: Einführung in SAP NetWeaver Process Integration (PI) 7.1, Schulungsunterlagen des HCC München, 2010

[Laroque 2001] *Laroque, S., Philippi, J.*: SAP® R/3® Materialwirtschaft, Addison-Wesley Verlag, München, 2001

[Mandl 2010] *Mandl, P., Bakomenko, A., Weiß, J.*: Grundkurs Datenkommunikation, 2. Auflage, Vieweg-Teubner Verlag, 2010

[Meinhardt 2002] *Meinhardt, S., Popp, K. (Hrsg.)*: Enterprise-Portale & Enterprise Application Integration, Praxis der Wirtschaftsinformatik, HMD 225, dpunkt.verlag, 2002

[Nicolescu 2009] *Nicolescu, V., Funk, B; Niemeyer, P., Heiler, M. Wittges, H., Morandell, T., Visintin, F., Kleine Stegemann, B., Kienegger, H.*: SAP NetWeaver® PI – Entwicklung, 2. Auflage, Galileo Press, Bonn, 2009

[Oberweis 1996] *Oberweis, A.*: Modellierung und Ausführung von Workflows mit Petri-Netzen, Teubner Verlag, 1996

[SAP 1998] Funktionen im Detail, System R/3® Materialwirtschaft, SAP AG, 1998

[Scheckenbach 2003] *Scheckenbach, R.; Zeier, A.*: Collaborative SCM in Branchen, Galileo Press, 2003

[Schelp 2008] *Schelp, J., Winter, R.*: Entwurf von Anwendungssystemen und Entwurf von Enterprise Services – Ähnlichkeiten und Unterschiede, in Wirtschaftsinformatik 1/2008, Vieweg Verlag, 2008

[Schmidt 2010] *Schmidt, A., Otto, B., Österle, H.*: Unternehmensweite Stammdaten-integration, in: Wirtschaftsinformatik & Management, Ausgabe 5, Gabler Verlag, 2010

[Thome 2002] *Thome, R.*: e-Business, in: Informatik Spektrum, Band 25, Heft 2, April 2002

[Vogell 2004] *Vogell, K., Kranke, A.*: CRP, VMI und CMI, in: LOGISTIK inside 03/2004, Springer Transport Media, 2004

[Weihrauch 2002] *Weihrauch, K., Keller, G.*: Produktionsplanung und -steuerung mit SAP®, Galileo Press, 2002

[Zarnekow 2002] *Zarnekow, R., Brenner, W., Eyholzer, K.*: E-Procurement in der öffentlichen Beschaffung, in: Praxis der Wirtschaftsinformatik, HMD 226, dpunkt.-verlag, 2002

Internetquellen

[Beergame 2011] http://www.beergame.lim.ethz.ch

[Bullwhip 2011] http://beergame.uni-klu.ac.at/bullwhip

[Business Suite 2011] http://www.sap.com/germany/solutions/business-suite/erp/

[NetWeaver 2011] http://www.sap.com/germany/plattform/netweaver

[NW BPM 2011] http://www.sap.com/germany/plattform/netweaver/components/-sapnetweaverbpm

[NW CE 2011] http://www.sap.com/germany/plattform/netweaver/components/ce

[NW Dev 2011] http://www.sap.com/germany/plattform/netweaver/components/-developerstudio

[NW MDM 2011] http://www.sap.com/germany/plattform/netweaver/components/masterdatamangement

[NW Portal 2011] http://www.sap.com/germany/plattform/netweaver/components/netweaverportal

[Oasis 2011] Oasis Web Services Business Process Execution Language v2.0: http://www.oasis-open.org/specs/#wsbpelv2.0 (Letzter Zugriff am 08.02.2011)

[SAP 2011] http://help.sap.com

[Wirtschaftslexikon 2011] http://www.wirtschaftslexikon24.net

Über die Autoren

Torsten Zimmer ist Professor für Wirtschaftsinformatik an der Hochschule München mit den Spezialgebieten Softwareentwicklung, Software Engineering und Informationssysteme. Er studierte an der TU Karlsruhe Wirtschaftsingenieurwesen und promovierte am Institut für Wirtschaftsinformatik an der Goethe-Universität Frankfurt am Main. Danach war er sechs Jahre als SW-Entwickler bei der SAP AG in Walldorf tätig.

Josef Awad hat den Bachelorstudiengang der Wirtschaftsinformatik an der Hochschule München im Jahr 2010 abgeschlossen. Sein Schwerpunkt lag dabei auf den Themen der Integration von Geschäftsprozessen, Business Intelligence sowie der Entwicklung von Java-Applikationen. Seine Bachelorarbeit hat er bei der Knorr-Bremse AG in München mit dem Thema „Entwicklung eines SFTP-Adapters für die SAP NetWeaver® Process Integration" geschrieben. Derzeit strebt Josef Awad einen doppelten Masterabschluss in den Bereichen Wirtschaftsinformatik an der Hochschule München sowie International Business and Enterprise an der University of Glamorgan an. Neben dem theoretischen Studium konnte er seine Fachgebiete in der Praxis bei diversen Unternehmen weiter vertiefen.

Tobias Bernecker absolvierte sein Physikstudium an der Universität Augsburg und der LMU München. Seine berufliche Laufbahn startete er als Presales Systemingenieur bei SGI mit dem Fokus auf Highend Graphikworkstations. Nach einigen Jahren der Tätigkeit im Serverbetrieb von BMW und RBG, während derer vor allem die Administration der SUN Solaris Systeme und die Themen Veritas-Cluster, SUN-Cluster und Veritas Volume-Manager im Vordergrund standen, beschäftigt er sich seit nunmehr sechs Jahren mit den Themen SAP NetWeaver® PI und SAP® Basis bei der Firma Knorr-Bremse AG in München. Aktuell stehen hierbei die Entwicklung neuer Schnittstellen und die Betreuung und Planung der EAI-Landschaft im Vordergrund.

Michael Gerg hat den Bachelorstudiengang der Wirtschaftsinformatik an der Hochschule München abgeschlossen und sich schwerpunktmäßig mit SOA und der Integration von Geschäftsprozessen befasst. Seine Bachelorarbeit hat er bei der IBM Deutschland GmbH mit dem Thema „Bestandanalyse und Reifegradbestimmung von SAP® SOA bei deutschen Unternehmen" geschrieben. Derzeit strebt Michael Gerg einen doppelten Masterabschluss in den Bereichen Wirtschaftsinformatik an der Hochschule München sowie International Business and Enterprise an der University of Glamorgan an. Seine Masterarbeit schreibt er bei der Cirquent GmbH mit dem Thema „Entwicklung eines Kennzahlensystems für CIO, oberes und mittleres Management zur Steuerung der Unternehmens-IT".

Daniel Kailer absolvierte ein Masterstudium Wirtschaftsinformatik an der Hochschule München, wo er seit 2010 als wissenschaftlicher Mitarbeiter beschäftigt ist. Sein momentaner Forschungsschwerpunkt umfasst E-Commerce Lösungen in verteilten Systemen.

Stefan Kellnar studiert derzeit den Masterstudiengang Wirtschaftsinformatik an der Hochschule München. Dort hat er bereits den gleichnamigen Bachelorstudiengang absolviert. Seine Forschungsinteressen liegen primär im Bereich der SAP®-Produkte, so beschäftigt er sich neben der Prozessintegration auch mit Datenanalysen für die Automatisierung von Prüfungshandlungen für die Interne Revision.

Bernhard Kern absolviert derzeit den Masterstudiengang Wirtschaftsinformatik an der Hochschule München. Seine Forschungsschwerpunkte liegen in den Bereichen Java Entwicklung, Cloud Computing und Business Process Management. Der Titel seiner Bachelorarbeit lautet „Grundlagen des Business Process Management und Vergleich der Prozessbeschreibungssprachen WSBPEL, XPDL und jPDL zur teilweisen Automatisierung von Geschäftsprozessen".

Florian Schmatzer, geboren 1981, hat 2006 die Ausbildung zum Informatikkaufmann abgeschlossen und studierte von 2006 bis 2010 an der Hochschule München Wirtschaftsinformatik im Bachelorstudiengang. Die Bachelorarbeit trug den Titel „Integration eines Dokumenten-Management-Systems in Unternehmensapplikationen am Beispiel einer Buchhaltungslösung". Im Jahre 2010 begann er den Masterstudiengang Wirtschaftsinformatik mit starkem Interesse in den Bereichen SOA, ERP und JEE. Neben dem Studium konnte er wertvolle Praxiserfahrung in diversen Unternehmen sammeln und sich in seinem Interessensgebiet weiter spezialisieren.

Behnam Tajedini studierte Mathematik an der Technischen Universität München mit dem Diplom-Abschluss. Danach war er im Bereich Webbasierte Java-Entwicklung tätig. Seit 2005 ist er bei den Stadtwerken München im Bereich Informations- und Prozesstechnik beschäftigt und ist verantwortlich für die Entwicklung, Administration und Wartung von SAP NetWeaver® PI.

IT-Management und -Anwendungen

Rudolf Fiedler
Controlling von Projekten
Mit konkreten Beispielen aus der Unternehmenspraxis - Alle Aspekte der
Projektplanung, Projektsteuerung und Projektkontrolle
5., erw. Aufl. 2010. XVI, 280 S. mit 215 Abb. und und Online-Service.
Br. EUR 34,95   ISBN 978-3-8348-0889-9

Detlev Frick | Andreas Gadatsch | Ute G. Schäffer-Külz
Grundkurs SAP® ERP
Geschäftsprozessorientierte Einführung mit durchgehendem Fallbeispiel
2008. XXX, 352 S. mit 442 Abb. und Online-Service
Br. EUR 39,90   ISBN 978-3-8348-0361-0

Andreas Gadatsch / Elmar Mayer
Masterkurs IT-Controlling
Grundlagen und Praxis für IT-Controller und CIOs - Balanced Scorecard -
Portfoliomanagement - Wertbeitrag der IT - Projektcontrolling - Kennzahlen
- IT-Sourcing - IT-Kosten- und Leistungsrechnung
4., erw. Aufl. 2010. XXVI, 636 S. mit 269 Abb. und und Online-Service.
Br. EUR 54,95   ISBN 978-3-8348-1327-5

Mario Pufahl / Lukas Ehrensperger / Peer Stehling
Oracle CRM - Best Practices
Wie Sie CRM nutzen, um Kunden zu gewinnen, zu binden
und Beziehungen auszubauen
2010. X, 278 S. mit 119 Abb. und 21 Tab. und und Online Service.
Br. EUR 44,95   ISBN 978-3-8348-1240-7

VIEWEG+
TEUBNER

Abraham-Lincoln-Straße 46
65189 Wiesbaden
Fax 0611.7878-400
www.viewegteubner.de

Stand Januar 2011.
Änderungen vorbehalten.
Erhältlich im Buchhandel oder im Verlag.

IT-Management und -Anwendungen

Waldemar Czuchra
UML in logistischen Prozessen
Graphische Sprache zur Modellierung der Systeme
2010. XVIII, 207 S. mit 120 Abb. und 4 Tab. und Online-Service.
Br. EUR 24,95   ISBN 978-3-8348-0796-0

Paul M. Diffenderfer | Samir El-Assal
Profikurs Microsoft Dynamics NAV
Einführung – Souveräne Anwendung – Optimierter Einsatz im Unternehmen
3., überarb. Aufl. 2008. XII, 317 Seiten mit 190 Abb.
Br. EUR 44,90   ISBN 978-3-8348-0529-4

Andreas Luszczak
Grundkurs Microsoft Dynamics AX
Die Business-Lösung von Microsoft in Version AX 2009
3., überarb. Aufl. 2010. XVI, 345 S. mit 178 Abb. und 21 Tab. und Online-
Service. Br. EUR 34,95   ISBN 978-3-8348-1351-0

Heinrich Seidlmeier
Prozessmodellierung mit ARIS®
Eine beispielorientierte Einführung für Studium und Praxis
3., akt. Aufl. 2010. XIV, 209 S. mit 152 Abb. und und Online-Service.
Br. EUR 34,95   ISBN 978-3-8348-0606-2

VIEWEG+ TEUBNER

Abraham-Lincoln-Straße 46
65189 Wiesbaden
Fax 0611.7878-400
www.viewegteubner.de

Stand Januar 2011.
Änderungen vorbehalten.
Erhältlich im Buchhandel oder im Verlag.

Printed in the United States
By Bookmasters